Axel Bark

Der Sportboot führerschein
Binnen
Segel+Motor

Mit amtlichem Fragenkatalog

Delius Klasing Verlag

Von Axel Bark sind im Delius Klasing Verlag
darüber hinaus folgende Titel erschienen:
Sportküstenschifferschein + Sportbootführerschein See
Sportbootführerschein See (Overschmidt/Bark)
Seeschifffahrtsstraßen-Ordnung (Yacht-Bücherei Bd. 57)
Kollisionsverhütungsregeln (Bd. 97)

Bibliografische Information der Deutschen Nationalbibliothek

Die Deutsche Nationalbibliothek verzeichnet diese Publikation
in der Deutschen Nationalbibliografie;
detaillierte bibliografische Daten sind im Internet
über http://dnb.d-nb.de abrufbar.

6., aktualisierte Auflage
ISBN 978-3-7688-0979-5
© by Delius, Klasing & Co. KG, Bielefeld

Einband- und grafische Gestaltung: Françoise Pierzou
Zeichnungen: John Bassiner und Françoise Pierzou
Fotos: Axel Bark, Bernt Hoffmann, Hans-Günter Kiesel, Fritz Krügler,
Gottfried Möller, Kurt Schubert
Druck: Kunst- und Werbedruck, Bad Oeynhausen
Printed in Germany 2008

Delius Klasing Verlag, Siekerwall 21, D-33602 Bielefeld
Tel.: 0521/559-0, Fax: 0521/559-115
E-Mail: info@delius-klasing.de
www.delius-klasing.de

Inhalt

Zu diesem Buch

Segeln macht Spaß!

Wenn man es denn beherrscht. Dafür aber bedarf es einer Ausbildung, die nicht nur die Praxis vermittelt, sondern auch unvermeidliches theoretisches Wissen.

Und so haben die Götter bzw. Gesetzgeber und Verbände auch beim Erwerb von Segelführerscheinen vor den Erfolg den Schweiß gesetzt.

Wer braucht den amtlichen Sportbootführerschein Binnen? Jeder, der auf den Binnenschifffahrtsstraßen ein Sportboot führt, das weniger als 15 m lang und mit mehr als 3,68 kW (5 PS) motorisiert ist. Das gilt für alle Motorsport- und Segelfahrzeuge, ungeachtet dessen, ob die Antriebsmaschine in Betrieb ist oder nicht. Auf jeden Fall muss der Sportbootführerschein Binnen auch »mit Antriebsmaschine« gelten.

Und um zur Prüfung zugelassen zu werden, muss der Kandidat mindestens 14 Jahre alt sein.

Geprüft werden Kenntnisse der Binnenschifffahrts-straßen-Ordnung, der Segeltheorie und Segelpraxis, Sicherheitsausrüstung und Seemannschaft, von Wetterkunde, Motorkunde, Segelmanövern und Trimm. Ein breites Spektrum!

Mithilfe dieses Lehrbuches erlangt der Führerschein-Bewerber das erforderliche Prüfungswissen – in kleinen, systematischen Schritten, anschaulich und leicht verständlich dargestellt: für den Sportbootführerschein Binnen ebenso wie natürlich auch für den neuen Sport-segelschein des DSV.

Ein Standardwerk, das sich in den vergangenen Jahren zigtausendfach bewährt hat.

Auch Segeln lernen macht Spaß!

Das Boot

Jollen und Yachten

Frage 504

Yachten sind Sportboote. Man unterscheidet:
- Motoryachten
- Segelyachten
- Motorsegler (Segelyachten mit kleinerem Segel und stärkerer Maschine)

Segelyachten unterscheidet man nach ihrer **Stabilität** (vgl. S. 10) in
- Schwertjollen,
- Kielyachten und
- Kielschwerter.

- **Die Schwertjolle oder Jolle** ist ein flaches, offenes Boot mit einem aufholbaren **Schwert**, das beim Segeln die **Abdrift** (= seitliche Versetzung des Bootes nach Lee) verringert. Sie ist deshalb gut geeignet für seichte Gewässer.
  Die Jolle kann kentern, sobald sie eine bestimmte **Krängung** (= seitliche Neigung) überschreitet. Damit eine gekenterte Jolle nicht sinkt, sondern schwimmt, ist sie mit **Auftriebskörpern** (Lufttanks oder Sty-ropor) versehen. Jollen mit Auftriebskörpern können nach dem Kentern wieder aufgerichtet und leer gesegelt werden.
  Eine größere Jolle mit Kajütaufbau nennt man **Jollenkreuzer**. Auch er kann kentern.
  Jollen und Jollenkreuzer gehören nicht auf die offene See.

- **Die Kielyacht oder Yacht** hat einen fest angebrachten **Ballastkiel** aus Gusseisen oder Blei. Wegen des großen Ballastgewichtes kann sie sinken, wenn sie durch ein Leck voll läuft oder im Seegang voll schlägt.
  Die Kielyacht kann aber nicht kentern, da der tief unter dem Rumpf montierte Kiel sie nach dem Prinzip des Stehaufmännchens aus jeder seitlichen Lage (Krängung) wieder aufrichtet.
  Eine Kielyacht mit Kajütaufbau nennt man **Kreuzeryacht**, Seekreuzer, Küstenkreuzer oder Fahrtenkreuzer. Auf ihr kann man übernachten und längere Törns fahren.

An der Küste und auf offener See werden aus Sicherheitsgründen vorwiegend Kielyachten gesegelt.

- **Die Kielschwertyacht oder der Kielschwerter** ist eine Yacht mit flach gehendem Ballastkiel und zusätzlichem Schwert. Sie hat im Wesentlichen die Eigenschaften einer Kielyacht, kann also sinken, sollte aber kentersicher sein.
  Wegen des geringen Tiefgangs wird der Kielschwerter gern in flachen Gewässern gesegelt. Für den Trailertransport ist er besser geeignet als eine Kielyacht.

*Eine **Jolle** kann kentern, sinkt aber nicht.*
*Eine **Kielyacht** kann nicht kentern, aber sinken.*
*Eine **Kielschwertyacht** hat einen flach gehenden Ballastkiel und zusätzlich ein Schwert.*

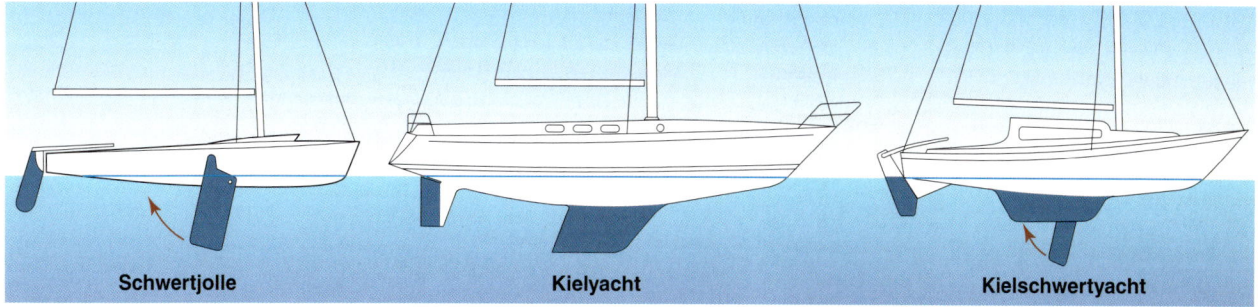

Schwertjolle   Kielyacht   Kielschwertyacht

Die Stabilität

Fragen 506–512

Unter der **Stabilität** eines Bootes versteht man seine Fähigkeit, sich aus einer seitlich geneigten Lage, der Krängung, wieder in die normale Schwimmlage aufzurichten.

Jollen und Kielyachten verfügen über ein unterschiedliches Stabilitätsverhalten. Man unterscheidet **Formstabi-** lität und **Gewichtsstabilität.** Beide wirken nebeneinander.

Formstabilität

Formstabilität ist die Fähigkeit eines Bootes, durch seine breite Rumpfform (Auftrieb) der Krängung entgegenzuwirken. **Jollen** sind vorwiegend **formstabil.**

Das aufrichtende Kraftmoment einer Jolle nimmt bis zu einem kritischen Winkel von etwa 35° ständig zu, danach aber bis zur Kenterung immer schneller ab. **Jollen** haben also eine **große Anfangsstabilität** und eine **geringe Endstabilität.**
Durch so genanntes Ausreiten und Benutzen der Trapezeinrichtung (Abb. D) kann die Stabilität einer Jolle erheblich vergrößert werden.

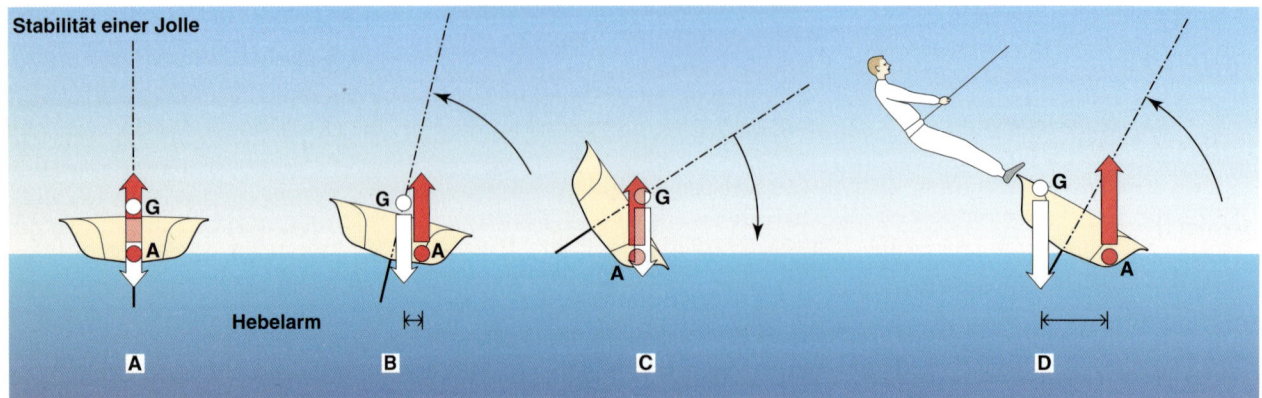

Gewichts- und Auftriebsschwerpunkt
*In den Abbildungen stellen wir uns das Gewicht des Bootes (mit Crew) als eine im **Gewichtsschwerpunkt G** und den Auftrieb als eine im **Auftriebsschwerpunkt A** (manchmal auch Formschwerpunkt genannt) angreifende Kraft vor.*

Stabilitätsverhalten einer Jolle
Abb. A: *Der Gewichtsschwerpunkt G einer Jolle liegt über der Wasseroberfläche, da sie leicht gebaut ist.*

Abb. B: *Bei zunehmender Krängung wandert der Auftriebsschwerpunkt A zunächst nach Lee aus. Durch die breite Spantform ergibt sich hierbei ein aufrichtendes Moment. Man spricht deshalb von **Formstabilität.***

Abb. C: *Sobald der Gewichtsschwerpunkt G nach Lee über den Auftriebsschwerpunkt A hinaus ausgewandert ist, kann sich die Jolle nicht mehr selbstständig aufrichten und wird kentern.*

Abb. D: *Durch Ausreiten bzw. Segeln im Trapez wandert der Gewichtsschwerpunkt G nach Luv aus. Das aufrichtende Moment vergrößert sich, und der kritische Punkt des Kenterns tritt viel später ein.*

Gewichtsstabilität

Gewichtsstabilität ist die Fähigkeit eines Bootes, durch seinen tief liegenden Ballast der Krängung entgegenzuwirken (Prinzip Stehaufmännchen). **Kielyachten** sind vorwiegend **gewichtsstabil**.

Das aufrichtende Kraftmoment einer Kielyacht nimmt bis zu einer Krängung von etwa 60° stetig zu und dann wieder langsam ab. Sie ist aufgrund ihrer Gewichtsstabilität unkenterbar. **Kielyachten** haben meist eine **geringe Anfangsstabilität** und eine sehr **hohe** **Endstabilität**. Die geringe Anfangsstabilität kann durch eine relativ breite Spantform vergrößert werden.

Warum schwimmt ein Boot?

Wenn wir eine leere und oben offene Dose oder Flasche unter Wasser drücken wollen, spüren wir eine Gegenkraft, den **Auftrieb**. Je tiefer wir die Dose ins Wasser drücken und je mehr Wasser wir auf diese Weise verdrängen, desto stärker wirkt der Auftrieb. Denn er entspricht nach dem *Archimedischen Prinzip* dem Gewicht der verdrängten Flüssigkeitsmenge. Das gleiche Prinzip gilt auch für unser Boot, das allerdings nicht durch unsere Hand, sondern durch sein **Gewicht** ins Wasser gedrückt wird. Gewicht und Auftrieb wirken gegeneinander: Je schwerer das Boot ist, umso tiefer sinkt es ins Wasser ein und umso stärker wirkt der Auftrieb.

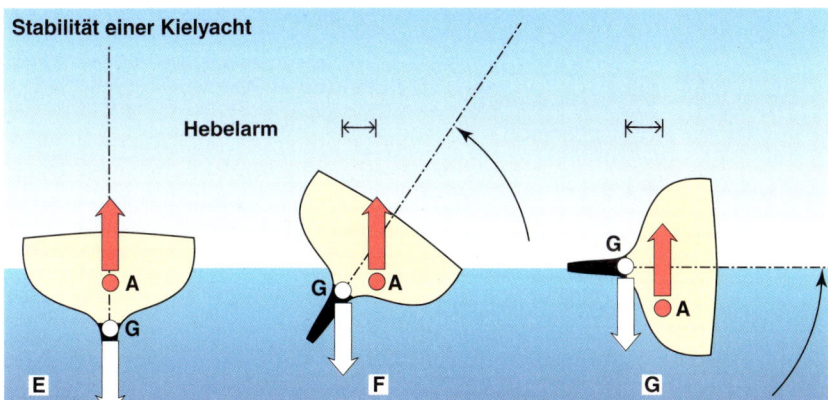

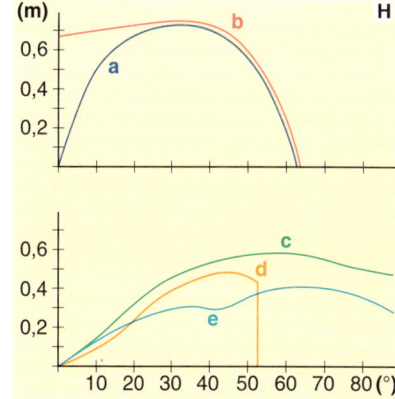

Stabilitätsverhalten einer Kielyacht
Abb. E: Bei einer Kielyacht liegt der Gewichtsschwerpunkt G wegen des Ballastes tiefer als der Auftriebsschwerpunkt A.

Abb. F: Aus diesem Grund wächst das aufrichtende Moment mit zunehmender Krängung. Man spricht deshalb von **Gewichtsstabilität**.

Abb. G: Selbst wenn die Yacht flach auf das Wasser gedrückt wird, ist das aufrichtende Moment noch sehr groß. Denn der Gewichtsschwerpunkt G und der Auftriebsschwerpunkt A liegen noch weit auseinander. Allerdings kann die Yacht in dieser Lage voll laufen und sinken.

Abb. H: Stabilitätsdiagramme Jollen
(a und b): Eine Jolle hat bei etwa 35° Krängung ihre größte aufrichtende Kraft, die dann allerdings rasch abnimmt (a). Eine mit Trapez gesegelte Jolle ist im Anfangsbereich weitaus stabiler (b).
Kielyachten (c, d und e): Eine seetüchtige Kielyacht (c) erreicht ihre größte Stabilität bei etwa 60° Krängung. Aber auch danach wirkt noch ein starkes aufrichtendes Moment. Kurve d zeigt das Verhalten einer offenen Kielyacht (Drachen), die bei 52° Krängung voll läuft und sinkt. Kurve e veranschaulicht das Verhalten einer Kielschwertyacht.

Der Rumpf einer Jolle

Fragen 434, 501, 513, 518

Spantformen

Unter der Spantform versteht man einen Querschnitt durch den Bootskörper im Mittelbereich.

Man unterscheidet den

- modernen **Rundspant** und
- einfacheren **Knickspant.**

Bootskörper (Rumpf) und Spantform von Jollen und Kielyachten sind sehr verschieden. Die Spantform beeinflusst die Stabilität, Gleitfähigkeit und Schnelligkeit.

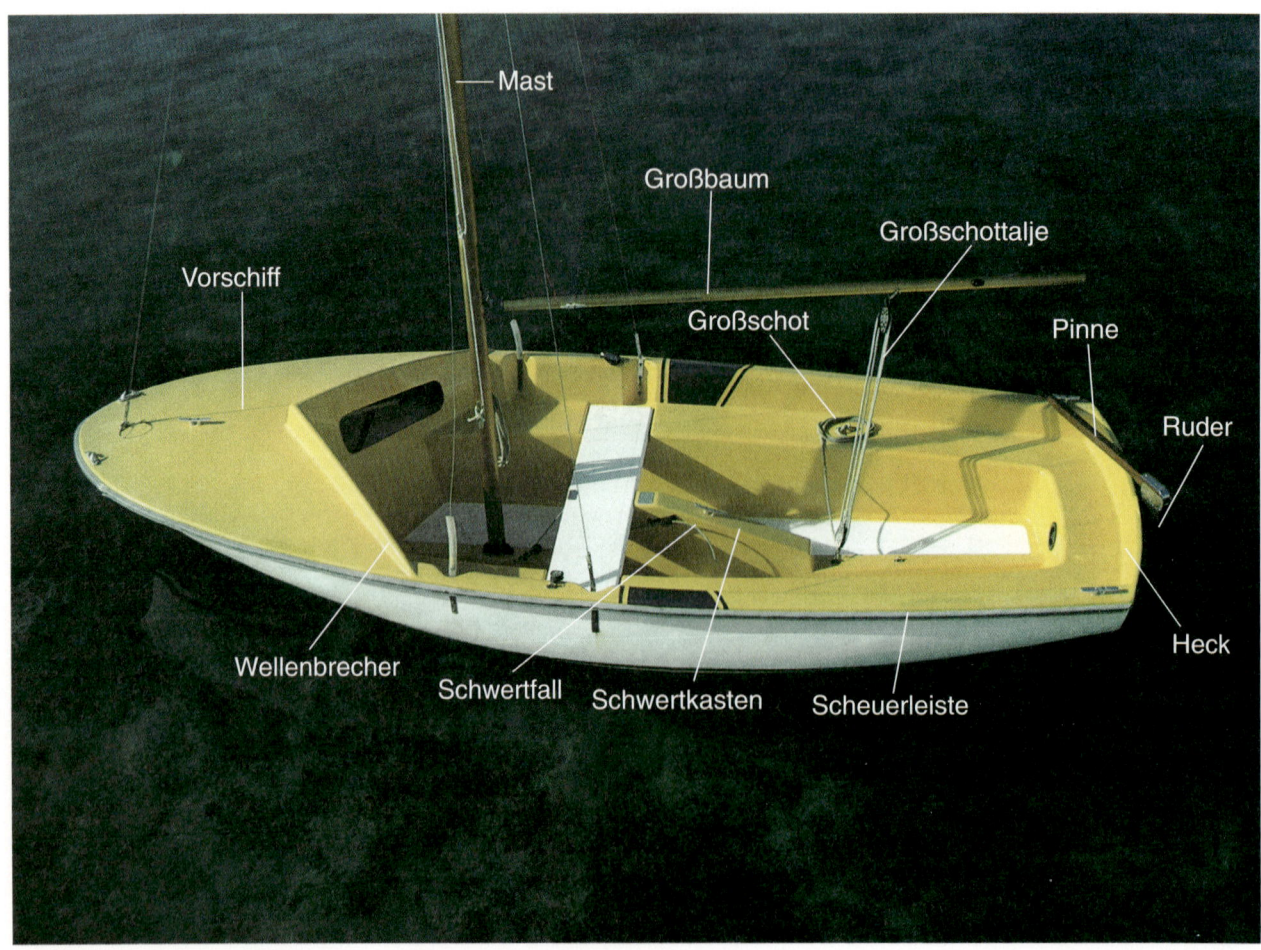

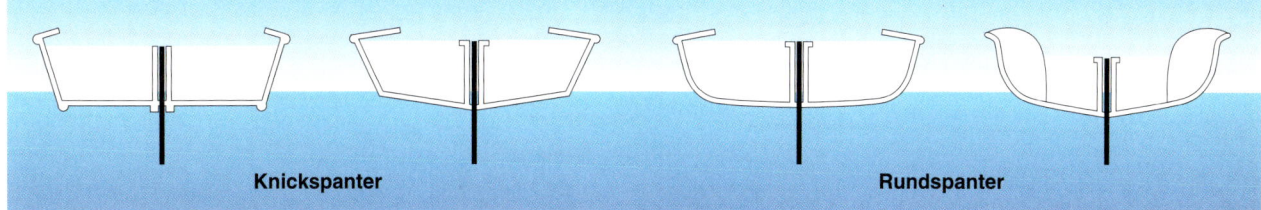

Knickspanter **Rundspanter**

Eine **breite Spantform** erhöht die Anfangsstabilität, weshalb das Boot nicht so schnell *krängt* (sich seitlich neigt). Man sagt dann, das Boot ist *steif*. Eine **schlanke Spantform** dagegen führt zu einer geringeren Anfangsstabilität und macht eine Yacht *rank*, d.h. sie krängt schon bei leichtem Wind relativ stark.

Rundspantboote haben in der Regel einen geringeren Reibungswiderstand im Wasser und sind deshalb **schneller**. Sie können auch ins Gleiten kommen (vgl. S. 16). **Knickspanter** sind einfacher und **preiswerter** herzustellen.

Ruder und Schwert

Mit dem am Heck angebrachten **Ruder** bestimmt man die Fahrtrichtung des Bootes. Bei einem **Senkruder** kann man das **Ruderblatt** mit dem **Ruderfall** aufholen. Daneben gibt es auch das starre, nicht aufholbare **Festruder**.

Die **Pinne** lässt sich oft mit einem **Ausleger** verlängern, der an einem in allen Richtungen drehbaren Spezialbeschlag befestigt ist. Das ermöglicht genaues Steuern bei Krängung des Bootes und auch dann, wenn der Segler im Trapez *ausreitet* (sich weit hinauslehnt).

Das Schwert soll die seitliche Versetzung der Jolle verringern.

Es wird mit dem **Schwertfall** aufgeholt. Leichte Holzschwerter benötigen einen **Niederholer**, der verhindert, dass das Schwert aufschwimmt oder in Fahrt von der Wasserströmung hochgedrückt wird.

Statt eines **Senkschwerts** haben kleinere Jollen (z. B. Opti) ein **Steckschwert**, dessen Stellung mit einem Gummistropp reguliert wird.

Im Hafen und an der Boje werden Ruderblatt und Schwert aufgeholt, damit das Boot bei Wind und Strom möglichst frei *schwojen* (hin und her schwingen) kann. Ein Festruder ist meist auszuhängen.

Beim Segeln **auf raumen Kursen und vor dem Wind** verringert man den Wasserwiderstand, indem man Ruderblatt und Schwert etwas aufholt.

Typische Spantformen bei Jollen
- *Knickspanter mit Flach- oder Plattboden*
- *Knickspanter mit Spitz- oder V-Boden*
- *Rundspanter (U-Spant)*
- *Moderner Rundspanter mit eingebauten Lufttanks*

Senkruder	*Senkschwert*
1 Ruderblatt	*1 Schwertfall*
2 Ruderkopf	*2 Niederholer*
3 Ruderschaft	
4 Ruderfall	
5 Pinne (meist mit Ausleger)	

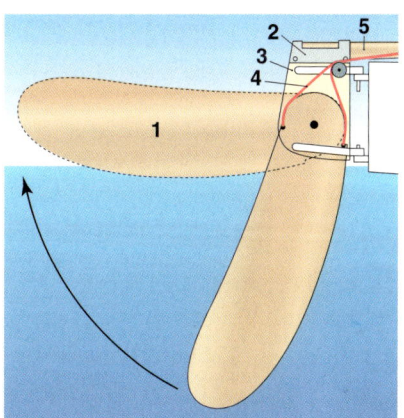

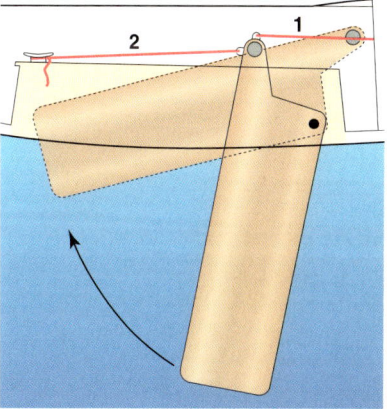

Der Rumpf einer Kielyacht

Fragen 501–503

Maße einer Segelyacht

Wasserlinie (WL) nennt man die Linie zwischen Überwasserschiff und Unterwasserschiff. Ihr Verlauf hängt von der jeweiligen Zuladung ab und weicht deshalb meist etwas von der **Konstruktionswasserlinie** (CWL) ab (CWL siehe auch S. 17).

Die **Länge der Wasserlinie** (LWL) ist entscheidend für die Geschwindigkeit: je länger die Wasserlinie, desto schneller das Boot (vgl. S. 16).

Die **Länge über alles** (LüA) ist die Rumpflänge zwischen den äußeren Punkten von Vor- und Achtersteven.

Die **Breite über alles** (BüA) wird an der breitesten Stelle des Rumpfes gemessen.

Überhänge sind die Teile des Bugs bzw. Hecks, die oberhalb der Wasserlinie nach vorn bzw. nach achtern überstehen.

Die Rumpfhöhe bis zur Wasserlinie nennt man **Freibord**. Bei den meisten Booten ist er vorn und achtern größer als in der Schiffsmitte. Dann spricht man von einem **positiven Deckssprung**.

Deckssprung ist der Verlauf der Decksline in Längsschiffsrichtung. Kleine Yachten haben manchmal einen **negativen Deckssprung**. Dann ist der Freibord in der Schiffsmitte größer als an Bug und Heck.

Balkenbucht ist die Wölbung des Decks in Querschiffsrichtung.

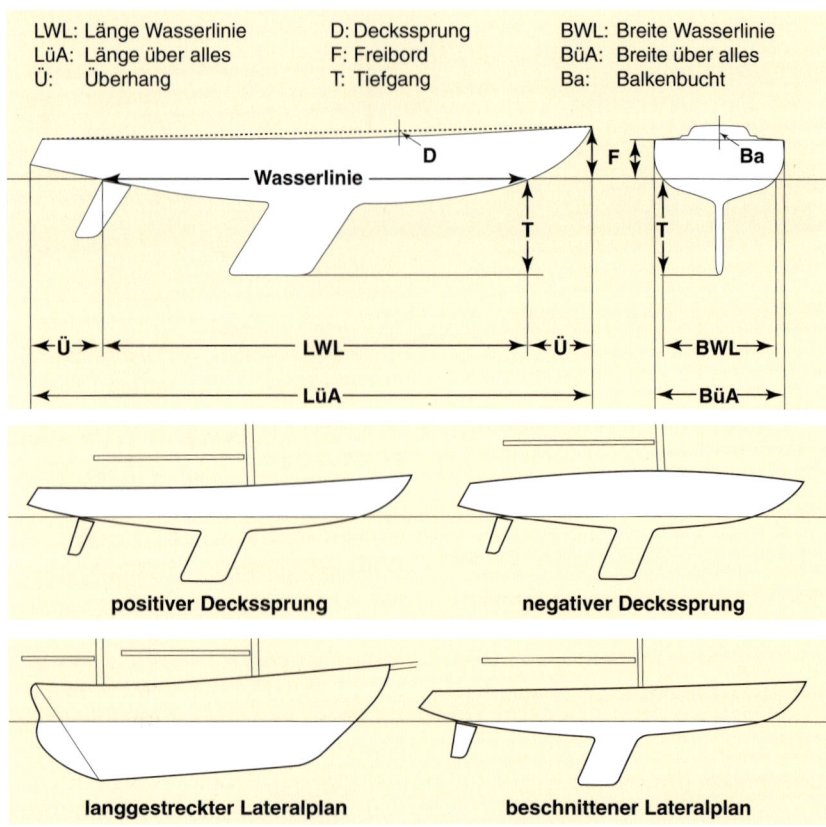

LWL: Länge Wasserlinie   D: Deckssprung   BWL: Breite Wasserlinie
LüA: Länge über alles   F: Freibord   BüA: Breite über alles
Ü: Überhang   T: Tiefgang   Ba: Balkenbucht

positiver Deckssprung   **negativer Deckssprung**

langgestreckter Lateralplan   **beschnittener Lateralplan**

Unter **Lateralplan** versteht man die von der Seite gesehene Fläche des Unterwasserschiffes. Seine Form hat großen Einfluss auf die Segel- und Seegangseigenschaften, insbesondere auf die Größe der seitlichen Versetzung nach Lee.

Ein **langgestreckter Lateralplan** macht die Yacht kursstabil, aber bei Manövern schwerfälliger. Durch den größeren Reibungswiderstand im Wasser wird sie langsamer.

Ein **beschnittener** (kurzer) und in der Schiffsmitte konzentrierter Lateralplan macht das Boot wendig und schnell. Es ist aber weniger kursstabil und läuft leichter aus dem Ruder.

Typische Spant- und Rumpfformen

Kielyachten *(Monos)*: Wie bei den Jollen unterscheidet man **Rundspanter** und **Knickspanter**. Weiterentwicklungen des einfachen Knickspants sind der **Doppelknickspant** und der **Trapezspant**. Ihre Strömungseigenschaften sind besser.

Doppelkieler und Kimmkieler: Der Doppelkieler hat anstelle des Mittelkiels zwei kürzere Seitenkiele, der Kimmkieler neben einem kürzeren Ballastkiel zwei seitlich angebrachte Kielflossen. Beide Typen sind im Gezeiten- und Wattengewässer beliebt, da ihr Tiefgang geringer ist und man

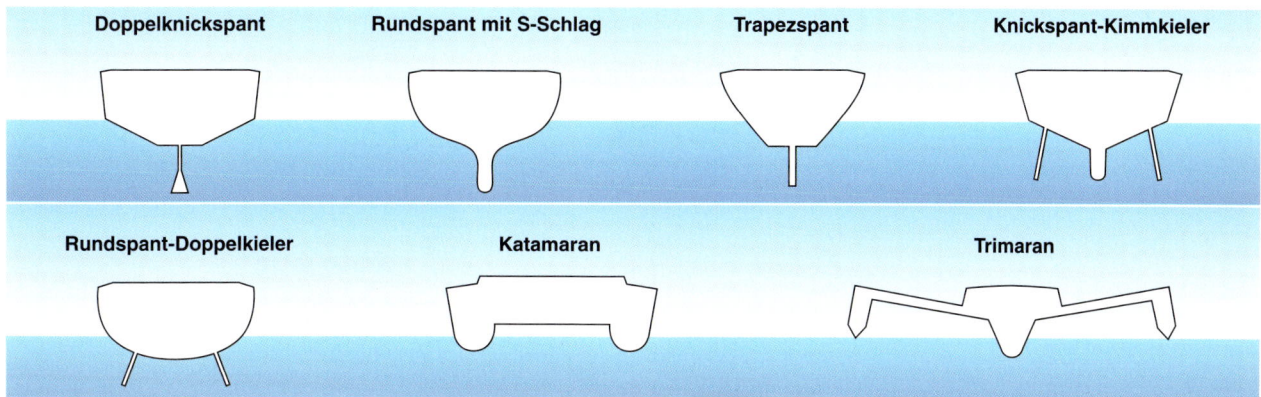

mit ihnen trocken fallen kann, ohne das Boot abstützen zu müssen.

Mehrrumpfboote *(Multis)*: Der **Katamaran**, kurz Kat genannt, besteht aus zwei gleich langen Rümpfen, häufig mit Schwertern, die über ein Brückendeck miteinander verbunden sind. Der **Trimaran** hat einen Mittelrumpf und zwei meist kürzere Auslegerrümpfe. Multis haben einen geringeren Tiefgang und sind wesentlich schneller als Monos.

Bug- und Heckformen

Bug- und Heckformen bestimmen das Verhalten einer Yacht im Seegang. Ein **moderner Yachtsteven** (breiter, nicht zu langer Bugüberhang) vergrößert beim Eintauchen in eine Welle durch sein Volumen (Reservedeplacement) den Auftrieb. Dadurch wird das Vorschiff leichter über die Welle hinweggehoben.

Eine Yacht mit **konventionellem Yachtsteven** (schmaler, langer und spitzer Bugüberhang) dagegen unterschneidet die Wellen und stampft sich leicht fest. Sie segelt recht nass.

Der **gerade Steven** ist auf Binnenrevieren mit ihren kurzen, steilen Wellen sehr vorteilhaft.

Ein breites, **modernes Yachtheck** mit nicht zu langem Überhang erhöht den Auftrieb bei einer von achtern anlaufenden See und hebt das Schiff über die Welle hinweg.

Ein lang überhängendes, **konventionelles Yachtheck** dagegen wird leicht von einer von achtern anlaufenden Welle überlaufen.

Kielyachten haben meist ein **Balanceruder,** dessen Drehpunkt etwa im ersten Drittel der Ruderfläche liegt. Es erleichtert das Ruderlegen, da der vordere Teil des Ruderblatts auf der entgegengesetzten Seite angeströmt wird.

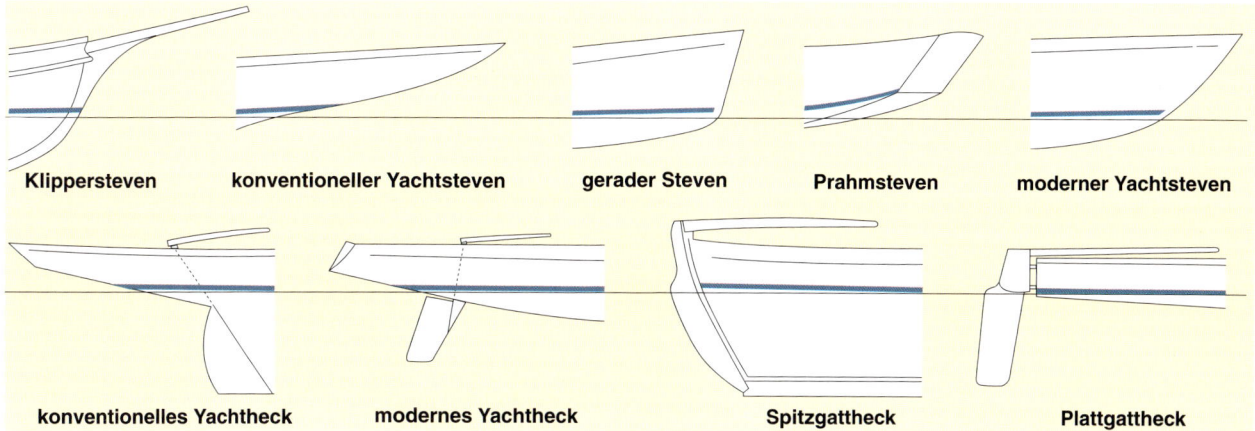

Verdränger und Gleiter

Fragen 302, 400–403, 500

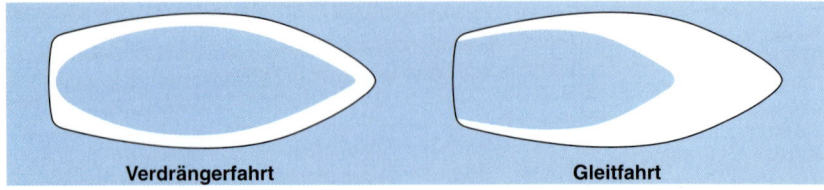

Verdrängerfahrt　　　**Gleitfahrt**

Benetzter Bootsboden bei Verdränger- und bei Gleitfahrt

In Verdrängerfahrt befindet sich der gesamte Rumpf im Wasser. Beim Gleiten verringert sich der Wasserwiderstand, da nur noch ein kleiner Teil des Bootsbodens vom Wasser benetzt wird. Dadurch kann die Rumpfgeschwindigkeit übertroffen werden.

Rumpfgeschwindigkeit in Verdrängerfahrt

Je länger das Wellental entlang der Bordwand ist und je weiter die Heckwelle nach achtern wandert, desto schneller läuft das Boot. Seine Rumpfgeschwindigkeit (= schnellste Verdrängerfahrt) erreicht das Boot, wenn sich die Heckwelle unmittelbar hinter dem Heck bildet.

Gleitfahrt

Die Rumpfgeschwindigkeit kann ein Boot nur durch Gleiten übertreffen. Hierbei reitet es auf seiner Bugwelle voran und lässt die Heckwelle weit zurück. Je weiter die Bugwelle nach achtern wandert, desto schneller ist die Gleitfahrt. Sie kann ein Vielfaches der Rumpfgeschwindigkeit erreichen.

Rumpfgeschwindigkeit

Die Höchstgeschwindigkeit eines Bootes in Verdrängerfahrt nennt man **Rumpfgeschwindigkeit.** Sie hängt von der Länge der Wasserlinie (LWL) ab. Je länger die Wasserlinie, umso größer die Rumpfgeschwindigkeit.

Die Rumpfgeschwindigkeit ist erreicht, wenn sich an der Schiffslängswand zwischen Bugwelle (kurz nach dem Bug) und Heckwelle (unmittelbar hinter dem Heck) nur *ein* Wellental bildet. Dann befindet sich das Boot in **Verdrängerfahrt.**
Selbst wenn man jetzt die Antriebskraft z.B. mit Motorhilfe erhöht, wird das Boot wegen seines *Formwiderstandes* nicht schneller. Man würde nur ein tieferes Wellental und eine größere Heckwelle erzeugen, in der sich das Boot »festsaugt«. Dies kann zu Sog und Wellenschlag führen.

Allgemein gilt:
$$v \text{ (km/h)} = 4{,}5 \times \sqrt{\text{LWL (m)}}$$
$$v \text{ (sm/h)} = 2{,}43 \times \sqrt{\text{LWL (m)}}$$

Die erste Formel ergibt die Rumpfgeschwindigkeit in Kilometern pro Stunde, die zweite in *Seemeilen* pro Stunde. Eine Seemeile (sm) entspricht 1,852 km. In der Seeschifffahrt werden Entfernungen meist in Seemeilen und Geschwindigkeiten meist in *Knoten* (Seemeilen pro Stunde) angegeben.
Beispiel:
Wie groß ist die Rumpfgeschwindigkeit einer Yacht mit 9 m Wasserlinienlänge?
$$v = 4{,}5 \times \sqrt{9} = 13{,}5 \text{ km/h}$$
oder
$$v = 2{,}43 \times \sqrt{9} = 7{,}3 \text{ sm/h}$$

Gleitfahrt

Die Rumpfgeschwindigkeit bildet die »Schallmauer« des Formwiderstandes

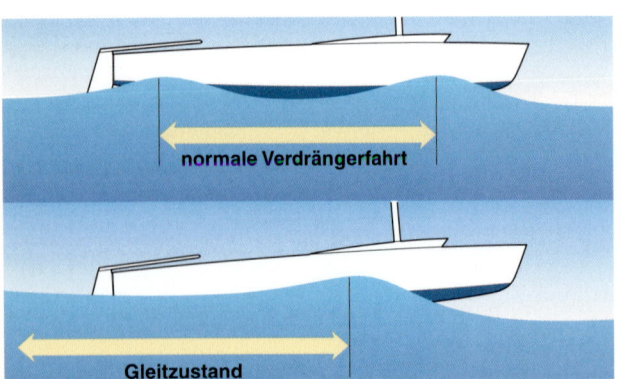

normale Verdrängerfahrt

Gleitzustand

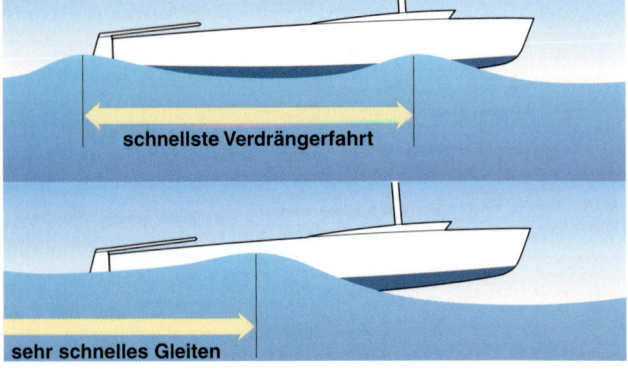

schnellste Verdrängerfahrt

sehr schnelles Gleiten

bei Verdrängerfahrt. Ein Boot kann sie nur durchbrechen, indem es zu gleiten beginnt.

Nicht alle Boote können ins Gleiten kommen. Zum Gleiten besonders geeignet sind Rundspantjollen und Motorboote mit flachem Boden. Knickspantjollen können nur bei besonders günstigen Umständen gleiten.

Einen **gleitähnlichen Zustand** kann ein Segelboot erreichen, indem es auf der Vorderseite einer Welle ins Wellental **surft**. Hierbei kann selbst eine Kielyacht zeitweilig über ihre Rumpfgeschwindigkeit hinaus beschleunigen.

Motorgleiter

Auch **Motorboote** können gleiten. Entscheidend ist ihre Rumpfform. Man unterscheidet auch bei Motorbooten Knickspant, Multiknickspant und Rundspant. Gleitboote verfügen meist über einen Rundspantboden.

Motorisierte Gleitboote können ihre Rumpfgeschwindigkeit um ein Mehrfaches überschreiten, wenn sie leichter als 22 kg/kW (16 kg/PS) sind. Bei Seegang schlagen sie aber hart auf – eine große Beanspruchung für Crew und Boot.

Kommt ein Gleitboot trotz Volllast nicht ins Gleiten, ist es entweder untermotorisiert oder der Bootstrimm bzw. der Anstellwinkel des Außenborders stimmen nicht (vgl. S. 51).

Halbgleiter haben eine zum Gleiten geeignete Form, sind aber zu schwer oder zu schwach motorisiert, um richtig ins Gleiten zu kommen. Da sie sich bei voller Kraft aber etwas aus dem Wasser heben, können sie ihre Rumpfgeschwindigkeit überschreiten.

So liest man einen Riss

Kein Prüfungsstoff

Für den Bau einer Yacht fertigt man Konstruktionszeichnungen in Form von Rissen an, und zwar den
- Längsriss,
- Wasserlinienriss und
- Spantenriss.

Längsriss, Wasserlinienriss und Spantenriss
*Der **Längsriss** zeigt den Verlauf des Kiels, des Vor- und Achterstevens und der Decksoberkante. Weitere Längsschnitte in gleichen Abständen veranschaulichen die Krümmung der Spanten.*

*Der **Wasserlinienriss** zeigt die Konstruktionswasserlinie (CWL) von oben. Auch hier sind in gleichen Abständen zusätzliche Horizontalschnitte (Unterwasser- und Überwasserlinien) eingetragen, aus denen man den Strömungsverlauf an der Außenhaut ablesen kann.*

*Der **Spantenriss** besteht aus mehreren Querschnitten in gleichen Abständen. Rechts die vordere, links die hintere Schiffshälfte.*

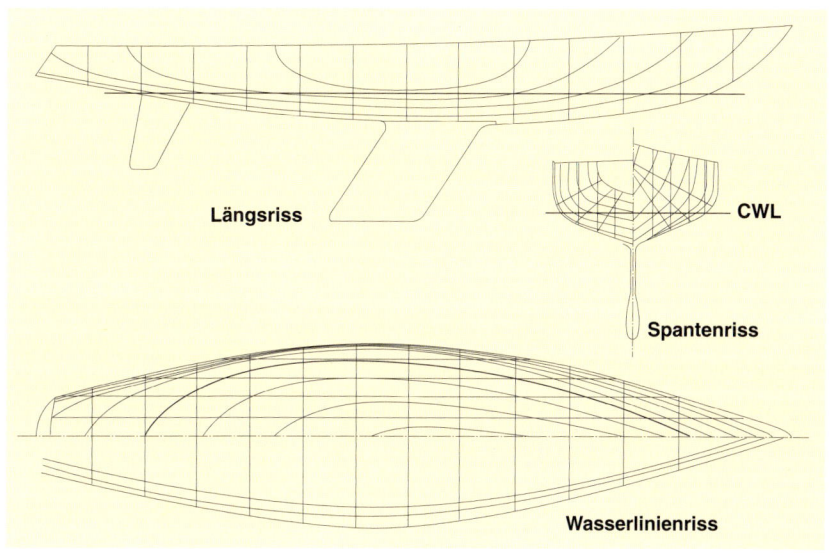

Längsriss

CWL

Spantenriss

Wasserlinienriss

17

Bootsbau

Das Baumaterial

Sportboote werden meist aus **glasfaserverstärktem Kunststoff (GFK)** gebaut. Für den Bau von Jollen verwendet man auch formverleimtes **Sperrholz,** für den Bau von Yachten auch **Stahl** und **Aluminium**. Früher war **Vollholz** das klassische Bootsbaumaterial. Von **Kompositbauweise** spricht man, wenn zwei verschiedene Baustoffe verarbeitet werden, z.B. Holzplanken auf Stahlspanten oder ein Holzdeck auf einem GFK-Rumpf.

- **GFK** ist leicht, pflegearm und seewasserbeständig. Es lässt sich bei der Herstellung leicht formen. Ein gut verarbeiteter GFK-Rumpf ist immer dicht.

- **Vollholz** hat eine hohe Festigkeit und eine lange Lebensdauer. Es kann leicht repariert werden, erfordert aber intensive Pflege. Holz arbeitet durch Trockenheit und Feuchtigkeit. Ein Holzboot ist deshalb nie völlig dicht und kann bei zu wenig Pflege faulen.

- **Stahl** ist um ein Vielfaches schwerer, aber auch fester als Holz und lässt sich dünner verarbeiten. Bei schlechter Pflege kann Stahl rosten und korrodieren.

- **Aluminium** ist ein sehr leichtes und rostfreies, jedoch korrosionsgefährdetes und teures Material. Yachten aus Stahl und Aluminium sind absolut dicht.

Holzbau

*Das Rückgrat eines Holzbootes bildet der **Kiel** mit dem **Vor- und Achtersteven**. Unter dem Kiel einer Kielyacht ist der Ballast mit Kielbolzen befestigt, auf dem Kiel sitzt zur Verstärkung das Kielschwein.*

*Am Kiel setzen gleichsam als Rippen die **Querversteifungen** an:*
- *Spanten*
- *Bodenwrangen*
- *Decksquerbalken*

*Die **Längsversteifungen**:*
- *Stringer*
- *Balkweger*
- *Deckslängsbalken*

*Auf den **Decksbalken** werden*
- *Decksplanken und*
- *Außenhautplanken*

aufgesetzt.

*Die mittlere Decksplanke nennt man **Fisch** oder Fischung, die beiden äußeren **Schandeck** oder Schandeckel.*

***Sperrholzboote** werden entweder mit Sperrholzplatten als Knickspanter (selten) oder **aus formverleimtem Sperrholz** als Rundspanter gebaut. Beim formverleimten Sperrholzbau werden Sperrholzfurniere schichtweise auf einem festen Blockmodell geformt und zum Bootsrumpf verleimt.*

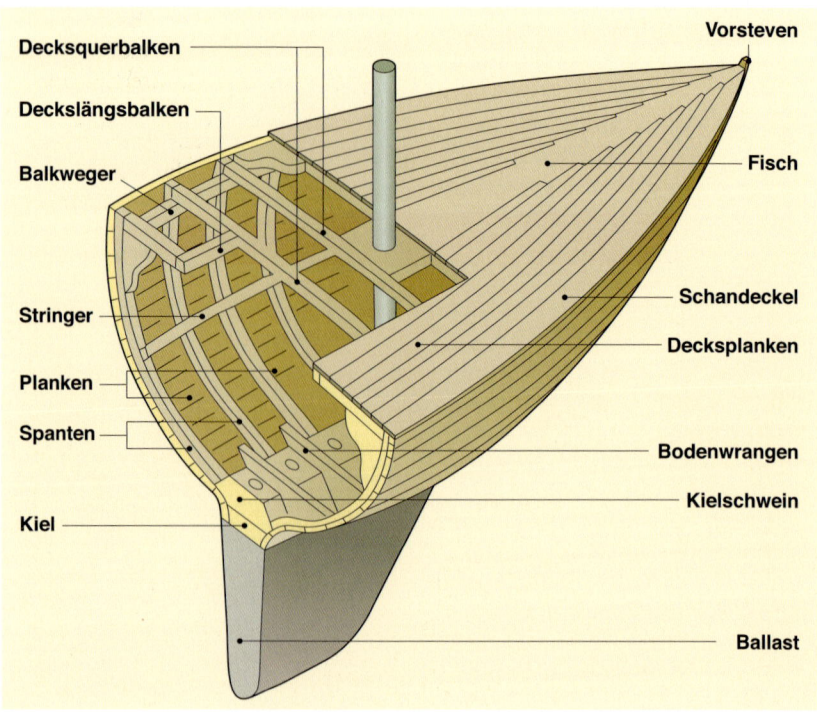

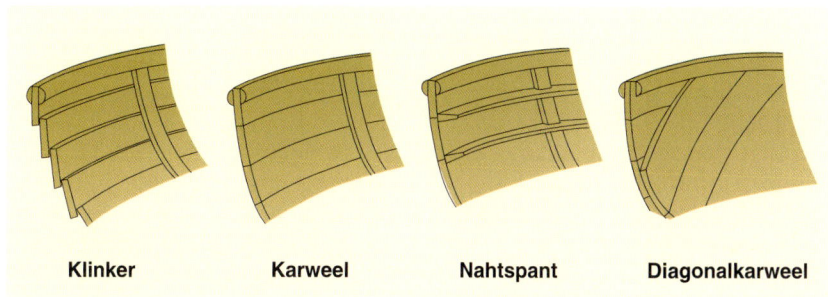

Klinker   Karweel   Nahtspant   Diagonalkarweel

Es gibt zwei **Beplankungsarten**:
- die **Klinkerbauweise**, bei der sich die einzelnen Planken dachziegelartig überlappen;
- die **Karweelbauweise**, bei der die Planken plan aneinander stoßen. Man erhält so eine glatte und strömungsgünstige Außenhaut. Die Stoßstellen der Planken sind manchmal innen mit **Nahtspanten** abgedeckt.

Eine sehr massive, aber auch schwerere Außenhaut ergibt die eher seltene **Diagonalkarweel-Beplankung**.

Kunststoffbau

Als Material im Kunststoffbau verwendet man **Polyester- oder Epoxidharz**, das mit Glasfasern verstärkt das **Laminat** ergibt. Hierfür nimmt man Glasseidenmatten oder verflochtene Glasseidenstränge (Rovings). Je mehr Glasfasern, desto fester das Laminat.

GFK-Serienyachten werden meist im **Handauflegeverfahren** in einer Hohlform (Matrize), also von außen nach innen gebaut. Auf ein Trennmittel wird die äußere, eingefärbte Deckschicht aus Harz (**Gelcoat**) aufgetragen, das die Außenhaut der künftigen Yacht bildet. Sobald das Gelcoat ausgehärtet ist, wird eine genau zugeschnittene Schicht Glasfasermatten aufgelegt, die man mit Harz durchtränkt und austrocknen lässt. So legt man Schritt für Schritt mehrere, mit Harz durchtränkte Glasseitenmatten übereinander, bis die gewünschte Bordwandstärke erreicht ist.

Beim **Faserspritzverfahren** werden mit einer Spritzpistole Kunstharz und zugeschnittene Glasfaserstränge unter hohem Druck gleichzeitig in die Form gespritzt.

Bei der **Sandwichbauweise** wird zwischen zwei Deckschichten aus GFK ein fester Stützkern aus PVC-Hartschaum oder Balsaholz gelegt. So erhält man einen leichten, gut isolierten und verwindungssteifen Körper. In Sandwichbauweise entstehen vor allem Deck und Aufbauten in einer Form, die auf die Rumpfschale auflaminiert wird.

Rigg und Takelungsarten

Fragen 519–521, 537

Mast und Spieren

Der Mast besteht meist aus eloxiertem Aluminium (früher aus Holz). An oder unter Deck wird er in einer **Mastspur** gehalten, in der er in Schiffslängsrichtung verschoben werden kann. Er steht meist nicht genau senkrecht, sondern hat eine kleine Neigung nach achtern, die man **Fall** nennt – nicht zu verwechseln mit dem zum Segelsetzen gedachten Fall (vgl. S. 25).
Spieren sind alle so genannten *Rundhölzer*, also die Bäume (Großbaum, Spinnakerbaum, Fockbaum) und die Salinge.

Stehendes Gut

Das stehende Gut stützt den Mast ab. Es besteht aus Stahldraht.
Stagen (Vorstag, Achterstag, Backstagen) stützen den Mast nach vorn und nach achtern ab.
Die **Backstagen** stützen einen hohen Mast schräg nach achtern ab. Unter Segeln wird ein Backstag nur auf der jeweiligen Luvseite gefahren (festgesetzt) und auf der Leeseite losgeworfen.

Das **Rigg** (die **Takelage**) verbindet den Rumpf mit den Segeln. Es besteht aus:
- Mast und Spieren
- dem stehenden Gut
- dem laufenden Gut

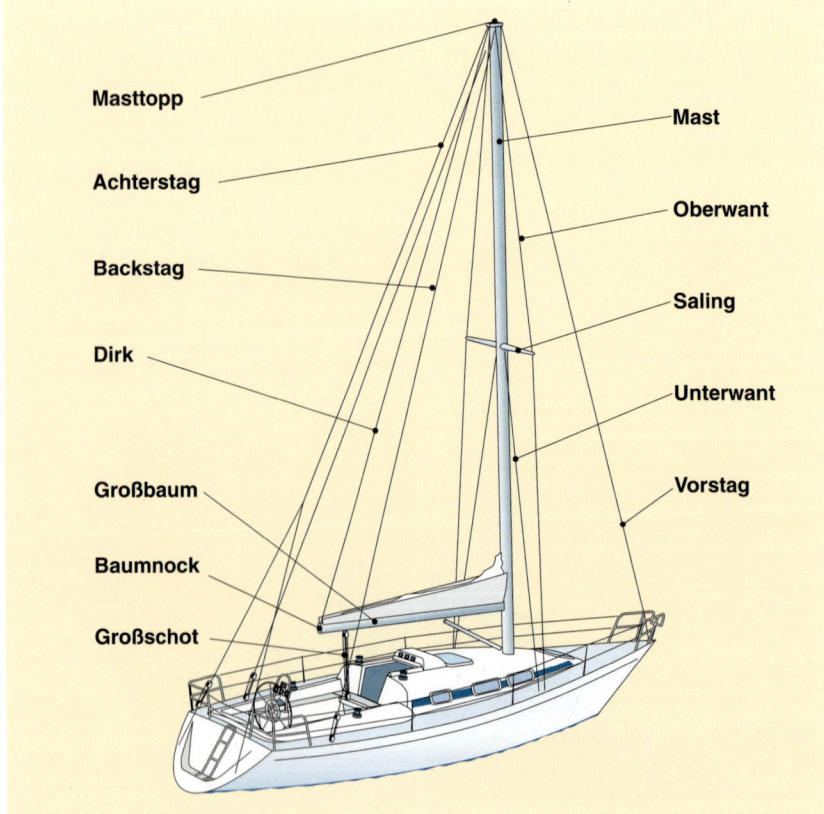

Masttopp
Achterstag
Backstag
Dirk
Großbaum
Baumnock
Großschot
Mast
Oberwant
Saling
Unterwant
Vorstag

Rigg einer Küstenyacht
Mast und Spieren (Großbaum, Salinge)
Stehendes Gut: Vorstag, Achterstag, Backstagen, Oberwanten, Unterwanten
Laufendes Gut: Großschot, Dirk

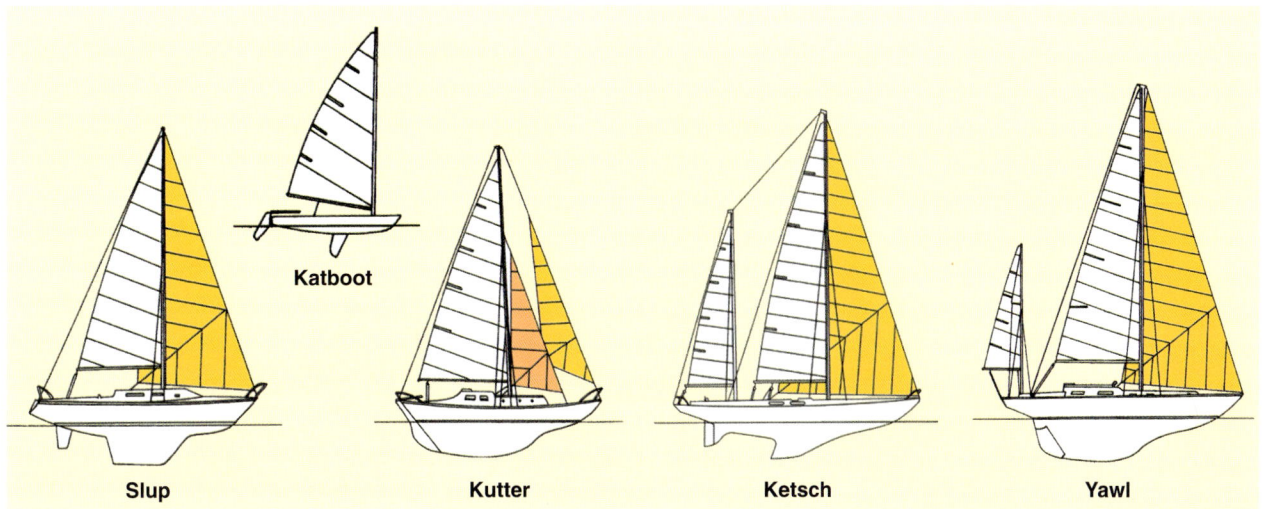

Katboot

Slup **Kutter** **Ketsch** **Yawl**

Wanten (Stb-Want und Bb-Want, Oberwant und Unterwant) stützen den Mast seitlich ab (Einzahl: *das* Want).

Um den Zugwinkel der Wanten im Masttopp zu vergrößern, laufen die Oberwanten über die **Salinge.** Wanten und Stagen sind am Rumpf mit **Püttings** befestigt. Ihre Spannung wird mit **Wantenspannern** bzw. mit Vor- oder Achterstagspannern reguliert.

Laufendes Gut

Zum laufenden Gut gehören alle Leinen zum Setzen, Bedienen und Bergen der Segel und anderer Teile der Takelage, die über Blöcke laufen, wie alle **Fallen und Schoten,** Ruder- und Schwertfall, Auf-, Nieder- und Achterholer, Strecker und die Dirk. Die **Dirk** ist eine von der Baumnock über den Masttopp geführte Leine, die den Großbaum hält, wenn das Großsegel nicht gesetzt ist.

Takelungsarten
Nach Anzahl und Aufstellung der Masten und Segel unterscheidet man folgende Takelungsarten:

Das Katboot (nicht zu verwechseln mit dem mit Kat abgekürzten Zweirumpfboot Katamaran) führt an einem weit vorn stehenden Mast nur ein Großsegel und kein Vorsegel. Fast alle Einmann-Jollen sind Katboote.

Die Slup ist ein Einmaster mit Groß- und Vorsegel (Fock oder Genua). Da diese Takelung sehr effektiv ist, ist sie am weitesten verbreitet.

Der Kutter ist ein Einmaster, der neben dem Groß mehrere Vorsegel fährt, z.B. die Fock und davor den Klüver.

Der Schoner ist ein Zweimaster. Vor dem Großmast steht der meist etwas kleinere Fock- oder Vormast.

Die Ketsch ist ein Eineinhalbmaster. Der kleinere Besanmast steht hinter dem Großmast innerhalb der Konstruktionswasserlinie (CWL).

Die Yawl ist ein Eineinhalbmaster mit kleinem Besanmast außerhalb der Konstruktionswasser-

*linie (CWL), also hinter dem Rudergänger. Das Besansegel einer Yawl heißt **Treiber.***

Ketsch- und Yawl-Takelung werden für Fahrtenyachten mit kleiner Mannschaft bevorzugt. Denn die Aufteilung der Segelfläche auf mehrere kleine Einheiten ist leichter zu handhaben.

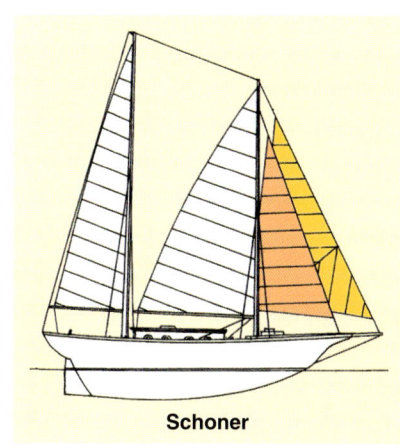

Schoner

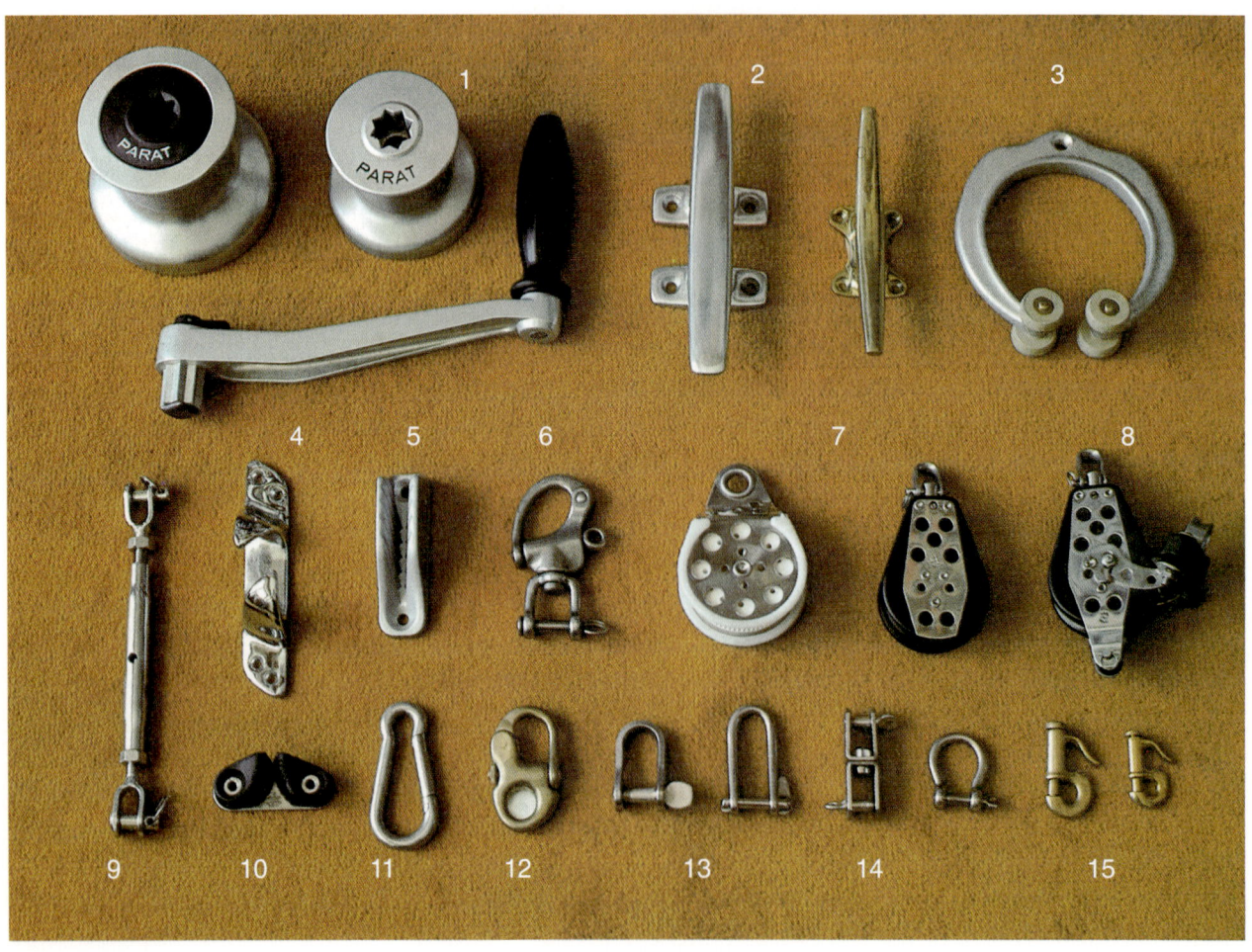

Beschläge

Frage 505

1 **Winschen** mit **Winschkurbel** zum Dichtholen von Schoten. Es gibt sie mit Untersetzung als 2- oder 3-Gang-Winsch.
2 **Belegklampen**
3 **Schotring**
4 **Lippklampe** oder -klüse, durch die Festmacheleinen geführt werden
5 **Kammklemme** zum Bekneifen, meist des Schwert- oder Ruderfalls
6 **Wirbelschäkel**, auf der einen Seite als Schnappschäkel
7 Verschiedene **Blöcke**
8 Drehbarer **Fußblock mit Curryklemme** für die Großschot
9 **Wantenspanner**
10 **Curryklemme** zum Bekneifen von Schoten und Taljen
11 **Karabiner**
12 **Schnappschäkel**
13 Gerader **Schraubschäkel** und **Schlüsselschäkel**
14 **Wirbelschäkel**
15 Verschiedene **Stagreiter**, die das Vorliek der Fock am Vorstag führen

Links:
Bodenlenzventil für Jollen
Unterhalb der Wasserlinie angebracht, wirkt es durch den Sog, der bei Fahrt durchs Wasser entsteht.

Mitte:
Hebelstrecker oder Spannhebel
Erleichtert das Durchsetzen von Fallen oder Backstagen.

Unten:
470er Jolle – fertig aufgeriggt und mit gesetzten Segeln.

Das Segel

Fragen 529–531, 555–557

Das Segelprofil

Segel werden aus kurvenförmig geschnittenen Bahnen gefertigt. Nur so erhalten sie die gewünschte Wölbung, den Bauch, der aus aero-dynamischen Gründen etwa in der Mitte des Segelprofils liegen soll. Im Laufe der Zeit verliert das Segel seine ursprüngliche Form. Denn der Bauch wird nach achtern ausgeweht, vor allem dann, wenn zu leichtes Tuch für schweres Wetter genommen wurde.

Segelbahnen

Woraus bestehen Segel?

Das weit verbreitete **Dacron** aus Polyester ist sehr formbeständig und reiß- und dehnungsfest, da das Gewebe mit Harz beschichtet ist. Es nimmt wenig Wasser auf und hat eine lange Lebensdauer. Dacron ist empfindlich gegen Abrieb und Knicken. UV-Strahlung lässt es vorzeitig altern, weshalb es mit einer Segelpersenning abgedeckt werden sollte, wenn es längere Zeit am Baum oder am Vorstag bleibt. Nass verstautes Dacron bekommt Stockflecken.

Kopf

Achterliek

Segelbahn

Vorliek

Kopf

Lattentasche

Gatchen mit Reffbändsel

Hals

Horn

Hals

Unterliek

Schothorn

Zunehmend verwendet man die wesentlich festere und leichtere Dacron-Folie. Sie besteht aus einer oder mehreren Schichten von leichtem Dacron, das mit dem Polyesterfilm Mylar zur Folie verklebt wird.

Zugfester, weniger dehnbar und leichter ist die gelbliche Aramidfaser **Kevlar**. Da sie bruchempfindlich und sehr teuer ist, wird sie vor allem für Segel auf Regattaschiffen verwendet. **Spectra**-Folien *(Dyneema)* sind zwar weniger bruchfest als Kevlar, aber unempfindlicher gegen UV-Strahlung. Sie setzen sich auf größeren Fahrtenyachten durch.

Das sehr leichte und dünne **Nylon** oder **Perlon** verwendet man vor allem für Spinnaker oder Blister.

Der Baumniederholer

verhindert das Steigen des Großbaums auf raumen Kursen und vor dem Wind.

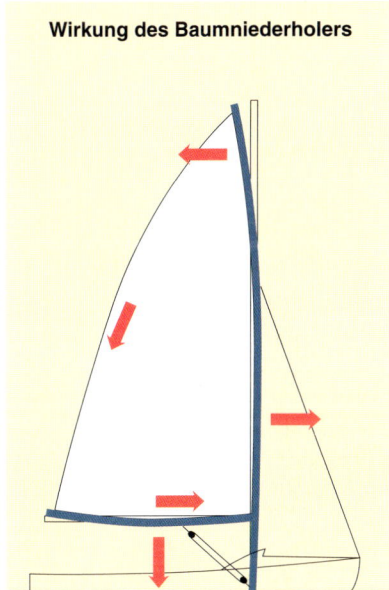

Wirkung des Baumniederholers

Bedienung der Segel

Segel werden
- **mit dem Fall gesetzt,**
- **mit der Schot geführt** und
- **mit den Streckern getrimmt.**

Wir unterscheiden:
- Großfall und Fockfall
- Großschot und Fockschot

Auch andere Segel haben Fallen und Schoten, wie z.B. Besanfall und Besanschot für das Besansegel.

> **Fallen** tragen eine hohe Bruchlast und dürfen nicht recken (= nachgeben), damit die Vorliekspannung erhalten bleibt. Zwischen Segelkopf und Fallarretierung befindet sich deshalb meist ein Drahtvorlauf oder vorgerecktes Tauwerk.
>
> **Schoten** dagegen dürfen recken; sie sollen geschmeidig und für die Hände griffig und angenehm zu führen sein. Man verwendet deshalb gern geflochtenes Material (vgl. S. 28).

Mit der **Großschot** regulieren wir den Anstellwinkel des Großsegels zum Wind. Sie ist meist als **Talje** (= Flaschenzug) geschoren und führt vom Traveller oder Bootsboden zum Großbaum, wo sie mit einem **Schotring** oder **Schotwagen** angreift.

Die drei Seiten des Segels können wir mit
- dem **Unterliekstrecker,**
- der **Achterliekkleine** und
- dem **Vorliekstrecker** (über die **Cunningham-Kausch**)

mehr oder weniger stark durchsetzen, um es je nach Windstärke richtig zu trimmen.
- **Bei starkem Wind** werden die Segel flach und (am Achterliek) offen getrimmt.

- **Bei schwachem Wind** werden die Segel bauchig getrimmt.

Flach trimmt man ein Segel, indem man den Unterliek- und Vorliekstrecker und etwas die Achterliekkleine durchsetzt (vgl. S. 62).

Segellatten, gewöhnlich aus Kunststoff, deren flexibles Ende in der **Lattentasche** zum Mast hin zeigen soll, dienen der Formgebung und Aussteifung des Großsegels, besonders mit rund geschnittenem Achterliek. Zudem verhindern sie das Killen des Achterlieks.

Der Traveller

*Mit dem Traveller auf dem **Reitbalken** wird der Angriffspunkt der Großschot querschiffs reguliert:*
- ***Bei leichtem Wind** wird der Traveller in der Mitte oder etwas in Luv gefahren, um das Segel bauchig zu trimmen.*
- ***Bei stärkerem Wind** wird der Traveller in Lee gefahren, um das Segel flach zu trimmen.*

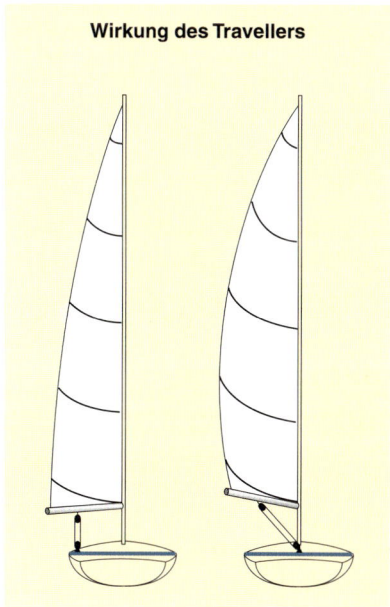

Wirkung des Travellers

Rah- und Schratsegel
Haupt- und Beisegel

Segelriss

Genua 1

Genua 2

Fock 1

Fock 2

Sturmfock

Rahsegel werden quer zur Schiffslängsrichtung gefahren, *Schratsegel* in Schiffslängsrichtung. Zu den Schratsegeln zählen das **Lateinersegel** und das **Luggersegel**, die von einer Spiere getragen werden, die bis vor den Mast reicht. Ferner das **Gaffelsegel**, das mit einer Klau über die schwenkbar am Mast angebrachte Gaffel geführt wird; die gesamte Segelfläche befindet sich hinter dem Mast. Das moderne **Hochsegel** schließlich wird unmittelbar am Mast gefahren.

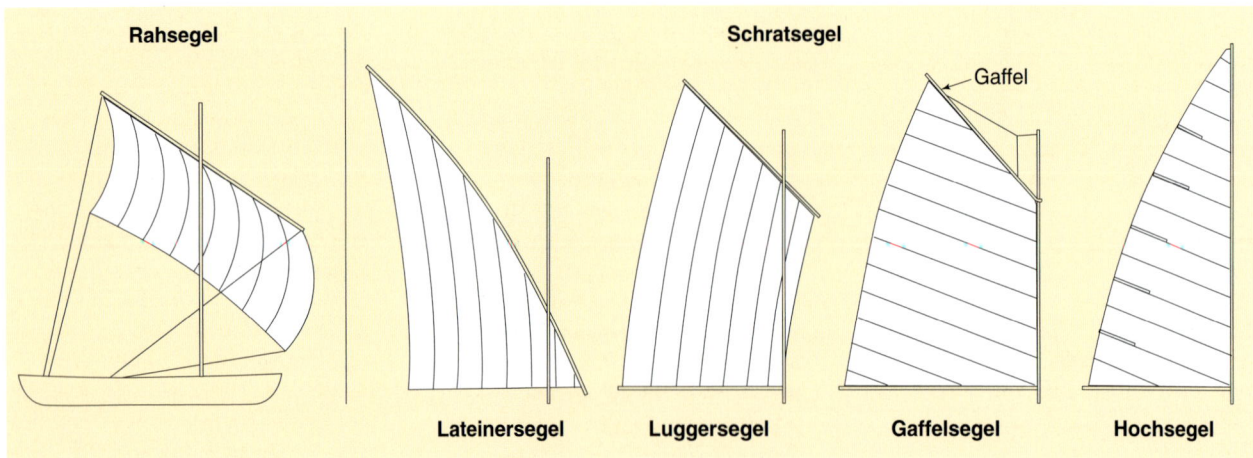

Rahsegel

Schratsegel

Gaffel

Lateinersegel   **Luggersegel**   **Gaffelsegel**   **Hochsegel**

Man unterscheidet Rahsegel und Schratsegel. **Rahsegel** sind viereckige Segel, die quer oder nahezu quer zur Schiffslängsachse gesetzt werden. Man sieht sie nur noch auf Oldtimern. **Schratsegel** werden längsschiffs gesetzt. Hierzu zählt das heute fast ausschließlich genutzte **Hochsegel** *(Bermudasegel)*.
Stagsegel sind Segel, die an einem Stag gesetzt werden, wie z.B. alle Vorsegel.
Zur Haupt- oder Arbeitsbesegelung einer Slup zählen Großsegel und Fock (bei einer Ketsch oder Yawl außerdem das Besansegel, bei einem Kutter auch der Klüver).

Alle übrigen Segel nennt man **Beisegel**. Dazu gehören
- **unterschiedlich große Vorsegel**, die größere Yachten je nach Windstärke und Kurs fahren. Ein Küstenkreuzer hat etwa 4 Vorsegel an Bord: eine große, weit nach achtern gezogene **Genua 1** aus leichtem Tuch, eine kleinere **Genua 2**, die **Arbeitsfock** und eine **Sturmfock**. Fahrtenyachten sind oft nur mit einer stufenlos reffbaren **Rollgenua** oder **Rollfock** ausgerüstet (vgl. S. 97).
- **der Spinnaker**, ein großes bauchiges Vorsegel aus sehr leichtem Material (Nylon oder Perlon); er

wird mit losem Unterliek am Spinnakerbaum vor allem vor dem Wind und raumschots gefahren.
- **Spinnakerbeisegel**. Der **Blister**, ein spinnakerähnliches, asymmetrisch geschnittenes Leichtwettersegel für Fahrtensegler, wird ohne Spinnakerbaum gefahren. Daneben gibt es den **Blooper**, ein Leespinnaker, und das **Spinnakerstagsegel**, eine sehr niedrig und breit geschnittene Fock, die unter dem Spi gefahren wird.
- das **Trysegel**, ein kleines Sturmsegel aus festem Tuch, das anstelle des Großsegels mit losem Unterliek am Großbaum gefahren wird.

Tauwerk

Fragen 272–276, 522–528

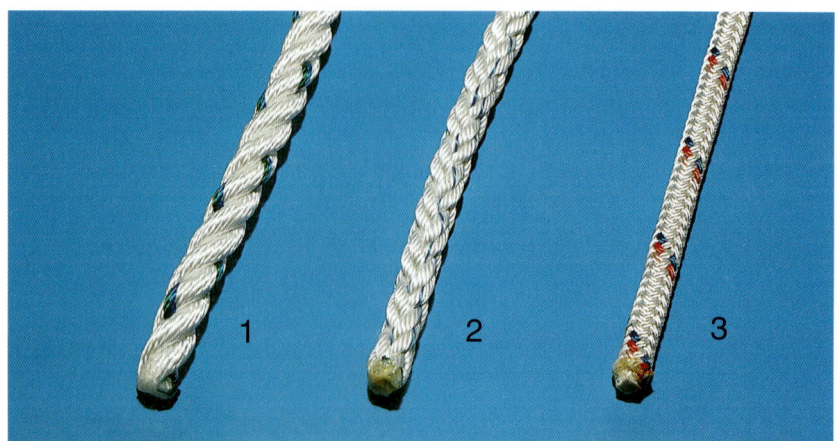

Geschlagenes und geflochtenes Tauwerk
Die linke Leine (1) ist geschlagen, die mittlere und rechte Leine (2 und 3) sind geflochten. Geschlagenes Tauwerk hat im Yachtsport an Bedeutung verloren. Auf modernen Booten verwendet man heute fast nur noch geflochtenes Tauwerk.

Zur Terminologie

Ein Tau nennt man **Ende** oder **Leine**. Anfang und Ende der Leine heißen **Tampen**. Jede Leine hat also zwei Tampen.
Eine dicke Leine ist eine **Trosse**, eine dünne Leine nennt man **Bändsel**.
Wir verwenden also Festmacheleinen oder Schleppleinen; eine dicke Schleppleine heißt Schlepptrosse.
Zum Auftuchen des Segels nimmt man Bändsel oder Streifen aus Segeltuch als **Zeisinge**.

Tauwerk und Fallen an Bord sollten stets ordentlich aufgeschossen sein, damit sie schnell und sicher eingesetzt werden können. Nicht aufgeschossene Leinen können zu Verletzungen führen.
In den *Sicherheitsrichtlinien* (vgl. S. 34) findet man Hinweise über die erforderliche Bemessung der Leinenausrüstung.

An Bord verwendet man Tauwerk aus Kunstfaser und Stahldraht. Naturfaser wird allenfalls noch in der Berufsschifffahrt eingesetzt.
Kunstfasertauwerk ist verrottungsbeständig, reißfest und relativ leicht und nimmt wenig Wasser auf. Es ist aber empfindlich gegen UV-Licht und Reibung durch *Schamfilen* (Scheuern). Tauwerk aus **Polyester (PES)** hat wenig Reck (ist dehnungsarm) und scheuer- und reißfest; es ist deshalb besonders für Schoten und Fallen geeignet. Tauwerk aus **Polyamid (PA)** ist bei großer Festigkeit sehr dehnbar; es dient deshalb meist als Schlepp- und Ankerleine sowie als Festmacher. Tauwerk aus **Polypropylen (PP) und Polyethylen (PE)** ist sehr leicht und schwimmfähig, aber nur begrenzt reißfest. Es ist besonders geeignet als Wurfleine und Sorgleine an Rettungsringen, als Spinnakerschot und Festmacher, nicht aber als Ankerleine. Gegen die besondere UV-Lichtempfindlichkeit schützt Einfärben. Tauwerk aus der Kohlefaser **Aramid** hat eine hohe Reißfestigkeit und geringe Dehnung; es ist aber wenig biegefest und sollte deshalb nicht über eine kleine Rolle geführt werden. **Drahttauwerk** für Wanten und Stagen, als Vorläufer von Fallen (nur noch selten) oder als Dirk und Baumniederholer besteht meist aus Nirostadraht (V2A oder V4A). Für Wanten und Stagen nimmt man auf Rennyachten häufig Nirostahl **(Rod)**.

- **Festmache-, Anker- und Schleppleinen** müssen über eine hohe Bruchlast und eine große Elastizität verfügen.
- **Schwimmfähiges Tauwerk** ist geeignet für Wurfleinen und Sorgleinen an Rettungsringen, nicht aber für Ankerleinen.
- **Geflochtenes Tauwerk** ist geschmeidiger als geschlagenes Tauwerk. Es ist deshalb besonders gut für **Schoten** geeignet.
- **Fallen** müssen über eine hohe Bruchlast und ein geringes Reck (wenig Dehnung) verfügen. Man nimmt deshalb vorgerecktes Tauwerk und PE (*Dyneema* oder *Spectra*) oder Drahttauwerk.

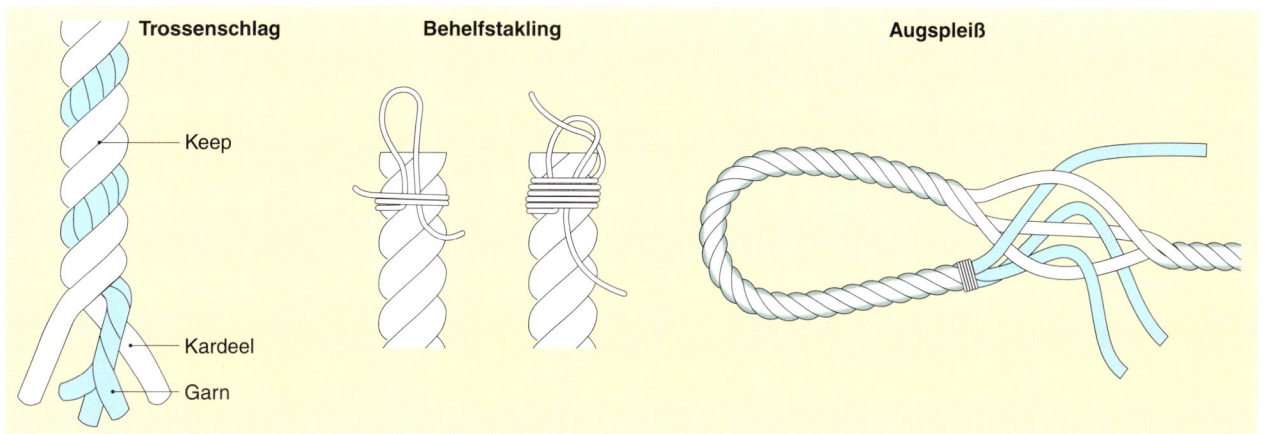

Trossenschlag

— Keep

— Kardeel

— Garn

Behelfstakling

Augspleiß

Herstellung eines Trossenschlags

Tauwerk wird stufenweise hergestellt: *Fasern* werden zu Garnen verarbeitet, *Garne* zu Kardeelen verdrillt und *Kardeele* zu einer Leine geflochten oder geschlagen.

Takling

Man kann einen Tampen mit einem Behelfstakling oder einem genähten Takling gegen Ausfransen sichern, indem man ihn sorgfältig mit dünnem Takelgarn umwickelt. Feuchtes Tauwerk soll man nicht betakeln, da es sich beim Trocknen zusammenzieht und den Takling löst.

Augspleiß

Mit einem Spleiß kann man geschlagenes Tauwerk dauerhaft miteinander verbinden. Beim Augspleiß wird ein Tampen in sich zurückgespleißt und ein Auge (kleine Schlinge) gebildet. Die einzelnen Kardeele werden entgegen der Drehrichtung verspleißt, also rechtsherum bei linksgeschlagenem Tauwerk – und umgekehrt. Aus jeder Keep (Rille zwischen den Kardeelen) darf immer nur ein Kardeel herauskommen.

Verschweißen eines Tampens

Tampen aus Kunstfaser kann man gegen Ausfransen sichern und verschweißen, indem man sie z. B. über einer offenen Flamme anschmort und mit dem Takelmesser zusammendrückt.

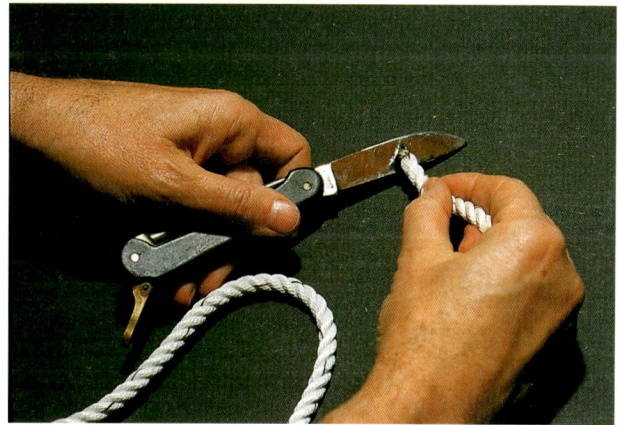

Knoten (1)

Fragen 277, 279–282, 286

Seemännische Knoten müssen
- sich **einfach und schnell stecken** lassen,
- **zuverlässig halten** und
- sich im entlasteten Zustand **leicht lösen** lassen.

Der **Achtknoten** verhindert **das Ausrauschen eines Endes**, z. B. aus einem Block oder einer Leitöse.

Der Tampen einer Schot wird stets mit einem Achtknoten gesichert.

Mit dem **Kreuzknoten** verbindet man **zwei gleich starke Enden** gleichen Materials. Er wird symmetrisch gesteckt, d.h. jeder Tampen muss auf derselben Seite aus der Bucht des anderen

Tampens kommen. Sonst entsteht ein »Rauschknoten«.
Bei glattem Kunstfaser-Tauwerk kann sich auch ein richtig gesteckter Kreuzknoten lösen. Dann

verwendet man am besten den doppelten Schotstek oder den Palstek.

Der einfache und der doppelte Schotstek verbinden zwei ungleich starke Enden oder zwei Enden aus ungleichem Material miteinander. Das

dünnere Ende wird immer durch das Auge des dickeren gesteckt. Ist eine Leine wesentlich dünner als die andere, verwendet man besser den

doppelten Schotstek. Ebenso bei glattem Kunstfaser-Tauwerk.

Mit dem **Palstek** erhält man ein beliebig großes Auge im Tampen, das sich nicht zusammenzieht und das vor allem zum Überwerfen über Poller

oder Pfähle geeignet ist. Zum Festmachen an Ringen, zum Sichern von Personen, die über Bord gegangen sind, oder zum Verbinden zweier

Leinen benutzt man diesen Stek ebenfalls. Der Tampen soll außerhalb des Auges liegen.

Mit dem **Stopperstek** steckt man einen dünneren Tampen an eine dickere, meistens durchge-

setzte Leine; z. B. die **Vorleine an eine Schlepptrosse.**

Der Stopperstek hält nur so lange, wie Kraft in Zugrichtung auf ihm steht.

Knoten (2)

Fragen 278, 283–285

Mit dem **Webeleinstek** werden die Leinen kleiner Boote an Pollern belegt. Man legt einfach zwei Augen übereinander, doch kann der Stek auch gesteckt werden. Oft wird er noch mit zwei halben Schlägen gesichert.

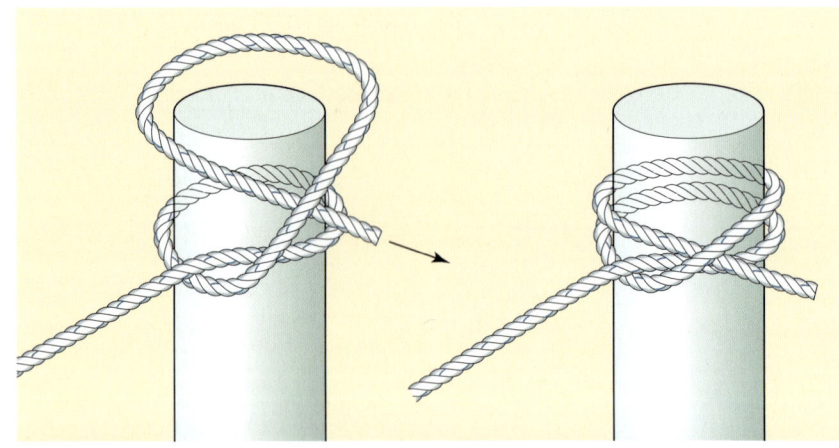

Belegen auf einer Klampe
Zunächst legen wir einen **Rundtörn**, dann mehrere **Kreuzschläge** und zuletzt einen **Kopfschlag**, der sich durch Zug selbst bekneift. Der erste Rundtörn darf sich nicht selbst bekneifen, damit das Ende auf Zug rasch freigegeben werden kann. Der Kopfschlag muss die Klampe kreuzen. Ganz rechts ein **Slipstek**, der sich mit einem Ruck leicht lösen lässt.

1¹/₂ Rundtörns mit 2 halben Schlägen sind eine oft gebrauchte Kombination zum Festma-

chen **an Ringen oder Stangen,** wenn nicht viel Kraft auf das Ende kommt.

Manchmal genügen die zwei halben Schläge auch allein.

Aufschießen einer Leine
Die Leine wird in gleich langen Buchten zu einem Bund zusammengeführt.

Dann stecken wir eine Bucht durch den oberen Teil und ziehen sie über den Bund etwas herunter. Eine so aufgeschossene Leine ist mit einem Griff

klar: Wir brauchen nur die durchgesteckte Bucht über den Bund zu ziehen und die Leine ist frei.

Ausrüstung

Fragen 249–252, 255–259, 276

Die Kreuzer-Abteilung des Deutschen Segler-Verbandes (KA des DSV) hat *Sicherheitsrichtlinien für die Ausrüstung und Sicherheit von Segelyachten* herausgegeben, die auch für Binnenreviere gelten.

Rettungsweste

Eine ohnmachtsichere Rettungsweste hält den Kopf einer bewusstlosen Person in Rückenlage über Wasser. Dafür muss der Auftriebsschwerpunkt auf der Brust liegen (Halsauftrieb zu Brustauftrieb etwa 30 % zu 70 %).

Die Rettungsweste wird in unaufgeblasenem Zustand getragen. Im Ernstfall bläst sie sich automatisch oder mit Pressgaspatronen auf.

Kinder und Nichtschwimmer sollten die Rettungsweste an Bord stets tragen, Schwimmer, sobald die Gefahr des Kenterns oder Überbordgehens zunimmt.

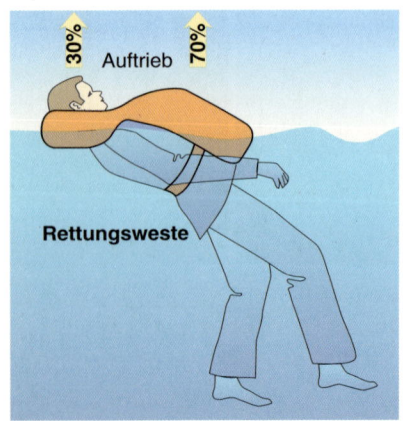

Sicherheitsausrüstung

Die Mindest-Sicherheitsausrüstung eines Sportbootes **auf kleineren Binnenrevieren:**
- **ohnmachtsichere Rettungsweste** (mit Doppeltonpfeife) für jedes Crewmitglied – für Kinder sind Kinderrettungswesten erforderlich
- **2 Paddel** (um im Notfall die Fahrrinne freimachen zu können)
- **Anker** mit mindestens 20 m Leine
- **Ösfass** zum Lenzen
- rote **Flagge** als Notzeichen

Auf größeren Binnenrevieren (wie z.B. Bodensee, Müritz, Chiemsee) zusätzlich:
- **Rettungsring** (Rettungsboje) mit automatischem Rettungslicht
- **Erste-Hilfe-Verbandskasten** mit Anleitung
- **Taschenlampe** (wasserdicht und schwimmfähig)
- **Signalhorn** (für alle Fälle)

Sonstige Ausrüstung

Als sonstige Ausrüstung kommen hinzu:
- schwimmfähige **Wurfleine, Schleppleine, Festmacheleinen**
- **Schöpfeimer** und Handpumpe
- **Bootshaken**
- **Takelmesser** mit Marlspieker und Reserveschäkel

Auf einer größeren Yacht zusätzlich:
- **Werkzeug** und Ersatzteile
- **Lotleine** (oder Echolot)
- **Radarreflektor** (zur besseren Erkennbarkeit auf Radarschirmen)
- **Kappmesser** oder Axt (zum Kappen von Wanten oder Stagen im Fall eines Mastbruches)

Auf mit Motor oder Kocheinrichtung ausgerüsteten Booten:

- **Feuerlöscher** (Pulverlöscher für die Brandklassen A, B und C) mit mindestens 2 kg Inhalt. Eine Prüfplakette nennt den nächsten Wartungstermin (vgl. S. 37).

Schwimmhilfe oder Rettungsweste?

Die größte Gefahr für eine Person im Wasser ist die **Auskühlung**.
Sie führt zu rascher Erschöpfung und Bewusstlosigkeit.

Eine **Schwimmweste** ist oft nur eine Schwimmhilfe, die zwar das Schwimmen erleichtert, im Ernstfall aber Eigenaktivität verlangt, also nicht ohnmachtsicher ist.

Eine CE-gekennzeichnete **Rettungsweste** ist ohnmachtsicher. Sie hält den Kopf einer bewusstlosen Person über Wasser und garantiert ihre Rückenlage. Das ist vor allem in kühler Jahreszeit oder in nördlichen Revieren wichtig, da bei geringer Wassertemperatur schnell Bewusstlosigkeit eintritt. Nach Mindestauftrieb in Newton (N) und nach **Euro-Norm** wird wie folgt unterschieden:

50 N Schwimmhilfe: nicht ohnmachtsicher, nur in geschützten Gewässern von guten Schwimmern zu nutzen (EN 393).

100 N Rettungsweste: nur eingeschränkt ohnmachtsicher, in Binnengewässern und geschützten Revieren zu nutzen (EN 395).

150 N Rettungsweste: ohnmachtsicher, für alle Gewässer (EN 396).

275 N Rettungsweste: ohnmachtsicher, für Hochsee (EN 399).

Im Frühjahr und Herbst sollte der Jollensegler zum Schutz gegen Auskühlung einen **Nassbiber** anziehen.

Der Anker

Fragen 77, 78

Ankermanöver siehe Seite 104

Man unterscheidet
- Gewichtsanker und
- Patent- bzw. Leichtgewichtsanker.

Gewichtsanker wirken vor allem durch ihr hohes Eigengewicht, während **Patentanker** aufgrund ihrer Konstruktion bei gleicher Haltekraft deutlich leichter sind als Gewichtsanker.

Der Anker hält am besten, wenn die Kette möglichst parallel zum Boden am Anker angreift. **Länge und Gewicht der Ankerkette** bestimmen ihren Angriffswinkel am Anker.
- Je länger die Kette oder Leine ist, desto besser hält der Anker.
- Eine Ankerkette hält den Anker wesentlich besser als eine gleich lange Ankerleine, da sie aufgrund ihres Eigengewichtes stärker durchhängt. Hinzu kommt eine Art Federeffekt der durchhängenden Kette, der bei stärkerem Wind ruckartiges Ziehen der Yacht am Anker abschwächt.

Eine Jolle kommt mit einer Ankerleine aus. Eine Kielyacht sollte jedoch mit einer Ankerkette, zumindest aber einem **Kettenvorlauf** von mehreren Metern Länge, ausgerüstet sein.

Die Länge der **Ankerkette** sollte mindestens der 3-fachen Wassertiefe, die Länge der **Ankerleine** mindestens der 5-fachen Wassertiefe entsprechen.

Der traditionelle **Stock- oder Admiralitätsanker** ist ein Gewichtsanker. Er gilt nach wie vor als der beste Universalanker und hält gut auf steinigem, tonigem und bewachsenem Grund.
Nachteile: Da einer der beiden Arme beim Ankern nach oben steht, kann sich die Ankerkette darin vertörnen und den Anker leicht ausbrechen. Außerdem ist er verhältnismäßig schwer.

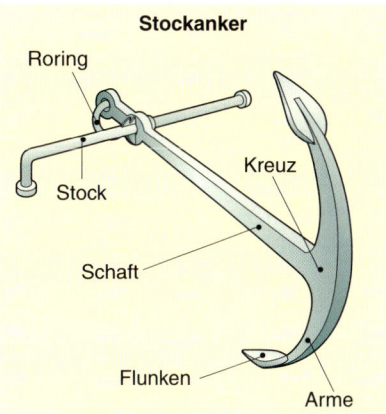

Stockanker

Roring · Stock · Schaft · Flunken · Kreuz · Arme

Der **Pflugschar-** oder **CQR-Anker** ist ein stockloser Patentanker mit sehr großer Haltekraft. Da die Kette nicht unklar kommen kann, eignet er sich besonders für Strom- und Gezeitengewässer.
Nachteile: Er hält schlecht auf verkrauteten Böden, in grobem Kies und weichem Schlick. Zum Eingraben benötigt er oft eine lange Anlaufstrecke.

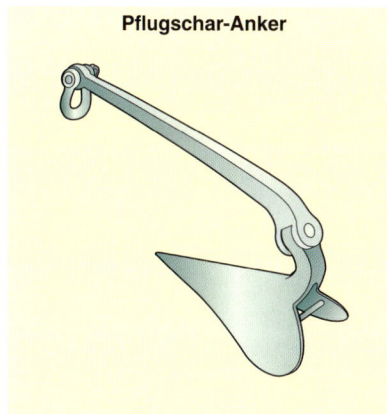

Pflugschar-Anker

Danforth-Anker

Der **Danforth-Anker**, ebenfalls ein stockloser Patentanker mit großer Haltekraft, ist gut für feste Lehm- und Sandböden geeignet und lässt sich gut verstauen.
Nachteil: Er hält schlecht auf verkrauteten und steinigen Böden.

Falt- oder Schirmanker

Auf Jollen und Beibooten nimmt man gern den zusammenklappbaren **Falt-** oder **Schirmanker (Klappdraggen)**. Er ist leicht zu handhaben und gut zu verstauen.
Nachteile: Geringe Haltekraft, freistehende Arme, um die sich die Ankerleine vertörnen kann.

Einrichtung von Yachten

Fragen 250–254, 259–271, 293, 294, 513–516

Gaskocheranlage
*Der **Kocher** sollte kardanisch aufgehängt sein, um Seegangsbewegungen auszugleichen, und muss über eine **automatische Zündsicherung** verfügen, die die Gaszufuhr unterbricht, sobald die Gasflamme erlischt.*
*Die **Gasflasche** muss in einem abgeschotteten Schapp außerhalb der Kajüte mit einem Abfluss oberhalb der Wasserlinie gelagert werden, damit ausströmendes Gas nach außen abfließen kann. Gasflaschen dürfen der Hitze und Sonne nicht direkt ausgesetzt sein.*

Flüssiggas an Bord

Fahrtenyachten sind häufig mit einer Kocheinrichtung (Pantry) ausgerüstet. Zum Kochen an Bord verwendet man meistens Flüssiggas (Propan, Butan).

> **Flüssiggas** ist gefährlich, weil es **schwerer als Luft** ist und mit Luft ein **hochexplosives** Gemisch bildet.

Strömt Flüssiggas im Boot aus, so sammelt es sich am tiefsten Punkt, also in der Bilge. Hier kann es zu einer **Explosion** kommen. Manchmal kommt es auch zu **Kohlenmonoxid-Vergiftungen** durch ungenügende Frischluftzufuhr oder ungenügende Ableitung der Abgase während der Arbeit mit Flüssiggas.

Eine Flüssiggasanlage an Bord muss deshalb **fachmännisch installiert** werden – am besten durch einen dafür zugelassenen Betrieb. Für den sachgerechten Einbau von Flüssiggasanlagen auf Wassersportfahrzeugen gibt es **Richtlinien** und Merkblätter des Germanischen Lloyd, des DSV und des DVGW (Deutscher Verein des Gas- und Wasserfachs).

Vor Inbetriebnahme muss die Anlage durch einen zugelassenen Sachkundigen **überprüft** werden. Dies wird durch die Bescheinigung für *„Flüssiggasanlagen an Bord"* und eine entsprechende Plakette bestätigt. Die Überprüfung muss **alle zwei Jahre** wiederholt werden.

> Wenn Flüssiggas ins Bootsinnere gelangt ist, ist Folgendes zu tun:
> • Gaszufuhr unterbinden
> • für Lüftung sorgen
> • keine elektrischen Schalter betätigen
> • Funk und Handy nicht benutzen

Elektrisches Netz und Landstrom

Auf Motorbooten und Fahrtenyachten ist in der Regel ein elektrisches Bordnetz installiert, das von einer oder zwei **Batterien** gespeist wird. Mit ihrer Hilfe werden
• der Motor angelassen,
• die UKW-Funkanlage betrieben,
• die Navigationslichter und die Kajütbeleuchtung gespeist.
In manchen Yachthäfen kann man über einen Landstromanschluss auch **Landstrom** beziehen. Eine Landstromanlage an Bord muss vom übrigen Bordnetz deutlich **getrennt** sein – am besten über ein eigenes Schaltpaneel. Außerdem muss ein **Fehlerschutzschalter** (FI-Schalter) installiert sein, um die Crew vor Stromschlag zu schützen. Eine Landstromanlage muss von einem zugelassenen Betrieb installiert sein.

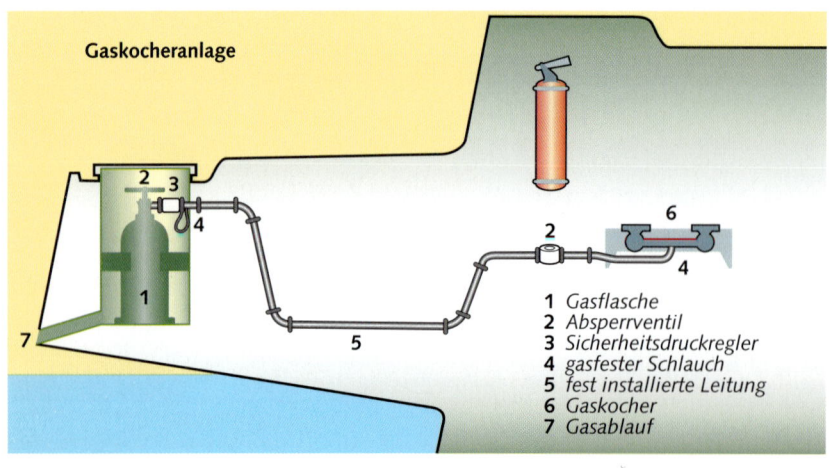

Gaskocheranlage

1 Gasflasche
2 Absperrventil
3 Sicherheitsdruckregler
4 gasfester Schlauch
5 fest installierte Leitung
6 Gaskocher
7 Gasablauf

Bordbatterie

Die Bordbatterie muss fest montiert, trocken gelagert und vor Oxidation geschützt werden. Pole und Polklemmen müssen stets sauber gehalten und eingefettet sein. Die Kabelklemmen müssen fest angezogen sein.

Es gibt zwei Arten von Bordbatterien,
- die konventionelle Batterie und
- die moderne Gel-Batterie.

Die **konventionelle Batterie** (Blei-Akku) muss etwa vierteljährlich mit einem Säureheber auf ihren Ladezustand hin überprüft werden. Gegebenenfalls ist destilliertes Wasser nachzufüllen. Die moderne **Gel-Batterie** dagegen ist hermetisch abgeschlossen und deshalb wartungsfrei und kippsicher. Das Nachfüllen von destilliertem Wasser erübrigt sich.

Beim **Nachladen** setzt eine konventionelle Batterie explosive Gase (Knallgas) frei.

> Deshalb muss der Batterieraum während und nach dem Laden ausreichend belüftet werden.

Dies gilt nicht für die hermetisch abgeschlossene Gel-Batterie.

> **Wartung** der Bordbatterie:
> - Batterie trocken halten und vor Oxidation schützen.
> - Anschlusspole fetten.
> - Kabelklemmen fest anziehen.
> - Säurestand mit Säureheber prüfen und gegebenenfalls destilliertes Wasser nachfüllen (nicht nötig bei einer Gel-Batterie).

Feuerlöscher und Feuerbekämpfung

Feuer an Bord wird meist durch die Motoranlage, austretende Benzindämpfe oder die Flüssiggasanlage verursacht. Der Feuerlöscher sollte deshalb in der Nähe des Maschinenraums oder der Pantry (Kochstelle) montiert sein. Ein Rauchmelder kann rechtzeitig auf ein Feuer aufmerksam machen.

Auf Sportbooten verwendet man einen **ABC-Pulverlöscher.** Er ist für feste Stoffe (Brandklasse A), flüssige Stoffe (Brandklasse B) und unter Druck austretende gasförmige Stoffe (Brandklasse C) geeignet. Für geschlossene Motorräume verwendet man am besten einen **CO_2-Löscher** (nur für Brandklasse B).
Der Feuerlöscher muss amtlich geprüft und zugelassen sein und mindestens alle 2 Jahre gewartet werden (Prüfplakette).

> Einen **Brand an Bord** bekämpft man wirksam, indem man
> - die Luftzufuhr unterbindet,
> - eine Feuerlöschdecke benutzt,
> - den Feuerlöscher erst am Brandherd einsetzt und
> - das Feuer von unten bekämpft.
>
> Wenn der **Motor** brennt, muss man
> - den Motor bzw. Vergaser mit einer Löschdecke abdecken, um den Brand zu ersticken, und
> - den Feuerlöscher einsetzen.

Höchst umstritten ist die in der Prüfung (Frage 294) verlangte Antwort: Brennstoffzufuhr unterbrechen und Vollgas geben, um Leitungen und Vergaser leer zu fahren. Im Ernstfall dauert dies viel zu lange.

Radsteuerung
Auf Motorbooten und größeren Kielyachten findet man anstelle der Pinnensteuerung oft eine Radsteuerung.
Bei der Radsteuerung wird die Kraft vom Steuer- oder Ruderrad entweder mechanisch durch Ketten- oder Seilzug oder hydraulisch durch Öldruck übertragen. Die Kette ist mit den Steuerseilen (Bowdenzügen) verbunden, die über Umlenkrollen zum Ruderquadranten führen, der direkt auf dem Ruderschaft sitzt.

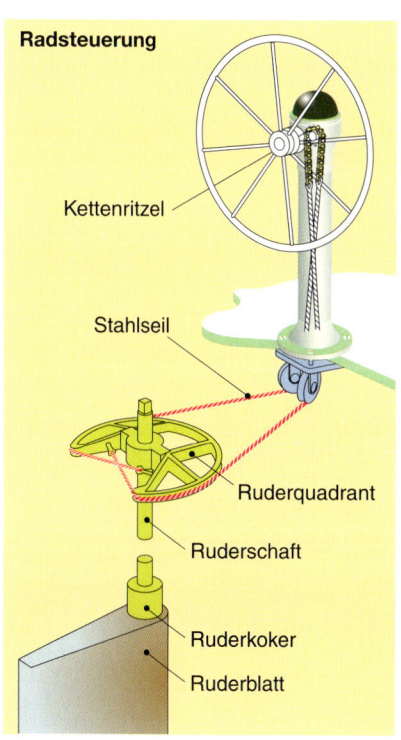

Radsteuerung

Kettenritzel

Stahlseil

Ruderquadrant

Ruderschaft

Ruderkoker

Ruderblatt

Bootsklassen (1)

Bootsklassen nach Baumerkmalen

Wettsegeln ist nur sinnvoll, wenn die teilnehmenden Yachten vergleichbar sind. Hierfür hat man Bootsklassen mit einheitlichen Klassenvorschriften (Bauvorschriften) oder Ausgleichsformeln geschaffen. Boote einer Bootsklasse segeln ohne Zeitvergütung gegeneinander. Man unterscheidet:

Einheitsklassen. Alle Boote einer Einheitsklasse werden nach eng gefassten Vorschriften gebaut. Es gibt fast keine Abweichungen in Größe, Gewicht, Form und Material. Sämtliche Details sind vorgeschrieben.
Beispiele: Laserjolle, 420er, 470er, Hobie-Katamaran-Klassen.

Beschränkte Klassen. Die wesentlichen Maße und Gewichte sind vorgegeben, erlauben aber Abweichungen bei manchen Einzelheiten, wie etwa dem Baumaterial, der Verstagung oder Schot- und Schwertführung.
Beispiele: Drachen, Flying Dutchman (FD), Tornado-Katamaran sowie die meisten Gleitjollen.

> Bei den Einheitsklassen und den beschränkten Klassen ist grundsätzlich alles verboten, was nicht in den Klassenvorschriften erlaubt ist.

Grenzmaßklassen bzw. Konstruktionsklassen entstehen meist aus Konstruktionswettbewerben mit genauen Vorgaben. Vorgeschrieben sind oft nur die Höchstmaße des Rumpfes, die maximale Segelfläche, das Mindestgewicht und Ähnliches. Bei der Rumpfform, der Anordnung des Riggs etc. lassen die Vorschriften dem Konstrukteur freie Gestaltung innerhalb vorgeschriebener Grenzen.
Beispiele: H-Jolle, Jollenkreuzer sowie alle Meterbootsklassen (8-, 6-, 5,5-m-R-Klasse) und die meisten der America's-Cup-Klassen (J-, 12-m-R-, IACC-Klasse).

> Bei den Grenzmaß- und Konstruktionsklassen ist grundsätzlich alles erlaubt, was in den Klassenvorschriften nicht verboten ist.

Katamaran-Klassen sind die von der ISAF festgelegten Divisionen A bis D, für die Höchstmaße für Länge, Breite und Segelfläche festgelegt sind. Es handelt sich hier also um Grenzmaßklassen.
Beispiele: A-Klassen- und C-Klassen-Katamarane. Nicht hierzu gehören die Strandkatamarane *Hobie, Prindle* oder *Top-Cat,* die Werftklassen sind.

Anerkannte Bootsklassen

Neben der Klassifizierung der Yachten nach Baumerkmalen kann man sie auch nach ihrer Anerkennung durch die Segelsportverbände einteilen:

Internationale Klassen sind vom Weltseglerverband, der *International Sailing Federation (ISAF),* anerkannt. Hierzu zählen auch die **olympischen Klassen,** die die ISAF bald nach den Olympischen Spielen für die jeweils nächsten Spiele festlegt. Dies sind zur Zeit acht Bootsklassen und eine Segelsurfklasse.

Olympische Klassen
- Laser Radial (Frauen)
- Laser
- Finn-Dinghy
- 49er
- 470er (Frauen und Männer)
- Tornado (Katamaran)
- Yngling (Frauen)
- Star
- Segelsurfer Neil Pride RS:X (Frauen und Männer)

Nationale Klassen werden von den nationalen Segelsportverbänden anerkannt, in Deutschland vom *Deutschen Segler-Verband (DSV).* Voraussetzung für die Anerkennung einer Bootsklasse als nationale Klasse ist eine Mindestzahl der registrierten Boote: bei Jollen und Katamaren 200 Einheiten, bei Jollenkreuzern und Kielbooten 150 Einheiten. Die Klasse muss sich zumindest ein Jahr als Eintypklasse bewährt haben.

Anerkannte ausländische Klassen sind von einem ausländischen Segelsportverband anerkannte Klassen, die vom DSV als ausländische Klassen anerkannt sind. Mindestkriterien für die Anerkennung sind die der nationalen Klasse.
Beispiel: Nordisches Folkeboot.

Eintyp-Klassen sind Einheitsklassen, die von einer oder mehreren Werften nach gleichem Riss in Serie gebaut werden **(Werftklassen).** Auch Konstruktionsklassen können als Eintyp-Klasse anerkannt werden. Voraussetzung ist eine registrierte Mindestzahl von 120 Jollen oder Katamaranen bzw. 80 Kielbooten oder Jollenkreuzern sowie die Existenz einer anerkannten Klassenvereinigung.

Revierklassen

Daneben gibt es Revierklassen, die man nur auf kleineren Revieren findet und die nicht offiziell als Klasse anerkannt sind.
Beispiel: Schratz auf dem Chiemsee

Handicap-Systeme

Das **Yardstick-System** erlaubt es, Boote verschiedener Klassen in einer Regatta gegeneinander segeln zu lassen. Mithilfe der **Yardstickzahlen** ermittelt man für jedes teilnehmende Boot aus der gesegelten Zeit eine

berechnete Zeit, die für die endgültige Platzierung entscheidend ist. Die Yardstickzahlen ergeben sich aus Testregatten und Regattaergebnissen und werden vom *Deutschen Segler-Verband* jährlich in einer Yardstickliste veröffentlicht (s. S. 127).
Der Weltseglerverband der Hochseesegler, der **Offshore Racing Congress (ORC),** bietet seit 2008 ein modulares Vermessungs- und Handicapsystem an, um Regatten zwischen unterschiedlich gebauten Yachten im Küsten- und Hochseebereich zu ermöglichen. Die Vermessung beruht auf dem *International*

Measurement System (IMS) und erfasst die Rumpfgeometrie, Schwimmlage, Stabilität sowie die Rigg- und Segelabmessungen der einzelnen Yachten. Auf Basis dieser Daten wird mithilfe eines komplexen Geschwindigkeits-Prognose-Programms (VPP) für jede Yacht eine Zeitvergütung (Handicap) ermittelt, mit der die tatsächlich gesegelten Zeiten korrigiert werden.
Das ORC-System stellt eine Verbesserung des alten IMS-Systems dar.

Die olympischen Bootsklassen.

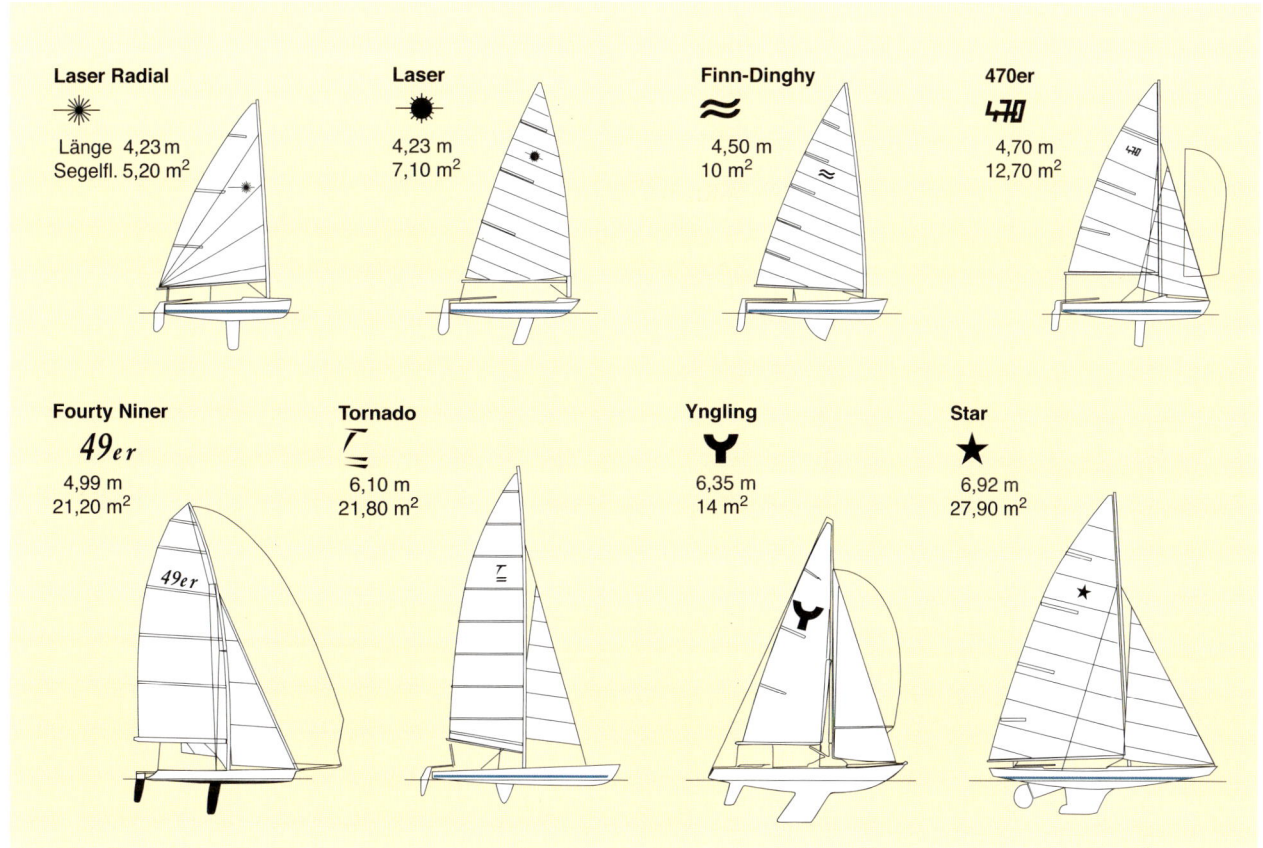

Laser Radial
Länge 4,23 m
Segelfl. 5,20 m²

Laser
4,23 m
7,10 m²

Finn-Dinghy
4,50 m
10 m²

470er
4,70 m
12,70 m²

Fourty Niner
49er
4,99 m
21,20 m²

Tornado
6,10 m
21,80 m²

Yngling
6,35 m
14 m²

Star
6,92 m
27,90 m²

Bootsklassen (2)

Segelzeichen

Yachten, die an Regatten teilnehmen, müssen im Segel
- das **Klassenzeichen,**
- die **Nationalitätsbuchstaben** und
- die **Segelnummer**

führen.

Das **Klassenzeichen** gibt an, zu welcher Klasse das Boot gehört. Es kann aus Buchstaben, Ziffern oder einem Symbol bestehen (vgl. Abb. S. 39–41).

Das **Nationalitätskennzeichen** besteht aus drei Großbuchstaben für das Land, in dem das Boot registriert ist. Beispiele:

AUT	Österreich
DEN	Dänemark
FIN	Finnland
FRA	Frankreich
GBR	Großbritannien
GER	Deutschland
ITA	Italien
NED	Niederlande
SUI	Schweiz
SWE	Schweden
USA	USA

Allein bei der Starboot-Klasse gibt es kein Nationalitätskennzeichen, die Boote sind weltweit durchnummeriert. Die **Segelnummer** wird vom jeweiligen Nationalen Verband zugeteilt (in Deutschland vom Deutschen Segler-Verband) oder, falls die Klassenvorschriften dies vorgeben, durch die internationale Klassenvereinigung.

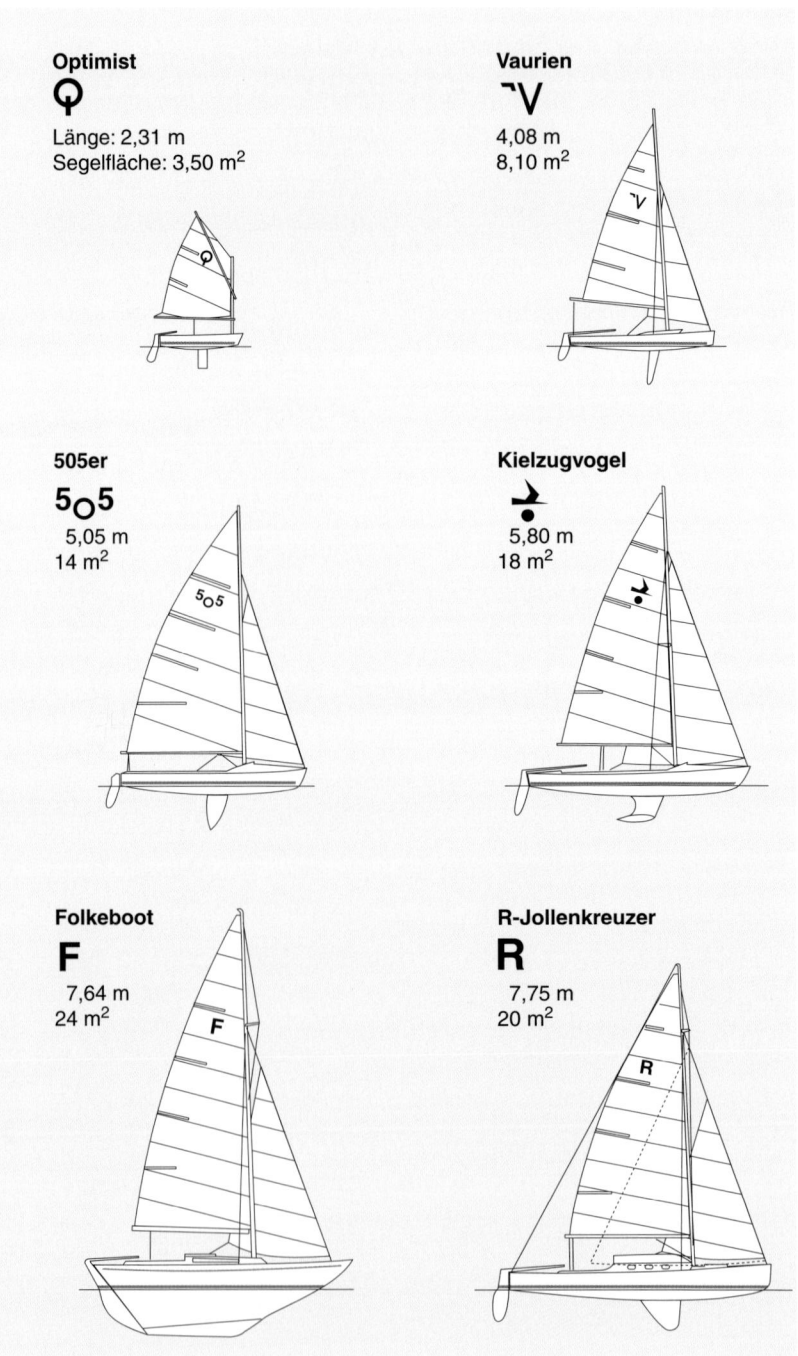

Optimist
Länge: 2,31 m
Segelfläche: 3,50 m^2

Vaurien
4,08 m
8,10 m^2

505er
5,05 m
14 m^2

Kielzugvogel
5,80 m
18 m^2

Folkeboot
7,64 m
24 m^2

R-Jollenkreuzer
7,75 m
20 m^2

Hobie-Cat 14

4,25 m
11,20 m^2

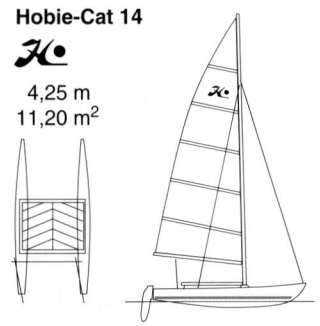

Pirat

5 m
10 m^2

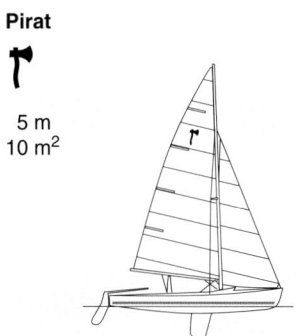

Korsar

5 m
11,50 m^2

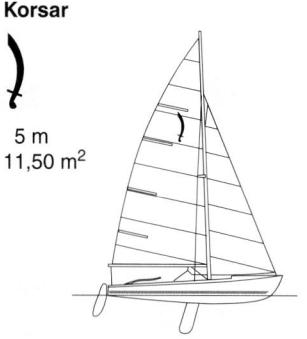

Flying Dutchman

FD

6,05 m
15 m^2

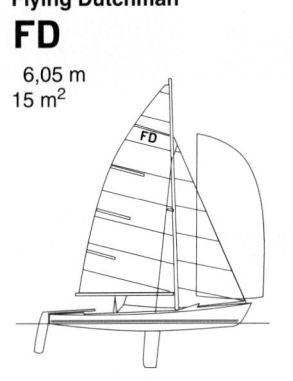

Varianta

VA

6,50 m
18,80 m^2

Tempest

T

6,70 m
23 m^2

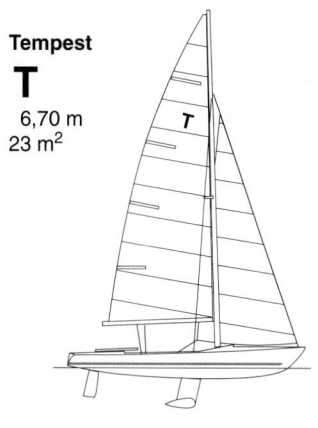

Soling

8,15 m
21,70 m^2

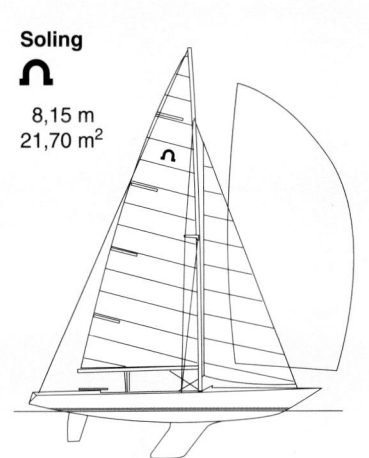

Drachen

D

8,90 m
26,60 m^2

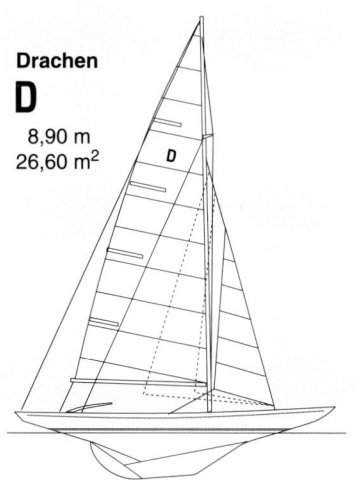

Trias

9,20 m
28,70 m^2

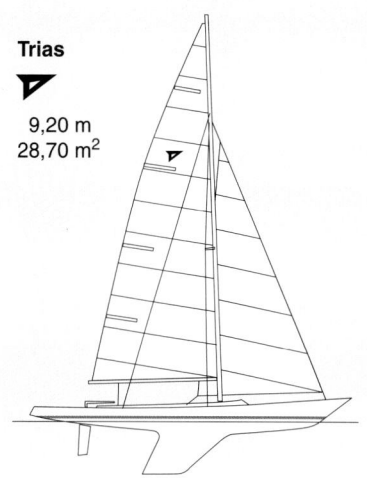

Pflege, Wartung und Winterlager

Fragen 438, 439, 532, 533, 581–586

Regelmäßige Überprüfung

Während der Saison müssen wir regelmäßig den **Allgemeinzustand** des Bootes und die **Funktionsfähigkeit** folgender Ausrüstungsteile überprüfen:

• Sicherheitsausrüstung
• Bilge
• Segel
• stehendes und laufendes Gut einschließlich Mast
• Maschine und Getriebe
• Ruderanlage
• Navigationsausrüstung

Dies gilt auch **vor jeder Fahrt** – vor allem mit einem unbekannten Boot. Ebenso müssen die entsprechenden **Wartungsarbeiten** regelmäßig durchgeführt werden.

Reinschiff und laufende Pflege

Nach jedem Segeltag machen wir **Reinschiff**: Die Bilge wird mit einer Pütz (Eimer) gelenzt. Deck, Cockpit und Überwasserschiff werden mit einem Feudel gereinigt und eventuell mit einer Persenning abgedeckt; nasse Segel werden getrocknet. Reinschiff heißt nicht **Klar Deck**, wie man das Aufräumen an Deck nennt – z.B. das Aufschießen der Leinen.

Durch einige Maßnahmen und Handgriffe können wir den laufenden Verschleiß an Bord begrenzen:

• **Segel dürfen nicht unnötig schlagen** (im Wind flattern). Wir bergen sie deshalb unmittelbar nach dem Anlegen. Sonst können leicht Nähte aufgehen und die Segel an den Lattentaschen oder am Achterliek einreißen; sie verlieren auch ihre Form, da Kunststofffasern und Appretur durch Schlagen der Segel rasch ermüden.
• **Kleine Schäden an Segeln** müssen sofort repariert werden, da unter Belastung (Winddruck) daraus rasch große Schäden werden.
• **Segel und Vorschoten dürfen nicht** an Wanten oder Salingen **schamfilen** (scheuern). Wanten, Wantenspanner und Püttings haben deshalb z. B. Kunststoff-Ummantelungen, Salingnocks sind mit Leder- oder Kunststoffkappen geschützt.
• **Festmacher** dürfen nicht in Klüsen oder Lippen schamfilen. Sie sind deshalb an den kritischen Stellen beispielsweise durch einen Kunststoffschlauch zu schützen.
• **Der Bootsrumpf** wird an der Pier durch **Fender** geschützt.
• **Fallen**, die im Hafen oder vor Anker bedingt durch Dünung oder Wind gegen den Mast schlagen, können dessen Eloxierung beschädigen. Man bändselt sie deshalb am besten vom Mast weg zu einem Want.
• **Abgenutzte Leinen** verlieren rasch an Festigkeit und müssen ausgetauscht werden. Leinen, die mit Lösungsmitteln oder anderen Chemikalien in Kontakt gekommen sind, müssen gut ausgewaschen werden.
• **Schäden an der Außenhaut** eines GFK-Rumpfes *(Gelcoat)* muss man austrocknen lassen und zuspachteln, damit das Laminat kein Wasser aufnimmt.

Winterlager

Einwintern (oder Außerdienststellen) nennt man das Einlagern eines Bootes für den Winter. Zunächst wird das Boot abgetakelt, d.h. das Rigg wird entfernt.

Unter **Auftakeln** versteht man das Anbringen des Riggs (Mast, Spieren, stehendes und laufendes Gut, vgl. S. 20). **Abtakeln** heißt, das Rigg für das Winterlager oder den Bootstransport entfernen.
Diese Begriffe dürfen wir nicht mit dem **Anschlagen oder Abschlagen** und dem **Setzen oder Bergen der Segel** (vgl. S. 64–68) verwechseln.

Der **Rumpf** wird mit Frischwasser gereinigt und der oft sehr fest sitzende Bewuchs am Unterwasserschiff entfernt, sobald das Schiff an Land ist. Dann können wir den Rumpf **aufpallen** (auf Böcken oder Holzunterlagen lagern). Er muss gut abgestützt sein und darf nicht durchhängen. Die Auflageflächen müssen groß genug sein, um den Druck der Lagerböcke gut zu verteilen. Größere Kielyachten sollten wir nur von Fachleuten auf- oder abpallen lassen.

Gleichgültig, ob das Boot in einer Halle oder unter einer Persenning im Freien gelagert wird: Wichtig ist eine **gute Durchlüftung,** um Rott (Fäulnis durch Feuchtigkeit), Korrosion oder Frostschäden zu vermeiden. Bodenbretter und Stauraumdeckel werden deshalb hochkant gestellt, Luken und Türen offengehalten und Polster von Bord genommen.

Winterlager im Wasser …

… und an Land aufgepallt.

Tauwerk und Segel werden, falls nötig, mit Frischwasser abgewaschen und trocken gelagert. **Rigg und Leinen** überprüfen wir auf Schwachstellen – vor allem an den Kauschen und Terminals.

Der **Mast** muss so gelagert werden, dass er nicht durchhängt.

Der **Motor** sollte entsprechend der Betriebsanleitung stillgelegt und konserviert werden. Die **Kühlung** eines seewassergekühlten Motors spülen wir gut mit Frischwasser durch. Der **Kraftstofftank** sollte völlig entleert und die **Batterie** nachgeladen und frostsicher gelagert werden.

Frühjahrsanstrich

Das **Überwasserschiff** von Kunststoffbooten benötigt keinen Frühjahrsanstrich, wohl aber Stahl- und Holzboote, die zur Konservierung regelmäßig neu lackiert werden müssen. Vor dem Anstrich muss der Rumpf mit Sandpapier angeschliffen oder (bei Holz) mit einer Ziehklinge abgezogen werden.

Hat man einen Wasserliegeplatz, so muss das **Unterwasserschiff** gegen Bewuchs mit **Antifouling-Farbe** gestrichen werden.

Mit **Zweikomponentenlacken** muss man besonders vorsichtig umgehen, da sie sich selbst entzünden können.

Antifouling, Lacke und **Schleifreste** können die Umwelt erheblich belasten. Sie dürfen nicht ins Wasser oder ins Erdreich gelangen. Deshalb müssen wir den Arbeitsbereich weiträumig abdecken und den Abfall als Sondermüll entsorgen. Hinweise und Richtlinien der Hersteller beachten!

Bootstransport, Auf- und Abslippen

Fragen 313–320

Dachtransport

Die zulässige **Dachlast** eines Pkw liegt zwischen 50 und 70 kg. Da sie nicht in den Kfz-Papieren genannt wird, muss man sie beim Hersteller erfragen.
Für den Dachtransport gibt es keine gesetzlich vorgeschriebene Höchstgeschwindigkeit. Doch erzeugt das Boot auf dem Dach einen kräftigen Auftrieb - vor allem, wenn es kielunten montiert ist. Hinzu kommt eine deutlich erhöhte Seitenwindempfindlichkeit.

Trailertransport

Ein Trailer muss **versichert** und **zugelassen** sein. Er führt also ein eigenes Kennzeichen und muss – wie jedes Kfz – in bestimmten Intervallen vom TÜV oder der DEKRA geprüft werden. Er muss mit Brems-, Schluss- und Blinkleuchten, Rückstrahlern, Nummernschildbeleuchtung und Typenschild des Herstellers ausgerüstet sein.
Die zulässige **Anhängelast** (Bootsgewicht + Trailergewicht) legt der Hersteller des Zugwagens fest. Sie liegt zwischen etwa 300 und 1600 kg. Die maximale **Zuladung** (Bootsgewicht) wird vom Trailerhersteller angegeben. Trailerbar ist ein Boot bis etwa 1,5 t Gesamtgewicht.
Einachsige Trailer sind meist ungebremst. Für zweiachsige Trailer ist eine eigene Bremsvorrichtung mit

Abreißsicherung vorgeschrieben, die die Handbremse des Trailers auslöst, falls er sich während der Fahrt vom Zugwagen löst.
Der beladene Trailer sollte etwas buglastig sein, wobei der Deichseldruck nicht mehr als 10 % der Anhängelast ausmachen sollte. Ein zu bug- oder hecklastiger Anhang kann sich aufschaukeln und das Steuerverhalten beeinträchtigen. Der Bremsweg mit Trailer kann sich bis zum Doppelten verlängern.

Auf- und Abslippen

Jollen, kleinere Kielschwerter und Motorboote kann man über eine Rampe direkt vom Trailer ins Wasser lassen **(abslippen)** und umgekehrt unmittelbar aus dem Wasser auf den Trailer ziehen **(aufslippen)**. Für größere Boote ist eine Seilwinde am Trailer erforderlich.
Da die elektrische Anlage des Trailers nicht wasserdicht ist, muss sie vor dem Slippen abgenommen werden, außerdem müssen die Radnaben durch Abschmieren geschützt werden.

Nach dem Slippen in Salzwasser sollte der Trailer wegen Korrosionsgefahr gründlich mit Frischwasser abgespritzt werden.
Beim Slippen müssen wir auf die Sicherheit der beteiligten Personen achten. Wegen seines großen Gewichtes muss das Boot gut befestigt sein und kontrolliert ins Wasser gelassen bzw. auf den Trailer gezogen werden.

Diebstahlschutz

Mit folgenden Maßnahmen können wir dem Diebstahl unseres Bootes vorbeugen:
• Abschließen von Boot, Außenborder und Trailer
• Installation einer Wegfahrsperre
• keine wertvollen Gegenstände an Bord lassen
• wertvolle Ausrüstungsgegenstände aus dem Sichtfeld nehmen und wegschließen
Weitergehende Informationen erhält man bei den Wassersportverbänden und örtlichen Beratungsstellen der Polizei.

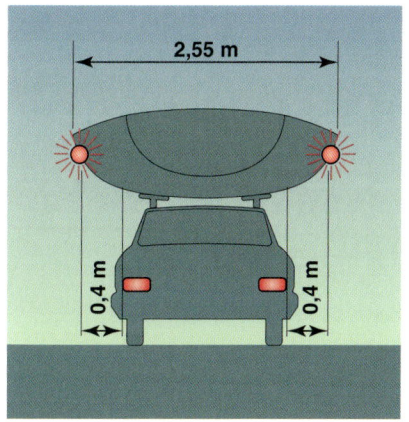

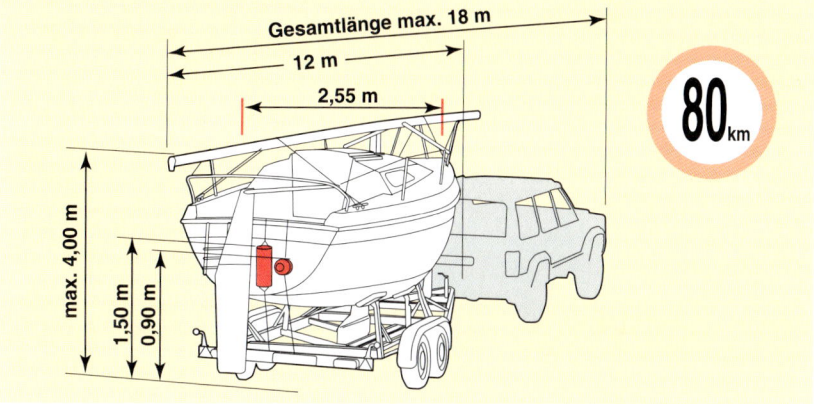

Dachtransport

Maximale Höhe:	**4,00 m**
Maximale Breite:	**2,55 m**

Ragt das Boot seitlich mehr als 0,40 m über den Außenrand der Scheinwerfer hinaus, muss es nachts mit Begrenzungsleuchten – weiß nach vorn, rot nach hinten – versehen sein.

Nach vorn dürfen Boot oder Mast nicht über den Wagen hinausragen.

Nach hinten darf die Ladung bis zu 1,50 m (bei einem Transport bis zu 100 km bis 3,00 m) über die Schlussleuchten hinausragen.

Markierung: wie beim Trailertransport

Trailertransport

Maximale Höhe:	**4,00 m**
Maximale Breite:	**2,55 m**
Maximale Gespannlänge:	**18 m**
Maximale Anhanglänge ab Ende des Wagens:	**12 m**

Maximales Gesamtgewicht des ungebremsten Trailers: **750 kg**
Anhänger und Boot dürfen nicht mehr wiegen als $\frac{1}{2}$ Pkw-Leergewicht +75 kg.

Höchstgeschwindigkeit:	**80 km/h**

Nach vorn dürfen keine Teile über den Wagen hinausragen.

Nach hinten dürfen Boot und Ausrüstung bis zu 1,50 m, bei einem Transport bis zu 100 km bis 3,00 m, über die Schlussleuchten hinausragen.

Markierung, falls die Ladung weiter als 1 m über die Schlussleuchten hinausragt:

• **Tagsüber** hellrote Fahne oder hellrotes Schild (30 x 30 cm) oder hellroter Zylinder (30 cm hoch, Mindestdurchmesser 35 cm) nicht höher als 1,00 m über der Fahrbahn.

• **Bei Dunkelheit** rotes Licht nicht höher als 1,50 m und roter Rückstrahler nicht höher als 0,90 m über der Fahrbahn.

45

Motorenkunde

Fragen 404, 413, 416–418, 454, 456

Benzinmotor oder Dieselmotor?

Benzinmotor und Dieselmotor unterscheiden sich durch den verwendeten Kraftstoff und den Verbrennungsvorgang.

Der Benzinmotor saugt ein im Vergaser gebildetes hochexplosives Benzin-Luft-Gemisch an, das von einer elektrischen Zündkerze gezündet wird (Fremdzündung).

Risiken:
- Brand- und Explosionsgefahr
- Störanfälligkeit der Zündanlage

Der Dieselmotor saugt reine Luft an, die durch Verdichtung so stark erhitzt wird, dass sich das eingespritzte Dieselöl von selbst entzündet (Selbstzündung). Der Dieselmotor hat also keinen Vergaser und keine elektrische Zündanlage, dafür aber eine Kraftstoffpumpe und Kraftstoffdüse.

Vorteile des Dieselmotors:
- größere Explosionssicherheit (da keine elektrische Zündanlage)
- höhere Lebensdauer
- geringerer Kraftstoffverbrauch
- geringere Störanfälligkeit

Nachteile des Dieselmotors:
- schwerer, lauter und teurer

Zweitakter oder Viertakter?

Benzinmotoren gibt es als Zweitakter und als Viertakter.

Der Zweitakter arbeitet mit einem Benzin-Öl-Gemisch, das auch für die notwendige Schmierung sorgt (Gemischschmierung).

Der Viertakter arbeitet mit reinem Benzin. Die Schmierung wird über einen separaten Ölkreislauf wahrgenommen (Ölwanne, Ölpumpe). Deshalb müssen regelmäßig der Ölstand kontrolliert und das Öl gewechselt werden.

Vor- und Nachteile:

Der Zweitakter ist kleiner und leichter und bei gleichem Hubraum leistungsstärker als der Viertakter.

Der Viertakter läuft ruhiger und verbraucht weniger Benzin als der Zweitakter.

- Die Gemischschmierung des Zweitakters ist nicht sehr umweltfreundlich, da nicht verbrannte Ölteilchen über den Auspuff ausgeschieden werden. Deshalb sollte man das vom Hersteller vorgeschriebene Mischungsverhältnis genau beachten.

- Auch auf die richtige Einstellung des Luft-Kraftstoff-Gemisches sollte man deshalb genau achten.

Die Motorkühlung

Bootsmotoren sind meist **wassergekühlt**. Man unterscheidet die Einkreiskühlung und die Zweikreiskühlung.

Bei der Einkreiskühlung (direkte Kühlung) wird Kühlwasser mit einer Pumpe von außenbords angesaugt und durch den Kühlwasserkreislauf

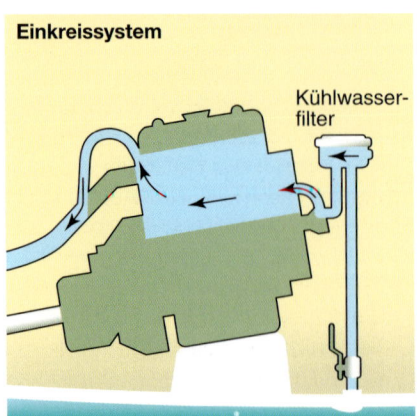

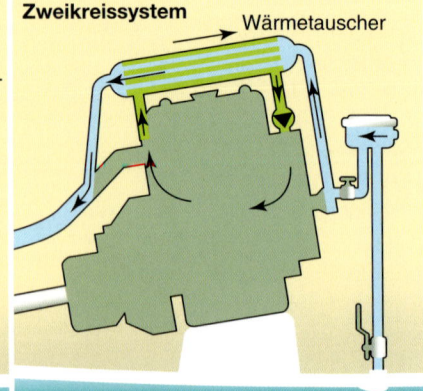

Einkreiskühlung und Zweikreiskühlung
Bei der Einkreiskühlung wird die Temperatur allein durch das von außen angesaugte Seewasser (blau) gekühlt. Bei der Zweikreiskühlung wird der innere Süßwasserkreislauf (grün) im Wärmetauscher durch das Seewasser heruntergekühlt.

des Motors und Auspuffs gepumpt. Ein Thermostat sorgt für die richtige Betriebstemperatur, indem er den Wasserzufluss reguliert. Der Einlauf wird durch einen Wasserfilter geschützt, damit die Leitungen nicht durch unsauberes Wasser verstopfen oder verschlammen.

Nachteile: Um zu verhindern, dass Kalk und Salzkristalle den Kühlwasserkreislauf verengen, muss der Motor unter 65°C gefahren werden. Dies führt zu einem schlechteren Wirkungsgrad, höheren Verbrauch und schnelleren Verschleiß.

Bei der Zweikreiskühlung (indirekte Kühlung) wird der Motor durch einen geschlossenen Frischwasserkreislauf gekühlt, der seinerseits durch einen offenen Seewasserkreislauf rückgekühlt wird.

Vorteile: Es gibt kein Verschlammen und keine Korrosion im geschlossenen Kreislauf. Sollte der offene Kreislauf ausfallen, steigt die Motortemperatur nicht so schnell an wie im Einkreissystem.

Nachteile: Man braucht zwei Wasserpumpen und mehr Platz.

> **Die Kühlwasserversorgung ist für den Motor lebenswichtig.**
> **Vor dem Anlassen** des Motors müssen wir deshalb die Kühlwasserventile öffnen.
> **Während der Fahrt** müssen wir regelmäßig den Kühlwasseraustritt und das Kühlwasserthermometer überprüfen.

Welle und Getriebe

Die Motorkraft wird mit dem **Wendegetriebe** über die Welle zum Propeller übertragen. Das Wendegetriebe ändert die Drehrichtung der Welle von Vorwärts- auf Rückwärtsfahrt, kuppelt die Welle ein oder aus und setzt die hohe Motordrehzahl auf die niedrigere Wellendrehzahl herunter.

Schaltung: Es gibt Einhebel- und Zweihebelschaltungen. Bei der **Einhebelschaltung** werden Gas und Getriebe mit nur einem Hebel bedient. Bei der **Zweihebelschaltung** werden der Motor mit dem Gashebel (Drehzahl) und das Getriebe mit einem Schalthebel (Voraus, Leerlauf, Rückwärts) gesteuert.

> **Beim Starten** muss die Schaltung im Leerlauf stehen, da sonst der Propeller (Schraube) sofort mitdreht.
> **Schalten** darf man nur mit Standgas. Bei einer Volllastschaltung können Getriebe und Kupplung beschädigt werden. Außerdem können an Bord befindliche Personen sich verletzen und über Bord fallen. Vor dem Schalten muss deshalb die Motordrehzahl zurückgefahren werden.

Die Wellendurchführung nach außenbords wird durch eine **Stopfbuchse** gegen eindringendes Wasser gesichert. Es gibt wasser-, fett- und ölgeschmierte Stopfbuchsen. Nicht wartungsfreie Stopfbuchsen müssen von Zeit zu Zeit nachgestellt und über eine angebaute Fettpresse auf Druck gehalten werden. Gelegentlich müssen die sogenannte Packung und die Dichtung der Stopfbuchse erneuert werden.

Einhebelschaltung und Zweihebelschaltung
*Bei der **Einhebelschaltung** wird der Hebel bei Vorwärtsfahrt nach vorne und bei Rückwärtsfahrt nach hinten gelegt. Hierbei geht man immer über die Nullstellung, sodass ein grober Schaltfehler ausgeschlossen ist. Je weiter man nach vorne drückt, desto schneller läuft der Motor. Der **rote Knopf** ist die Kupplung. Er muss vor dem Gasgeben hineingedrückt werden. In der Abbildung läuft der Motor also im Leerlauf.*

*Bei der **Zweihebelschaltung** sind Gas und Getriebe getrennt. Deshalb muss man das Gas stets zurücknehmen, bevor man von voraus auf rückwärts schaltet. Sonst wird das Getriebe schnell ruiniert.*

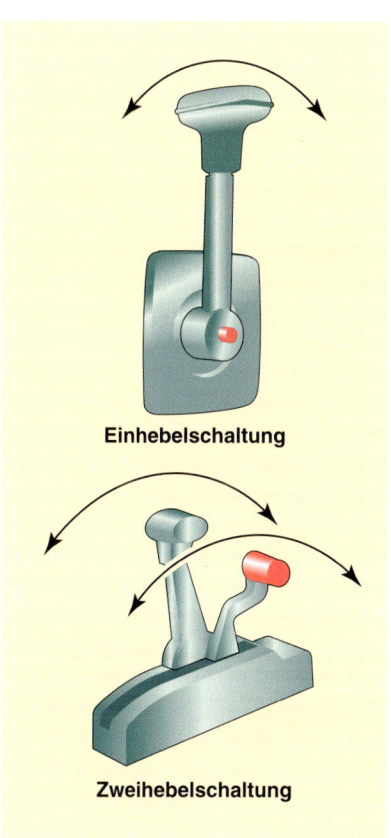

Einhebelschaltung

Zweihebelschaltung

Getriebearten, Tanken, Propeller

Fragen 405, 410–412, 414, 415, 429–433

Getriebearten

Bei Innenbordmotoren unterscheidet man folgende Antriebsarten:

- konventionelle Wellenanlage mit Wendegetriebe
- V-Antrieb
- Z-Antrieb
- Wasserstrahl- oder Jet-Antrieb (nur für Motorboote)
- Sail-Drive (nur für Segelyachten)

Die **konventionelle Wellenanlage** verlangt viel Platz im Rumpf.

Den **V-Antrieb** verwendet man gerne bei wenig Platz im Schiffsrumpf. Der Motor sitzt praktisch über der Antriebswelle.

Beim **Z-Antrieb** wird die Kraft des Motors zweimal über Kugelräderpaare umgelenkt.

Der **Wasserstrahlantrieb** kommt nur bei Motorbooten zum Einsatz. Er saugt durch einen Schacht im Bootsboden Wasser an, beschleunigt es und stößt es unter hohem Druck über die Wasserstrahldüse nach achtern aus.

Tanken

Beim Tanken dürfen keine **Kraftstoffdämpfe** ins Bootsinnere gelangen. Denn Benzin bildet mit Luft ein hochexplosives Gemisch, das schwerer als Luft ist. Es würde sich in der Bilge sammeln und könnte dort jederzeit explodieren.

Um zu verhindern, dass Kraftstoff in die Bilge gelangt, verwenden wir am besten einen großen **Trichter** und achten darauf, dass der Tank nicht überläuft.

Den **Tank eines Außenborders** sollten wir stets an Land nachfüllen, damit keine Kraftstoffdämpfe ins Bootsinnere und kein Kraftstoff ins Boot oder Wasser gelangen.

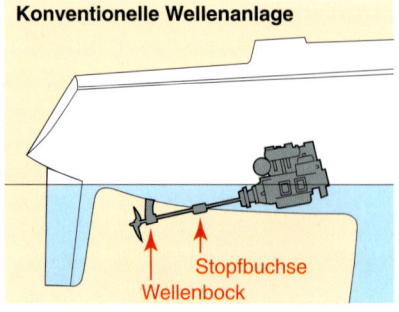

Konventionelle Wellenanlage

Stopfbuchse
Wellenbock

*Die **konventionelle Wellenanlage** ist bei Segelyachten am meisten verbreitet. Hier sind die Antriebswelle des Motors, das Wendegetriebe und die Propellerwelle hintereinander angeordnet.*

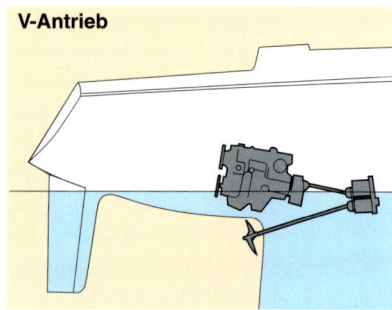

V-Antrieb

*Beim **V-Antrieb** bilden Antriebswelle und Propellerwelle einen spitzen Winkel. Dadurch kann der Motor nahe am Propeller eingebaut werden. Er ist stärker auf Motoryachten verbreitet.*

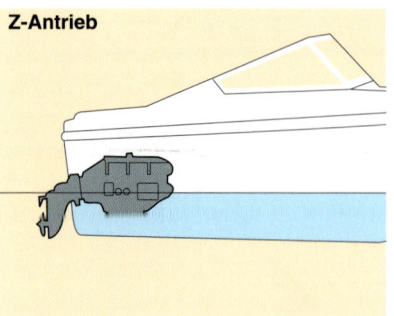

Sail-Drive

*Der **Sail-Drive** (S-Antrieb) ist eine einfach montierbare Kompaktanlage, die den Antrieb der Propellerwelle zweimal umlenkt. Meist wird ein Faltpropeller verwendet.*

Z-Antrieb

*Beim **Z-Antrieb** (Aquamatic) erfolgt die Umlenkung des Getriebes zweimal rechtwinklig. Er wird nur auf Motorbooten verwendet.*

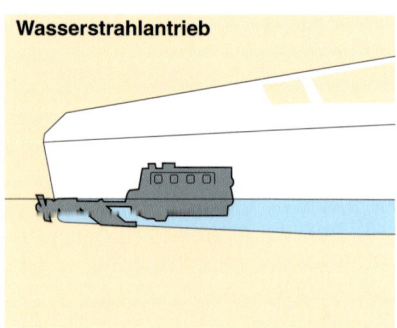

Wasserstrahlantrieb

*Beim **Wasserstrahlantrieb** ragen keine Teile unter den Bootsboden hinaus. Er kommt deshalb vor allem auf Einsatzbooten zur Anwendung.*

Ist trotz aller Vorsicht **Benzin in die Bilge** gelangt:
- Feuer und offenes Licht löschen
- keine elektrischen Schalter betätigen.
- Räume lüften
- Benzin mit Schwamm oder saugfähigen Lappen aufnehmen und an Land in zugelassenen Behältnissen entsorgen (Umweltschutz)

Tankanlage

Der Kraftstofftank darf sich bei Seegang und heftigen Schiffsbewegungen nicht losreißen. Meist ist er durch sogenannte **Schwallbleche** unterteilt.
- Die **Einfüllöffnung** an Deck muss absolut dicht sein, damit übergelau-

fener Kraftstoff nicht unter Deck fließen kann.
- Die **Tankentlüftung** läuft vom Tank über einen Schwanenhals (damit kein Wasser eindringen kann) außenbords. Der Austritt ist mit einem **Zündgitter** gesichert.
- Die Kraftstoffleitung zum Motor ist durch ein **Absperrventil** gesichert, damit bei einem Leitungsbruch kein Kraftstoff in die Bilge läuft.

Propeller

*Auf Motorbooten findet man **zwei- und dreiflügelige Propeller**, auf Segelyachten wegen des geringeren Wasserwiderstandes meist zweiflügelige Propeller.*

__Faltpropeller__, deren Flügel in Segelstellung automatisch zusammenklappen, bieten einen noch geringeren Widerstand; sie haben allerdings auch einen geringeren Wirkungsgrad und sind bei Rückwärtsfahrt schwer zu handhaben.

*Beim **Verstellpropeller** (ohne Abb.) kann der Anstellwinkel der Propellerflügel (Steigung) stufenlos den jeweiligen Fahrtstufen angepasst werden (normale Fahrt voraus, Segelstellung, Rückwärtsfahrt). Für die Rückwärtsfahrt erfolgt die Umschaltung am Propeller, nicht über das Wendegetriebe. Verstellpropeller sind störanfälliger als Festpropeller.*

*Es gibt **rechtsgängige und linksgängige Propeller**. Vgl. S. 112 ff.*

__Durchmesser und Steigung__ eines Propellers müssen gut auf die Motordrehzahl und Schiffsgeschwindigkeit abgestimmt sein.

__Durchmesser__ ist der von den Außenkanten der Propellerflügel beschriebene Kreis.

__Steigung__ ist der Weg, den ein Propeller mit einer ganzen Umdrehung in einem festen Medium zurücklegen würde – vergleichbar dem Weg einer Schraube im Holz.

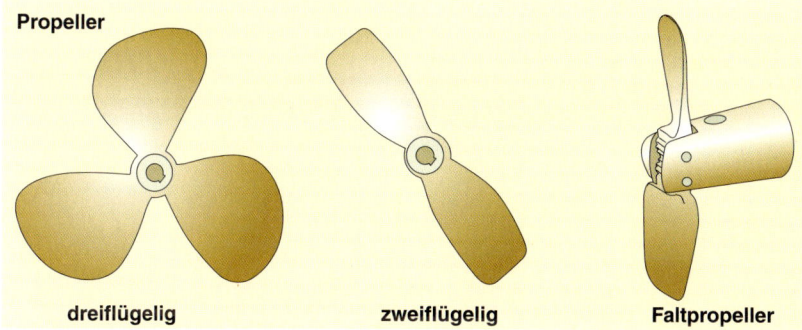

Propeller

| dreiflügelig | zweiflügelig | Faltpropeller |

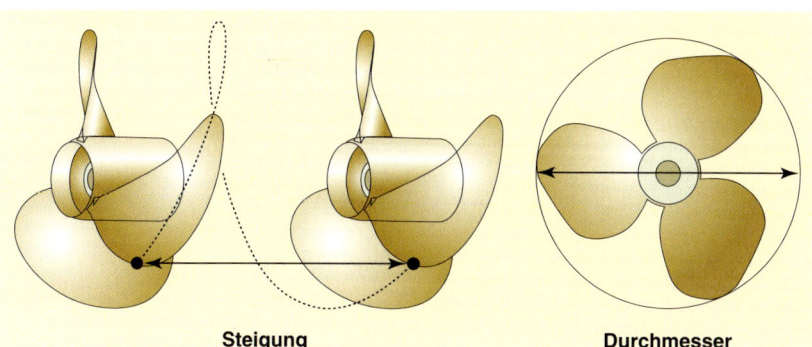

Steigung   **Durchmesser**

Der Außenbordmotor

Fragen 402, 405–409, 435, 436, 452, 453

Bedienung des Außenborders

Vor dem Anlassen Propeller (Schraube) auskuppeln. Sonst fährt das Boot ruckartig an, und man könnte über Bord fallen, während das Boot führerlos weiterfährt.

Beim Anlassen und **beim Rückwärtsfahren** Kippvorrichtung sperren, damit der Schaft nicht hochschlägt.

Kühlwasser kontrollieren, das unabhängig vom Unterwasserauspuff oft zusätzlich über eine Kontrollöffnung am Schaft austritt.

Vor dem Abstellen und Hochkippen des Motors Benzinhahn und Entlüftung schließen bzw. Tankschlauch abnehmen und Vergaser leer fahren, damit kein Benzin ausläuft.

Außenborder

*Mit dem **Kippbügel** kann man den Motor hochklappen.*

*Die **Kavitationsplatte** verhindert, dass sich am Propeller durch Lufteinbrüche Dampfblasen bilden, die den Propeller beschädigen können (Kavitation).*

*Die **Trimmflosse** gleicht den seitlichen Propellerschub (Radeffekt) aus, s. S. 112.*

*Der **Sporn** schützt den Propeller vor Grundberührung.*

Der Außenbordmotor

Außenborder sind überwiegend Zweitaktmotoren. Auf kleinen Booten stellt der Outborder die einzige Möglichkeit für eine Motorisierung dar.

Vor- und Nachteile des Außenborders:

- geringes Leistungsgewicht, d.h. Verhältnis von Motorgewicht zu Motorleistung, also kg/kW
- hohe Zuverlässigkeit

- Er ist hochklappbar am Heck montierbar, sodass er im Wasser nicht bremst, wenn er nicht gebraucht wird. An einem Heck mit stark geneigtem Spiegel lässt er sich jedoch nicht anbringen.
- Es gibt ihn als **Normalschaft-** und als **Langschaftversion**. Der Propeller muss tief genug ins Wasser reichen, was bei Wellengang nicht immer gewährleistet ist. Das kann zu raschem Verschleiß durch wechselnde Belastungen führen.

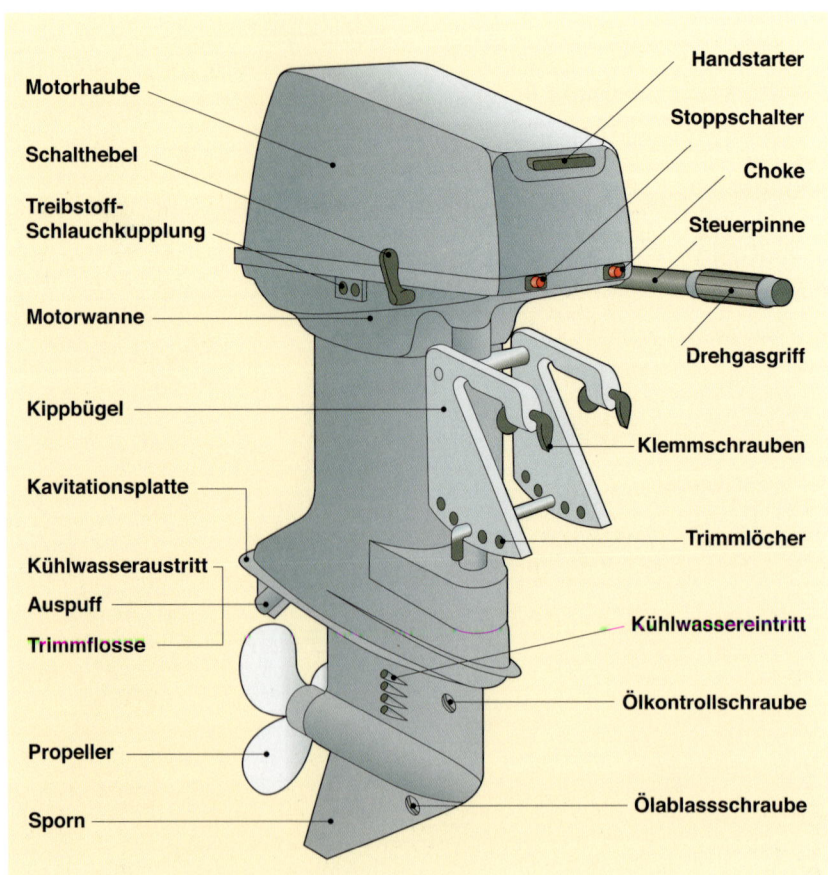

Motorhaube
Schalthebel
Treibstoff-Schlauchkupplung
Motorwanne
Kippbügel
Kavitationsplatte
Kühlwasseraustritt
Auspuff
Trimmflosse
Propeller
Sporn

Handstarter
Stoppschalter
Choke
Steuerpinne
Drehgasgriff
Klemmschrauben
Trimmlöcher
Kühlwassereintritt
Ölkontrollschraube
Ölablassschraube

Quickstop-Einrichtung

Kleine Motorboote mit Außenborder und Wassermotorräder sollten mit einer Quickstop-Einrichtung ausgerüstet sein. Sie besteht aus einer kurzen Leinenverbindung zwischen dem Rudergänger auf der einen Seite und der Zündung (beim Benziner) oder der Einspritzpumpe (beim Diesel) auf der anderen Seite. Sie unterbricht den Zündkontakt (Benziner) bzw. die Dieseleinspritzung (Diesel), falls der Steuermann über Bord fällt. Der Motor kommt dann zum Stehen und das Boot kann nicht unkontrolliert weiterfahren.

Steuern mit dem Außenborder

Boote mit Außenborder werden **mit dem Propeller** und nicht mit dem Ruder gesteuert: Schwenkt man den Motor bei **Vorwärtsfahrt** nach links (Bb), dreht der Propeller das Heck nach rechts (Stb) und den Bug nach links (Bb) – und umgekehrt.
Bei **Rückwärtsfahrt** müssen wir wegen der Propellersteuerung mit einer verstärkten Ruderwirkung rechnen.

> Das Boot fährt stets zu der Seite, auf der sich der Propeller oder das Ruderblatt befindet.

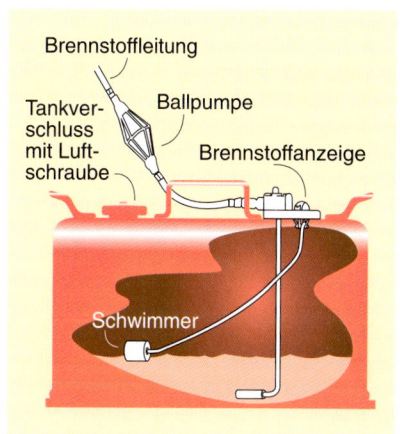

Tank des Außenbordmotors

Der Außenbordertank ist mit dem Motor über einen Schlauch durch einen Bajonettverschluss verbunden. Vor dem Anlassen wird der Kraftstoff mit der Ballpumpe angesaugt.
Damit keine Benzindämpfe in die Bilge kommen, sollten wir den Tank stets an Land nachfüllen.

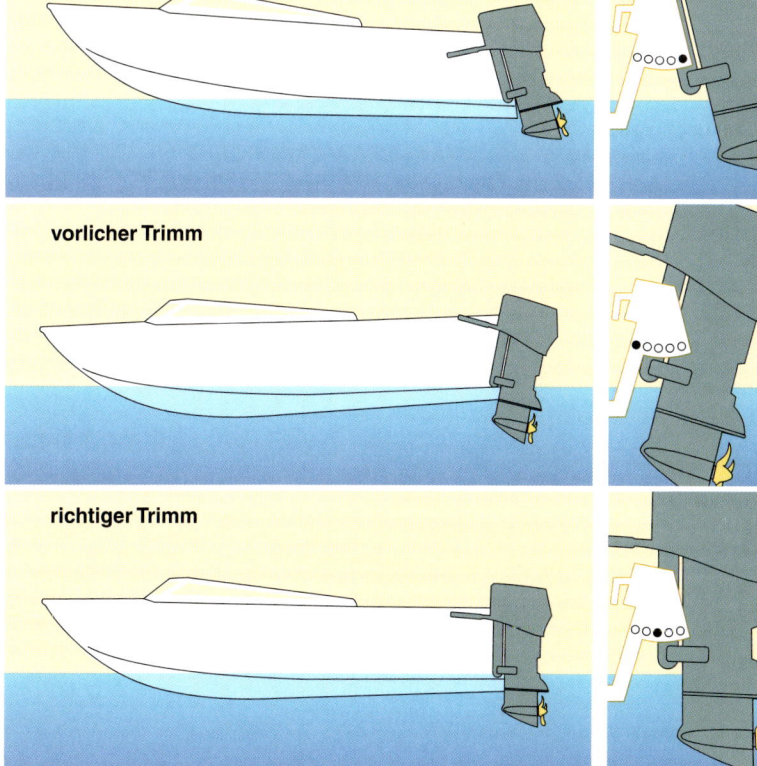

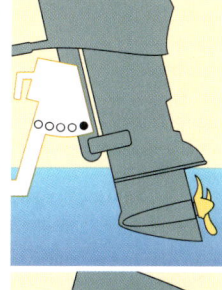

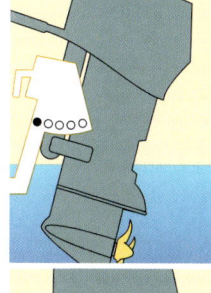

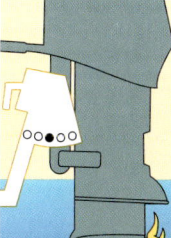

Trimm des Außenborders

Der Schaft des Außenborders muss so angestellt sein, dass er bei Gleitfahrt einen rechten Winkel mit der Wasseroberfläche bildet. Dann wird seine Schubkraft optimal genutzt.

Oben: achterlicher Trimm

Ist der Motor zu weit abgekippt, wird das Heck tief ins Wasser gedrückt. Das Fahrverhalten wird dadurch unsicher und der Kraftstoffverbrauch steigt.

Mitte: vorlicher Trimm

Ist der Motor zu dicht ans Heck geholt, wird der Bug ins Wasser gedrückt. Auch hier ist der Wirkungsgrad schlecht. Das Boot kann größere Wellen unterschneiden und volllaufen.

Unten: richtiger Trimm

Beim richtigen Motortrimm liegt das Boot nahezu parallel zur Wasseroberfläche. Der Wirkungsgrad (Verhältnis Geschwindigkeit zu Kraftstoffverbrauch) ist optimal.

Überwachung und Störungen des Motors

Fragen 440–451, 455, 457

Die Maschinenanlage muss regelmäßig gewartet werden. Genaue Hinweise hierfür findet man in der **Betriebsanleitung**, die oft auch eine tabellarische Zusammenstellung möglicher Störungen enthält.

Bootsmotoren sind störanfälliger als Automotoren. Das liegt unter anderem an der Luftfeuchtigkeit und den Auswirkungen der Korrosion. Deshalb sollten wir die häufigsten Störungen auf dem Wasser selbstständig analysieren und beseitigen können. Hierzu gehören auch ein kleines **Bordwerkzeug** und einige **Ersatzteile** wie ein Satz **Filter** (Luftfilter, Ölfilter, Wasserfilter, Kraftstofffilter).

In der nebenstehenden Tabelle sind die häufigsten Störungen zusammengestellt.

Beim Starten muss die **Schaltung auf Leerlauf** stehen, damit der Propeller nicht sofort mitdreht. Durch das ruckartige Anfahren könnten Personen verletzt werden oder gar über Bord gehen. Auch Personen im Wasser könnten verletzt werden.

Motorüberwachung	
Vor dem Anlassen	Beim Benziner: Motorraum lüften (Entlüftungsgebläse etwa 1 bis 2 Minuten laufen lassen) Kraftstoffstand prüfen, Kraftstoffhahn öffnen Ölstand für Motor und Getriebe prüfen Kühlwassersystem klarmachen (Kühlwasserventile öffnen) Schraube auskuppeln (Schaltung auf Leerlauf)
Nach dem Anlassen	Kontrolllampen für Öldruck und Ladestrom müssen erlöschen Kühlwasseraustritt überprüfen Drehzahlmesser
Während der Fahrt	**zusätzlich:** Motortemperatur, Motorgeräusch, Auspuffgase
Nach dem Abstellen	Kühlwasser- /Kraftstoffhahn (nicht beim Dieselmotor) schließen Batteriehauptschalter aus Getriebe auf Leerlaufstellung Gegebenenfalls Stopfbuchse an der Welle nachdrehen

Motorstörungen	
Störung	**Mögliche Ursache**
Temperatur überschreitet den Grenzwert	Thermostat defekt Kein oder zu wenig Kühlwasser im System Kühlwasserventil oder Kühlwasserpumpe defekt Kühlwasserfilter verstopft
Ladekontrolllampe erlischt nicht	Lichtmaschine defekt Regler defekt Keilriemen zu lose oder gerissen
Ölkontrolllampe erlischt nicht	Zu wenig Öl Öldruckpumpe oder Öldruckschalter defekt
Motor startet nicht oder schlecht	Batterie zu schwach Kein Dieselkraftstoff im Tank Luft im Kraftstoffleitungssystem
Motor startet normal, bleibt aber bald stehen	Luftfilter oder Kraftstofffilter verstopft Luft im Kraftstoffleitungssystem Beim Außenborder: Entlüftungsschraube am Tank nicht geöffnet
Motor stirbt beim Einlegen des Ganges ab	Propeller blockiert, da Fremdkörper (Leine, Plastiktüte) in den Propeller geraten ist Getriebe blockiert/fehlende Schmierung, verbogene Teile
Drehzahl und Fahrt nehmen etwas ab	Fremdkörper (Leine, Plastiktüte) behindert den Propeller
Weiße Auspuffgase	Zylinderkopfdichtung defekt (Wasser gelangt in den Verbrennungsraum)
Blaue Auspuffgase	Undichte Kolbenringe (Schmieröl gelangt in den Verbrennungsraum)
Schwarze Auspuffgase	Verstopfte Luftfilter, verstellte Einspritzpumpe, schlechter Kraftstoff (unvollständige Verbrennung)

Theorie des Segelns

Richtungen und Kurse

Fragen 160, 161

Unten:
Richtungen – auf das Boot bezogen

Vorn – das ist der vordere Bootsteil, das **Vorschiff**; **achtern** ist der hintere Bootsteil, das **Achterschiff**. In Fahrtrichtung gesehen ist **Backbord (Bb)** die linke und **Steuerbord (Stb)** die rechte Bootsseite.

Querab oder **dwars** bedeutet: genau im rechten Winkel zur Kielrichtung bzw. zur Mittschiffslinie. Man unterscheidet **Bb querab** und **Stb querab**. **Voraus** ist alles, was vor Bb und Stb querab liegt, **achteraus** ist alles, was dahinter liegt. Genauer spricht man von **Bb voraus** bzw. **Stb voraus** und **Bb achteraus** bzw. **Stb achteraus**.

Recht bedeutet genau oder richtig.
Recht voraus ist genau in Kielrichtung voraus, **recht achteraus** ist genau in Kielrichtung achteraus.

Rechts:
Richtungen – auf den Wind bezogen

Man segelt **mit Wind von Bb** (auf Stb-Bug), wenn der Großbaum auf der Stb-Seite gefahren wird, und **mit Wind von Stb** (auf Bb-Bug), wenn er sich auf der Bb-Seite befindet.

Luv ist die dem Wind zugewandte Seite. Sie liegt dem Großbaum gegenüber.
Lee ist die dem Wind abgewandte Seite, also die Großbaumseite bzw. die Seite, auf der die Segel stehen.
Dies gilt **auch bei achterlichem Wind**. Dann kann zwar der Großbaum auf der Stb-Seite oder auf der Bb-Seite gefahren werden. Luv ist aber auch dann die dem Großbaum gegenüberliegende Seite.

Luvküste ist die Küste in Luv eines Bootes; dort herrscht also ablandiger Wind. Bei einer Insel ist dies die **Leeseite der Insel**.
Leeküste ist die Küste in Lee eines Bootes; dort herrscht auflandiger Wind. Bei einer Insel ist dies die **Luvseite der Insel**.
An der **gefährlichen Leeküste** kann eine Yacht auf **Legerwall** geraten, wenn sie sich nicht mehr selbstständig freisegeln kann und deshalb die Gefahr einer Strandung besteht.

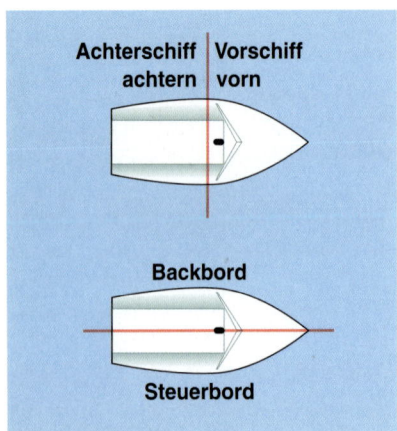

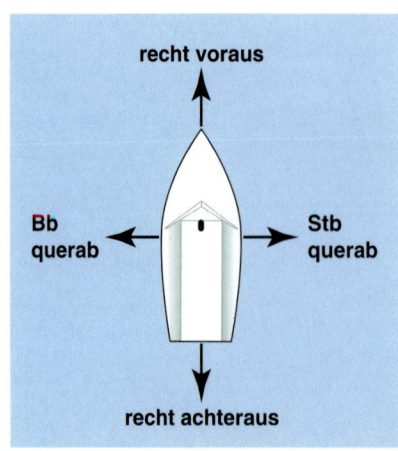

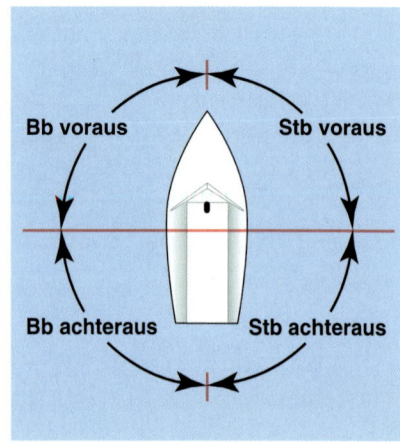

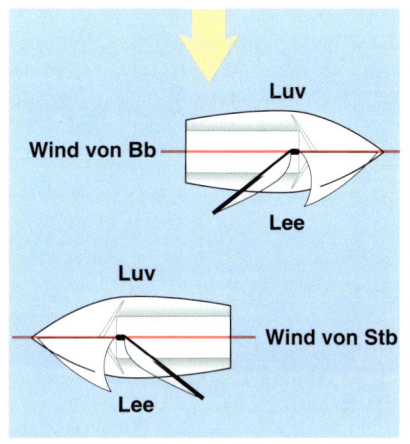
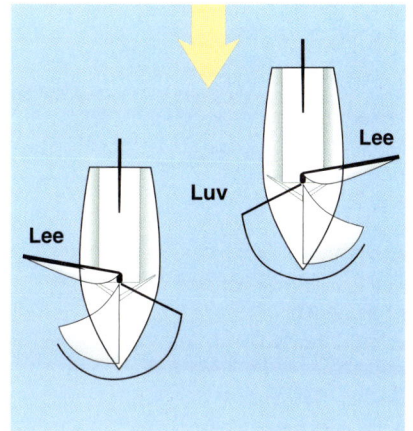
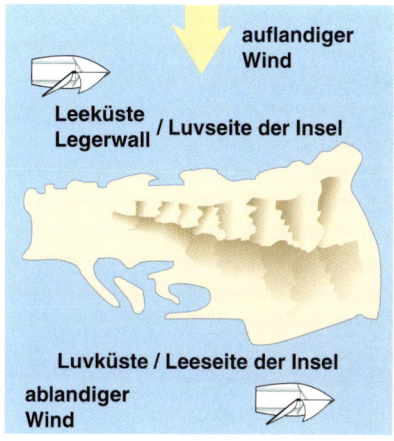

Unten:
Kursänderungen

Wir steuern das Boot mit dem **Ruder**.
Hierbei kommt es auf die Stellung des Ruder-
blattes an:
- Bei **Backbord-Ruder** ist das Ruderblatt nach
  Bb eingeschlagen und das Schiff dreht nach
  Bb. (Die Pinne liegt nach Stb.)
- Bei **Steuerbord-Ruder** ist das Ruderblatt nach
  Stb eingeschlagen und das Schiff dreht nach
  Stb. (Die Pinne liegt nach Bb.)
Dies gilt für Vorwärts- und Rückwärtsfahrt glei-
chermaßen.

Die **Ruderwirkung** ergibt sich durch den
Staudruck auf der angeströmten Ruderblattseite.
Legt man das Ruderblatt beispielsweise nach
Stb, so bietet die angeströmte Stb-Seite einen
größeren Wasserwiderstand als die Bb-Seite, wo
sich ein Unterdruck bildet. Hierdurch wird das
Heck nach Bb und der Bug nach Stb gedreht.
Ruderlegen bremst aber auch. Langsames
Ruderlegen hat eine geringere Bremswirkung als
schnelles Ruderlegen. Es bringt wenig, das Ruder
stärker als 40° einzuschlagen.

Kursänderungen können wir auch auf die **Windrichtung** beziehen:
- Beim **Anluven** richten wir den Kurs zum Wind
  hin. Der Winkel zwischen Kurs und Wind verkleinert sich; deshalb müssen wir die **Schoten
  dichtholen**.
- Beim **Abfallen** richten wir den Kurs vom Wind
  weg. Der Winkel zwischen Kurs und Wind vergrößert sich; deshalb müssen wir die **Schoten
  (auf)fieren**.

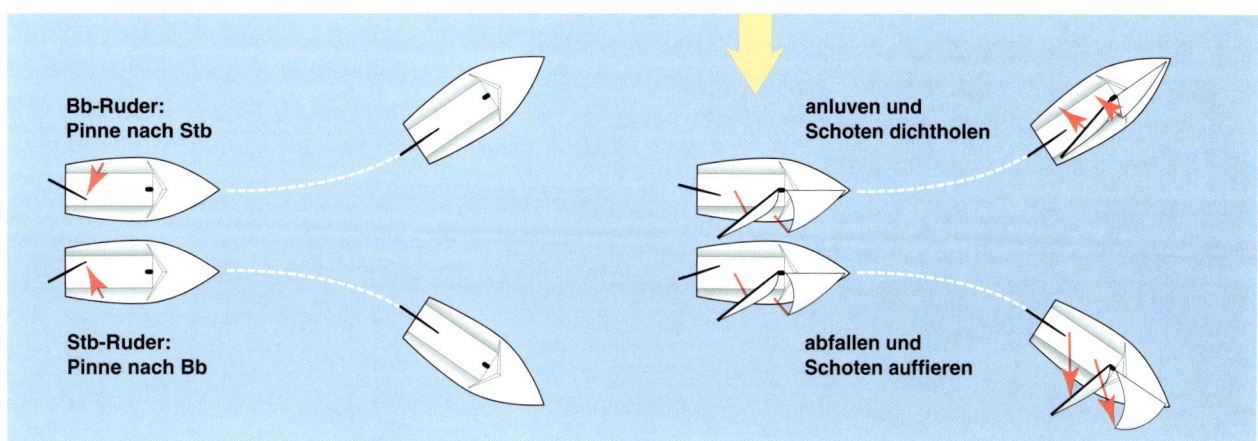

Wahrer Wind und scheinbarer Wind

Fragen 538–546

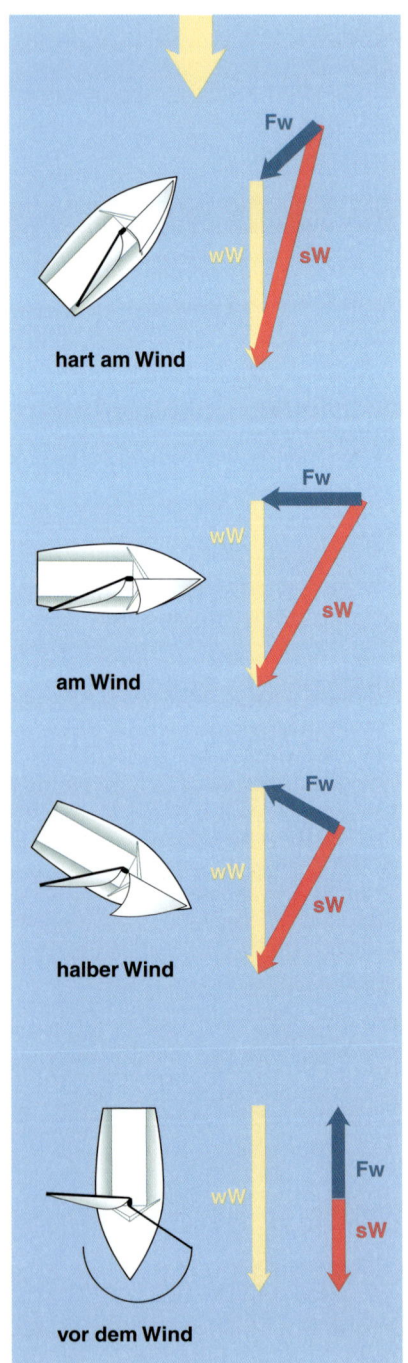

hart am Wind

am Wind

halber Wind

vor dem Wind

Wir nennen den Wind, den wir an einem festen Punkt spüren, den wahren Wind. Sobald das Boot sich bewegt, wird seine Richtung und Stärke durch den Fahrtwind verändert und wir spüren den scheinbaren Wind.

Beim Segeln kommt es stets auf den scheinbaren Wind an.
Nur beim Anlegen und Aufschießen ist auch die Richtung des wahren Windes von Bedeutung.

- Der **wahre Wind** ist der an einem festen Punkt, z.B. am Steg oder vor Anker, wahrgenommene Wind.
- Der **scheinbare Wind** wird auf dem fahrenden Boot wahrgenommen. Er allein **ist für das Segeln maßgebend**. Seine Richtung können wir am Stander im Masttopp (=**Verklicker**) ablesen. Er ergibt sich aus dem Zusammenwirken von wahrem Wind und Fahrtwind.
- Der **Fahrtwind** ergibt sich durch die Geschwindigkeit des Bootes. Seine Richtung entspricht der Fahrtrichtung, seine Stärke der Fahrtgeschwindigkeit. Wir spüren ihn, wenn wir bei Windstille unter Motor fahren.

Schralen und raumen

Wenn der Wind seine Richtung ändert, so sagt man:
- **Der Wind schralt**, wenn er vorlicher einfällt, wenn also der Winkel zwischen Fahrtrichtung und Windrichtung kleiner wird.
- **Der Wind raumt**, wenn er achterlicher einfällt, wenn also der Winkel zwischen Fahrtrichtung und Windrichtung größer wird.

Kurs und scheinbarer Wind
Hart am Wind fällt der scheinbare Wind vorlicher ein als der wahre Wind und weht stärker.
Am Wind fällt der scheinbare Wind vorlicher ein als der wahre Wind; doch weht er schwächer, je weiter wir abfallen.
Bei halbem Wind ist der scheinbare Wind bereits schwächer als der wahre Wind.
Vor dem Wind wehen wahrer und scheinbarer Wind aus der gleichen Richtung. Doch ist der an Bord spürbare scheinbare Wind um die Fahrgeschwindigkeit schwächer als der wahre Wind. Also: Je schneller wir vor dem Wind laufen, umso schwächer wird der uns antreibende scheinbare Wind.
In der Skizze bleibt der wahre Wind (gelber Pfeil) immer gleich groß, während sich der scheinbare Wind (roter Pfeil) ändert – je nachdem, welchen Kurs man segelt.

Kurse zum Wind

Kein Segelboot kann genau gegen den Wind ansegeln. Denn ab einem bestimmten Winkel zwischen Kurs und Wind werden die **Segel** nicht mehr angeströmt, sondern **beginnen zu killen** (im Wind hin und her zu flattern). Wir **stehen** dann **im Wind** und das Boot treibt langsam achteraus. Dieser »tote« Winkel ist von Boot zu Boot unterschiedlich groß. Regattayachten können bis etwa 38° an den Wind gehen, während eine Fahrtenyacht nur etwa 45° erreicht. So ergibt sich ein **nicht befahrbarer Sektor** von etwa 90°. Ein Ziel, das in diesem toten Sektor liegt, kann nicht direkt, sondern nur auf Umwegen durch **Kreuzen** erreicht werden (s. S. 82).

Je nachdem, wie der Wind einfällt, unterscheiden wir folgende Kurse zum Wind:

- **Hart am Wind** oder **hoch am Wind** laufen wir **maximale Höhe**. Der Winkel zwischen Kurs und Wind ist so klein, dass der Wind die Segel gerade noch füllt. Doch werden wir dann so langsam, dass wir in gleicher Zeit weniger Höhe nach Luv gutmachen können als *am Wind*.

Kurse zum Wind
*Der **gelbe Pfeil** entspricht der Richtung des wahren Windes (wW), die **roten Pfeile** geben die Richtung des jeweils einfallenden scheinbaren Windes (sW) an, den man an Bord spürt.*

- **Am Wind** segelt ein Boot **optimale Höhe**, d.h. es macht in einer bestimmten Zeit den größtmöglichen Raum nach Luv gut.
- **Voll und bei** segeln wir, wenn wir etwas weiter abfallen, aber noch auf *Am-Wind-Kurs* bleiben.
- **Halben Wind** haben wir, wenn der scheinbare Wind genau von querab weht.
- **Raumschots** oder **mit raumem Wind** segeln wir, wenn der Wind achterlicher als querab einfällt.

- **Vor dem Wind** oder **mit achterlichem Wind** segeln wir, wenn der Wind genau von achtern kommt. Da die Fock jetzt vom Großsegel abgedeckt wird, nehmen wir sie auf die andere Seite und **fahren Schmetterling**.

Generell nennt man alle Kurse zwischen *hart am Wind* und *halbem Wind* **Am-Wind-Kurse** und alle Kurse zwischen *halbem Wind* und *vor dem Wind* **raume Kurse**.

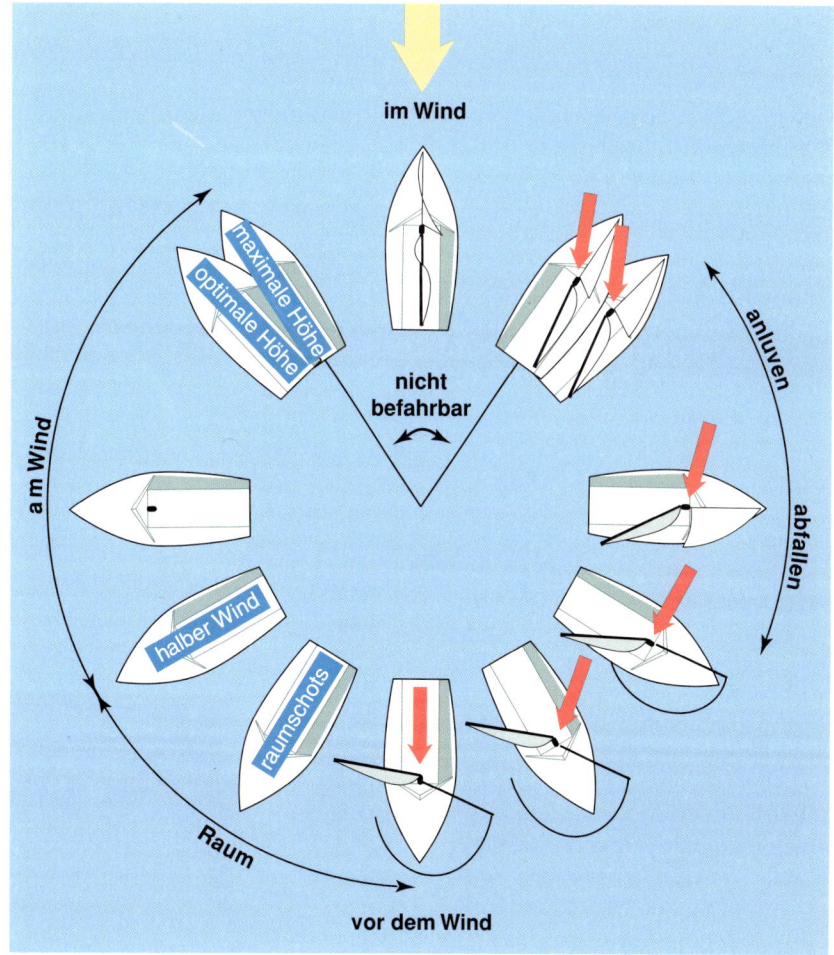

57

Vortrieb und Auftrieb

Frage 551

Beim Segeln nutzen wir zwei völlig
verschiedene Antriebsarten:
- den **Vortrieb** oder
- den **aerodynamischen Auftrieb**.

Segeln mit Vortrieb

Mit Vortrieb segeln wir, wenn wir **vor
dem Wind** segeln, wenn also der
Wind von achtern ins Segel weht. Die
Segel bieten dann dem Wind **Widerstand**, bremsen die Luftmassen ab
und unterbrechen den Luftstrom. Je
größer die Segelfläche ist, desto
größer wird auch der Vortrieb und
desto schneller läuft das Boot.
Am besten nutzt man den Vortrieb
mit einem stark gewölbten, also sehr
bauchig geschnittenen Segel. Deshalb
setzt man auf Kursen vor dem Wind
und teilweise auch auf Raumschot-
Kursen den **Spinnaker**, ein fast kugel-
förmig geschnittenes Vorsegel.

Segeln mit Auftrieb

Mit Auftrieb segeln wir auf allen **Am-
Wind-Kursen** und den meisten
Raumschot-Kursen. Hierbei wird die
Luftströmung nicht unterbrochen,
sondern in Richtung der Segelfläche
abgelenkt *(laminare Luftströmung)*.
Man benötigt deshalb kein bauchiges,
sondern ein flach geschnittenes und
gleichmäßig gewölbtes Segel mit
einem *aerodynamischen Profil*.

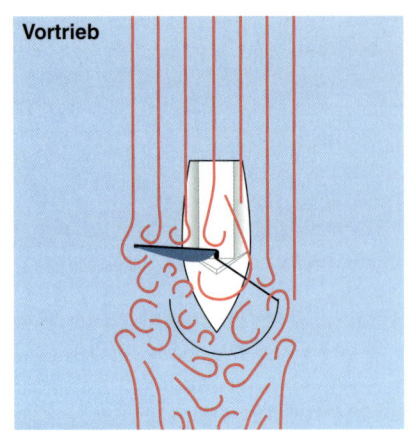

Vortrieb

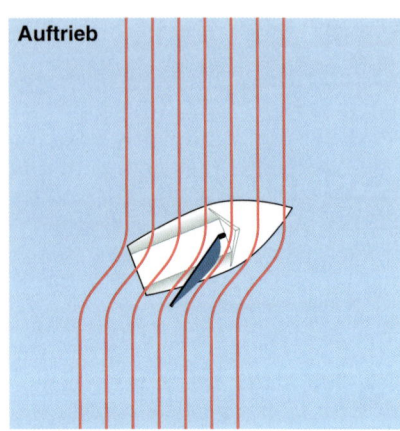

Auftrieb

Der Auftrieb entsteht dadurch, dass
die Luft auf der Leeseite des Segels
wesentlich schneller als auf ihrer Luvseite strömt. Dadurch bildet sich ein
Druckgefälle zwischen Lee und Luv.
Die Summe dieser am Segel angreifenden Druck- und Sogkräfte können wir
uns als eine **Gesamtkraft** vorstellen,
die unser Boot etwa quer zur Windrichtung treibt.
Erst der Widerstand, den das Unterwasserschiff bildet – man nennt ihn
Lateralwiderstand –, setzt einen Teil
der Gesamtkraft in Vortrieb um und
ermöglicht das Segeln mit Fahrt voraus.

Vortrieb und Querkraft

Zerlegen wir die Gesamtkraft mithilfe
eines Kräfteparallelogramms in den
nach vorn gerichteten Vortrieb und
die Querkraft, so sehen wir,
- dass nur ein kleiner Teil der
  Gesamtkraft in Fahrt voraus (Vortrieb) umgesetzt wird und
- dass Fahrt voraus (Vortrieb) sogar
  in einem spitzen Winkel zum Wind
  möglich ist.
Dem **Vortrieb** wirken Widerstandskräfte (Wasserwiderstand, Windwiderstand) entgegen, die jedoch – solange
wir vorankommen – kleiner als der

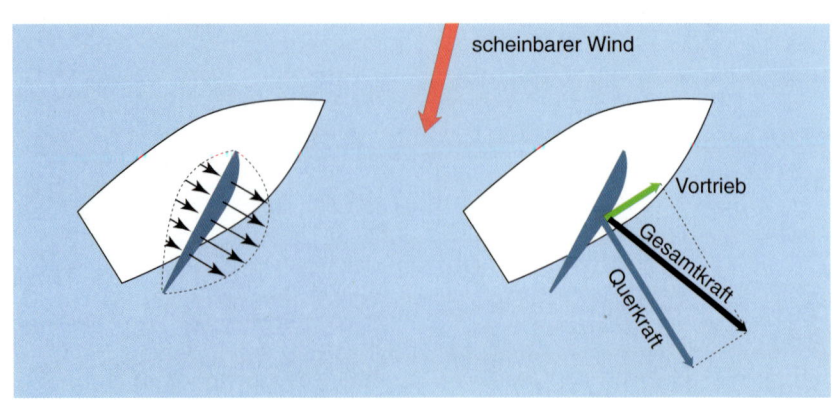

scheinbarer Wind

Vortrieb

Gesamtkraft

Querkraft

Segel zu dicht

Zusammen-wirken von Groß- und Vorsegel

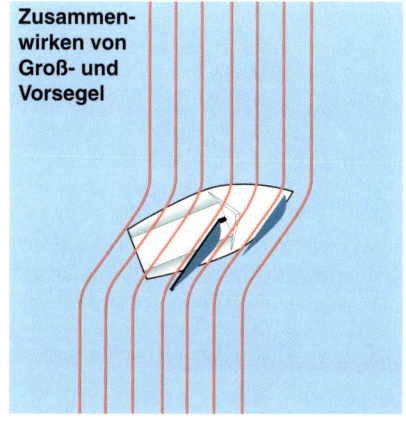

Richtiger Anstellwinkel der Segel

Beim Segeln kommt es auf den richtigen Anstellwinkel der Segel zum Wind an. Anstellwinkel ist der Winkel zwischen dem scheinbaren Wind und der Stellung des Großsegels (Großbaum).

- *Sind die **Segel zu dicht** geholt, reißt die Luftströmung auf der Leeseite ab, das Druckgefälle zwischen Luv und Lee und die Gesamtkraft werden geringer und die Fahrt nimmt ab.*
- *Sind die **Segel zu weit gefiert**, beginnen sie im unteren Drittel des Vorlieks zu killen. Dann wird nur ein Teil der Segelfläche und der Gesamtkraft genutzt.*

Die Segel sind dann optimal zum Wind eingestellt, wenn sie gerade noch nicht killen.
In der Praxis finden wir den richtigen **Anstellwinkel**, indem wir das Großsegel so weit auffieren, dass es im unteren Drittel des Vorlieks zu killen beginnt, und dann wieder etwas dichtholen.

Die Wirkung des Vorsegels

*Auch das richtige **Zusammenspiel von Groß- und Vorsegel** ist wichtig. Ist das Vorsegel richtig angestellt, wird die Luft zwischen beiden Segeln beschleunigt (**Düseneffekt**), sodass der Luvwind des Vorsegels den Unterdruck auf der Leeseite des Großsegels erhöht.*
Das Vorsegel darf aber auch nicht zu dicht gefahren werden, denn dann drückt sein Luvwind das Großsegel im vorderen Drittel ein und bremst.

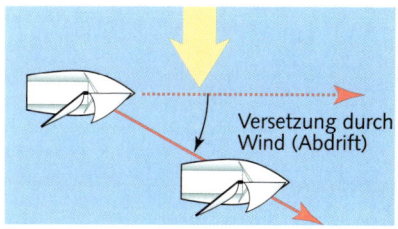

Versetzung durch Wind (Abdrift)

Versetzung durch Wind (Abdrift)

Jede am Wind segelnde Yacht wird etwa 3° bis 5° nach Lee versetzt.

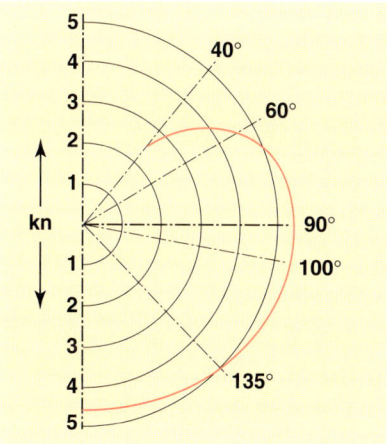

Wann segeln wir am schnellsten?

Wie das Polardiagramm für eine moderne Regattajolle bei mittlerer Windstärke zeigt, segeln wir mit einem Kurs von 80° bis 100° zum Wind am schnellsten.
Vor dem Wind sind wir langsamer, da der Vortrieb nicht so effektiv ist wie die laminare Luftströmung im Auftriebsbereich. Auch hart am Wind laufen wir langsamer, obwohl uns die Krängung und der stärkere scheinbare Wind meist täuschen.

Vortrieb sind. Die Kunst des Bootstrimms besteht vor allem darin, diese Widerstandskräfte soweit wie möglich zu verringern.

Die Wirkung der **Querkraft** spüren wir durch die Krängung und die Versetzung durch Wind. Der Krängung entgegen wirkt die Stabilität (vgl. S. 10). Also:

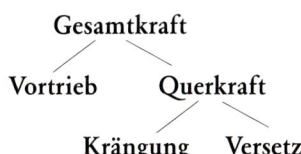

Versetzung durch Wind (Abdrift) ist der Winkel zwischen der Kielrichtung und der tatsächlichen Bewegungsrichtung der Yacht durchs Wasser. Sie ist umso größer, je höher wir am Wind segeln und je stärker Wind und Seegang sind. Ihre Größe hängt auch von der Bauart (Lateralplan) der Yacht ab. Je länger und tiefer der Lateralplan ist, desto geringer wird die Versetzung durch Wind. Auf Jollen kann sie am Wind etwa 3° bis 5° betragen.

Mit dem Schwert können wir die Verteilung von Krängung und Versetzung durch Wind beeinflussen:

- Aufholen des Schwertes verringert die Krängung und vermehrt die Versetzung durch Wind.
- Fieren des Schwertes vermehrt die Krängung und vermindert die Versetzung durch Wind.

59

Luvgierig – Leegierig

Fragen 558–562

Luvgierig ist ein Boot, das bei mittschiffs gelegtem Ruder anluvt; **leegierig** ist ein Boot, das bei mittschiffs gelegtem Ruder abfällt.

Was heißt »gut getrimmt«?

Den »idealen« Bootstrimm für alle Bedingungen gibt es nicht. Ein Boot kann nur bei bestimmten gleichbleibenden Bedingungen richtig im Trimm liegen. Denn das Kräftegleichgewicht wird schon durch geringe Änderungen der Windstärke, des Kurses oder der Gewichtsverteilung beeinflusst.

Faustregel: Ein Boot, das bei etwa 2 Windstärken am Wind segelt und weder luvgierig noch leegierig ist, liegt gut im Trimm. Bei stärkerem Wind ist es dann leicht luvgierig und lässt sich gefühlvoll steuern.
Im Notfall (Mensch über Bord oder Bruch der Pinne) schießt das Boot dann von selbst in den Wind.

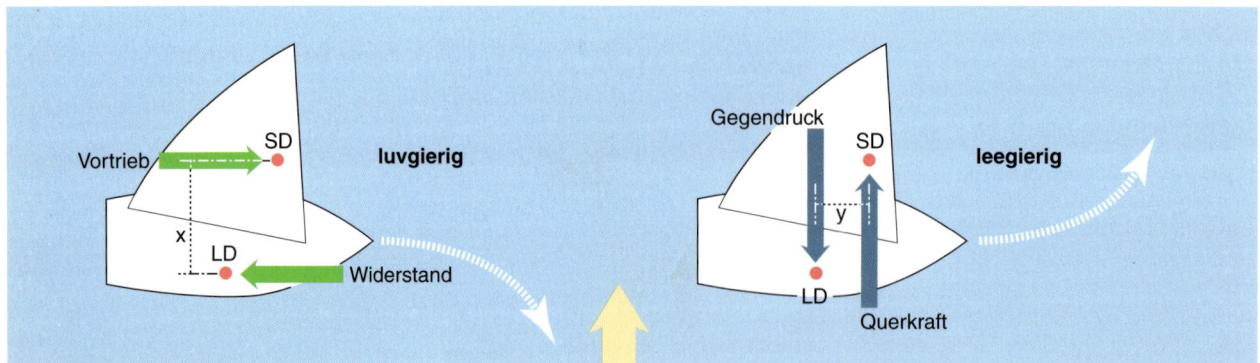

Wie entsteht Luvgierigkeit?

*Dem im Segeldruckpunkt SD angreifenden **Vortrieb** wirkt am Unterwasserschiff ein im Lateraldruckpunkt LD angreifender **Widerstand** entgegen.*
Beide Kräfte bilden ein Drehmoment nach Luv und machen unser Boot luvgierig.
Die Luvgierigkeit wächst an, sobald der Abstand zwischen beiden Kräften größer wird. Dies geschieht beim Krängen des Bootes:
• Beim Krängen nimmt die Luvgierigkeit zu, da der Segeldruckpunkt SD weiter nach Lee auswandert.

Wie entsteht Leegierigkeit?

*Dem gerade beschriebenen Drehmoment wirkt das Kräftepaar von **Querkraft** und **Gegendruck** entgegen. Da meistens der Segeldruckpunkt etwas vor dem Lateraldruckpunkt liegt, entsteht ein Drehmoment nach Lee, das unser Boot leegierig macht.*
Beide Drehmomente, Luvgierigkeit und Leegierigkeit, wirken also gegeneinander. Sobald sie gleich groß sind, heben sie sich jedoch auf. Dann hält unser Boot seinen Kurs, ohne dass wir die Luv- und Leegierigkeit mit dem Ruder korrigieren müssen, was ja nur unnötig bremsen würde.

*Unter dem **Segeldruckpunkt (SD)** verstehen wir einen Punkt, an dem wir uns alle am Segel angreifenden Windkräfte konzentriert vorstellen können.*
*Unter dem **Lateraldruckpunkt (LD)** verstehen wir einen Punkt, an dem wir uns alle am Unterwasserschiff angreifenden Kräfte, die der Versetzung durch Wind (vgl. S. 59) entgegenwirken, konzentriert vorstellen können.*

Mit Bordmitteln können wir unser Boot durch alle Maßnahmen trimmen, die den Abstand y in der Abbildung S. 56 rechts beeinflussen. Also:

- **Ein Boot wird luvgierig**, wenn der Segeldruckpunkt nach achtern und/oder der Lateraldruckpunkt nach vorn wandert.
- **Ein Boot wird leegierig**, wenn der Segeldruckpunkt nach vorn und/oder der Lateraldruckpunkt nach achtern wandert.

Der **Segeldruckpunkt** kann durch die Maststellung und Mastneigung und durch die Verteilung der Segelfläche (Ein- und Ausreffen, Vorsegelwechsel) verschoben werden.

Windsurfer steuern allein dadurch, dass sie den Mast mehr oder weniger nach vorn neigen und so den Segeldruckpunkt verschieben.

Den **Lateraldruckpunkt** können wir durch Ruder- und Schwertstellung und die Gewichtsverteilung in Bootslängsrichtung (Längstrimm) verschieben.

Luvgierigkeit korrigiert man so:
- Großsegel reffen (verkleinern) oder kurzzeitig killen lassen
- Vorsegel vergrößern
- Traveller nach Lee
- Holepunkte der Fockschot einwärts versetzen
- Mannschaft nach achtern
- Ruderblatt und Schwert aufholen
- Mast nach vorn versetzen oder neigen

Leegierigkeit korrigiert man so:
- Großsegel ausreffen
- Vorsegel verkleinern oder kurzzeitig killen lassen
- Traveller nach Luv
- Holepunkte der Fockschot nach außen versetzen
- Mannschaft nach vorn
- Ruderblatt und Schwert fieren
- Mast nach achtern versetzen oder neigen

Etwas vom Segeltrimm

Fragen 553–557

Das Großsegel: flach oder bauchig?

Je stärker der Wind weht, desto flacher und am Achterliek offener sollen die Segel gefahren werden. Ab etwa 4 Windstärken sollten wir deshalb das Vorliek und das Unterliek stark durchsetzen.

Das **Unterliek** wird mit dem **Unterliekstrecker** dichtgeholt. Das **Vorliek** wird mit einem durch die **Cunningham-Kausch** geführten Bändsel, das man nach unten dichtholt, durchgesetzt. Bei einer Fock kann man die Vorliekspannung mit einem Vorliekstrecker durchsetzen.

Holepunkt der Fockschot

Die Fockschot läuft durch die Schotleitöse, die meistens auf einer Schiene nach vorn und achtern versetzt werden kann, um den Holepunkt der Fockschot zu verstellen.

Bauchig und flach getrimmtes Groß
Links ein bauchig getrimmtes Großsegel mit geschlossenem Achterliek, rechts ein flach getrimmtes Großsegel, das am Achterliek gut geöffnet ist.

Holepunkt der Fockschot
Links: Hier killt das Achterliek; der Holepunkt muss nach vorn versetzt werden.
Mitte: Hier killt das Unterliek; der Holepunkt muss nach achtern versetzt werden.
Rechts: Die dichtgeholte Fock sollte immer so stehen, dass Achterliek und Unterliek gleichmäßig gestrafft sind und nicht killen.

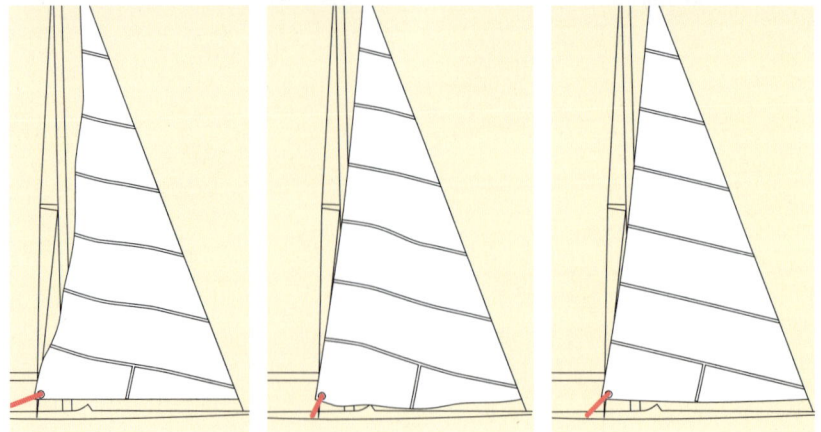

Praxis des Segelns

Anschlagen der Segel

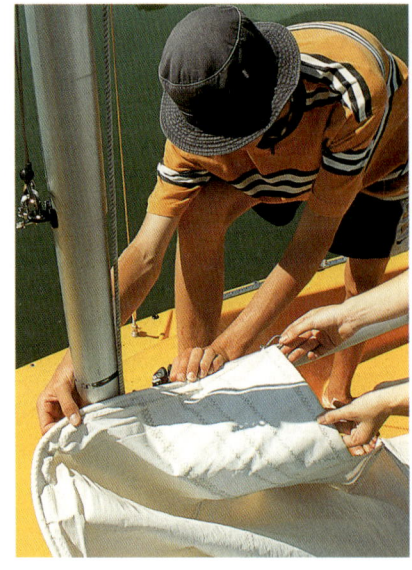

Anschlagen des Großsegels
1 Unterliek mit dem Schothorn voran in die Baumnut von vorn nach achtern einführen (einer führt, einer zieht).

2 Halskausch am vorderen Baumende anschäkeln.

Segel anschlagen – Segel setzen

Damit wir die Segel setzen können, müssen wir sie zunächst anschlagen.

Die **Segel anschlagen** heißt, sie am Mast und am Baum zu befestigen und soweit vorzubereiten, dass wir sie jederzeit rasch setzen können. **Segel abschlagen** bedeutet das Lösen der Segel vom Mast und Baum.

Segel anschlagen oder abschlagen darf man **nicht mit Auftakeln oder Abtakeln verwechseln**. Auftakeln bedeutet das Montieren des Riggs (Mast, Wanten und Stagen), Abtakeln das Entfernen des Riggs (vgl. S. 42).
Ein Boot wird also zunächst aufgetakelt (meist zu Beginn der Saison oder nach einem Trailertransport). Zum Segeln werden dann die Segel angeschlagen und anschließend gesetzt.

Anschlagen der Fock
1 Segelhals am Vorstagbeschlag einschäkeln.

2 Auf manchen Jollen: Stagreiter von unten nach oben aufs Vorstag setzen.

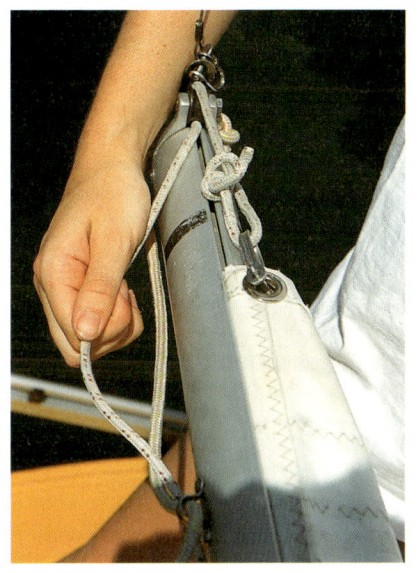

3 Schothorn nach achtern durchsetzen und fest-
bändseln.

4 Vorliek am Segelkopf in die Mastnut einführen
und das Großfall am Kopfbrett anschäkeln.

5 Segellatten einführen – immer mit dem fle-
xiblen Teil voran.

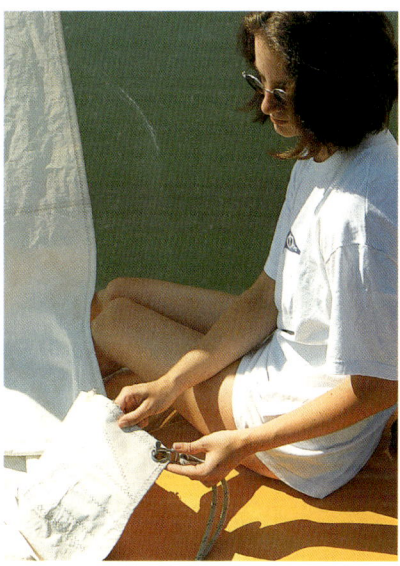

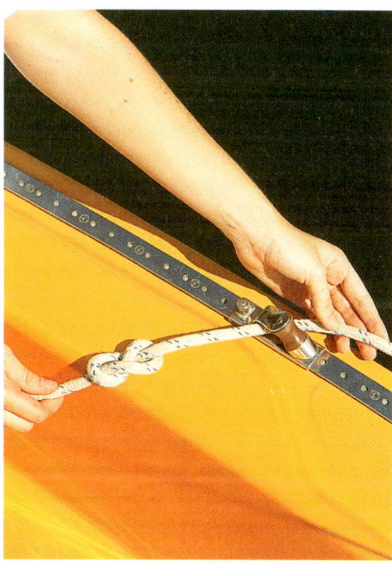

3 Fockfall anschäkeln.
4 Fockschot am Schothorn anschäkeln oder ein-
knoten . . .

5 . . . und auf beiden Seiten um das Want herum
und durch die Leitöse oder einen Block (Rolle)
führen.

6 Tampen beider Schoten mit einem Achtknoten sichern.

Segel setzen und Segel bergen

Frage 534

Wir können die **Segel nur im Wind setzen**. Kommt der Wind nicht genau von vorn, müssen wir das Boot vor dem Setzen der Segel an einen anderen Platz verholen oder zu einer Boje paddeln.

In der Regel wird **zuerst das Großsegel und dann das Vorsegel** gesetzt – und umgekehrt geborgen. So bleibt das Boot besser im Wind liegen.

Kommandos zum Segelsetzen

Klar zum Setzen des . . . segels!
  Ist klar!
Heiß . . . segel!

Kommandos zum Segelbergen

Klar zum Bergen des . . . segels!
  Ist klar!
Hol nieder . . . segel!

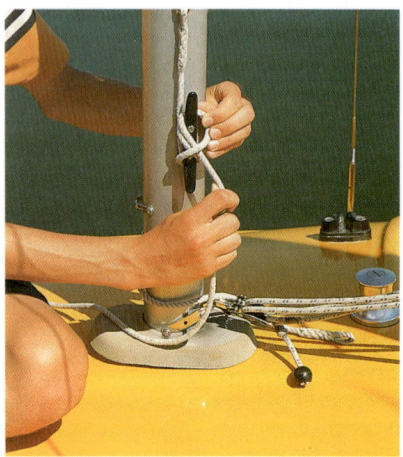

Setzen der Segel
1 *»Klar zum Setzen des Großsegels!«
   Sobald das Großfall klar ist, melden wir: »Ist klar!«*
2 *»Heiß Großsegel!« Jetzt führt der eine das Vorliek in die Mastnut ein, der andere setzt das Großfall durch und . . .*
3 *. . . belegt es anschließend auf der Klampe mit einem Kopfschlag mit Slipstek.*
4 *Danach wird der Baumniederholer durchgesetzt.*

5 *»Klar zum Setzen des Vorsegels!«
   Rückmeldung: »Ist klar!«
   »Heiß Vorsegel!«
   Dann wird die Fock fest durchgesetzt und ebenfalls mit Kopfschlag und Slipstek auf der Klampe belegt.
   Damit das Vorliek gut durchgesetzt ist und keine Falten wirft, ziehen wir das Vorstag nach achtern, während das Fall durchgesetzt wird.*

Bergen der Segel
1 *»Klar zum Bergen des Vorsegels!« Sobald das Fockfall klar ist, melden wir: »Ist klar!«*
2 *»Hol nieder Vorsegel!« Beim Bergen achten wir darauf, dass das Segel nicht ins Wasser kommt.*
3 *»Klar zum Bergen des Großsegels!« – »Ist klar!«*
4 *»Hol nieder Großsegel!« Anschließend werden die Segel **aufgetucht** (in Buchten auf den Baum gelegt und festgezurrt) oder abgeschlagen.*

Auftuchen der Segel

Am Ende eines Segeltages decken wir entweder das am Baum angeschlagene Großsegel mit einer Segelpersenning ab oder wir schlagen es ab und tuchen es auf (legen es zusammen). Das Vorsegel wird auf einer Jolle immer abgeschlagen, zusammengelegt und im Segelsack verstaut.

Zusammenlegen der Segel

Zum Auftuchen breiten wir das Segel auf einem sauberen und trockenen Boden aus. Die Segellatten werden herausgenommen. Dann wird das Segel vom Unterliek her in gleich breiten Bahnen zusammengelegt und anschließend im Segelsack verstaut.

Ablegen von der Boje

Das Fock-back-Manöver

Von der Boje abzulegen ist leicht, weil das Boot im Wind liegt. Wir müssen aber beachten:

• Über welche Seite drehen wir am besten von der Boje weg, um von Hindernissen (Ufer, andere Ankerlieger) frei zu bleiben?

• Sobald das Boot von der Boje frei ist, wird es nicht sofort Fahrt voraus aufnehmen, sondern erst ein Stück achteraus treiben. Um möglichst rasch Wind in die Segel zu

bekommen und manövrierfähig zu werden, **halten wir die Fock back**, also gegen den Wind seitlich heraus. Dann dreht der Bug rasch auf die Seite, die der back gesetzten Fock gegenüber liegt.

• Die Drehbewegung unterstützen wir durch richtiges **Ruderlegen**. Das Heck dreht bei Fahrt achteraus dahin, wo das Ruderblatt liegt. Also:

> Wenn wir **über Stb abdrehen** wollen:
> **Fock back an Bb und Bb-Ruder** – und umgekehrt.

• Das Fock-back-Manöver können wir unterstützen, indem wir auch das **Großsegel backhalten** – aber natürlich nicht auf der gleichen Seite wie die Fock, sondern gegenüber.

Kommandos
Boje kurzstag an . . . bord!
  Boje ist kurzstag!
Klar zum Loswerfen der Boje!
  Boje ist klar!
Fock back an . . . bord!
Boje los!
  Boje ist los!
Über die Fock!

Das Manöver

Zunächst entscheiden wir, über welche Seite wir wegdrehen wollen – über Backbord oder über Steuerbord.

• *Beim Ablegen über Stb holen wir die Boje an Bb (siehe Abbildung) – und umgekehrt.*

1 *Auf das Kommando »**Boje kurzstag an Bb! – Klar zum Loswerfen der Boje!**« holt der Vorschoter die Boje an Bb kurzstag, öffnet den Knoten und legt die Leine auf Slip. Rückmeldung: »**Boje ist klar!**«*

2 *Beim Kommando »**Fock back an Bb!**« hält der Vorschoter die Fock an Bb weit heraus.*

• *Die Fock wird immer auf der Seite back gesetzt, an der die Boje kurzstag geholt wurde – hier also an Bb.*

3 *Jetzt dreht der Bug nach Stb. Auf das Kommando »**Boje los!**« wird die Boje freigegeben und sofort »**Boje ist los!**« rückgemeldet. Die Vorleine geben wir am besten dann frei, wenn unser Boot ein wenig in die beabsichtigte Richtung schwoit, in unserem Fall also nach Stb. Das Boot treibt langsam rückwärts. Jetzt müssen wir richtig Ruder legen. Das Heck dreht bei Achterausfahrt dahin, wo das Ruderblatt liegt. Also:*

• *Wenn wir nach Stb wegdrehen wollen, legen wir Bb-Ruder.*

4 *Sobald die Fock den Bug weit genug nach Stb gedreht hat, holen wir die Fock über: »**Über die Fock!**«*

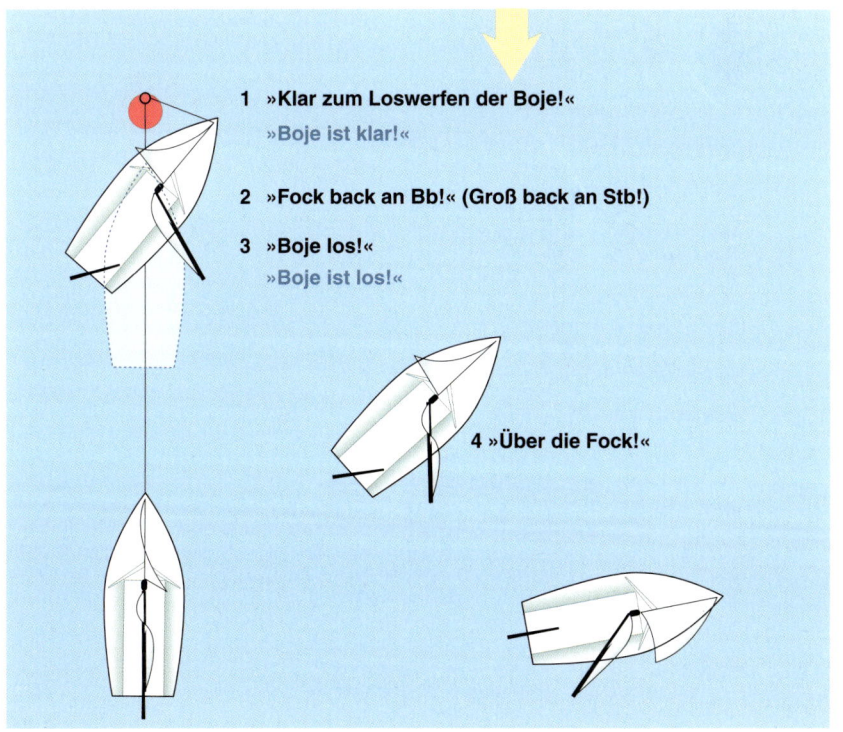

1 »Klar zum Loswerfen der Boje!«
  »Boje ist klar!«

2 »Fock back an Bb!« (Groß back an Stb!)

3 »Boje los!«
  »Boje ist los!«

4 »Über die Fock!«

Ablegen vom Steg

Wir liegen in Lee des Steges

1 *Liegen* wir **längsseits** *am Steg, geben wir die Achterleine frei, damit wir im Wind liegen.*

Liegen wir bereits **im Wind**:

2 *Segel setzen und Schoten los*

3 *Vorleine los und Boot mit einem vorsichtigen Schub nach achtern abdrücken*

4 *Ruder legen für Achterausfahrt (vgl. S. 69) und Fock back*

Wenn wir wenig Platz am Steg haben und zwischen Nachbarbooten erst ein Stück gerade achteraus laufen müssen, legen wir **zunächst das Ruder mittschiffs**. Erst wenn wir frei von Nachbarbooten sind, Ruder legen und Fock back halten.

Falls der Wind genau von vorn kommt, können wir eventuell sogar mit **Achteraussegeln** (vgl. S. 94) ablegen.

5 *Schoten dicht für Fahrt voraus*

6 **Groß back statt Fock back**

Wollen wir unmittelbar vom Steg aus wegdrehen, halten wir besser das Großsegel und nicht die Fock back.

Denn solange wir noch am Steg festgemacht haben, kann die back gehaltene Fock den Bug nicht wegschieben – das back gehaltene Groß aber dreht das Heck zur gewünschten Seite.

Das Groß-back-Manöver klappt nicht mit allen Bootstypen!

Wir liegen in Luv des Steges

7 und 8 *Von der Luvseite des Steges können wir* **nicht unter Segeln ablegen**. *Nur bei schwachem Wind stoßen wir uns mit der Jolle von der Luvseite des Stegs ab, paddeln weg und setzen draußen die Segel. Sonst gibt es nur die Möglichkeit, unser Boot* **an einen günstigeren Liegeplatz zu verholen** *(Leeseite vom Steg oder Boje).*

Finden wir keinen geeigneten Liegeplatz in der Nähe, so bleibt nur eins: den Anker mit dem Beiboot weit nach Luv **ausbringen** und uns am Anker verholen. Dort können wir Segel setzen und wie von der Boje ablegen – allerdings wohl ohne viel Leeraum zum Manövrieren.

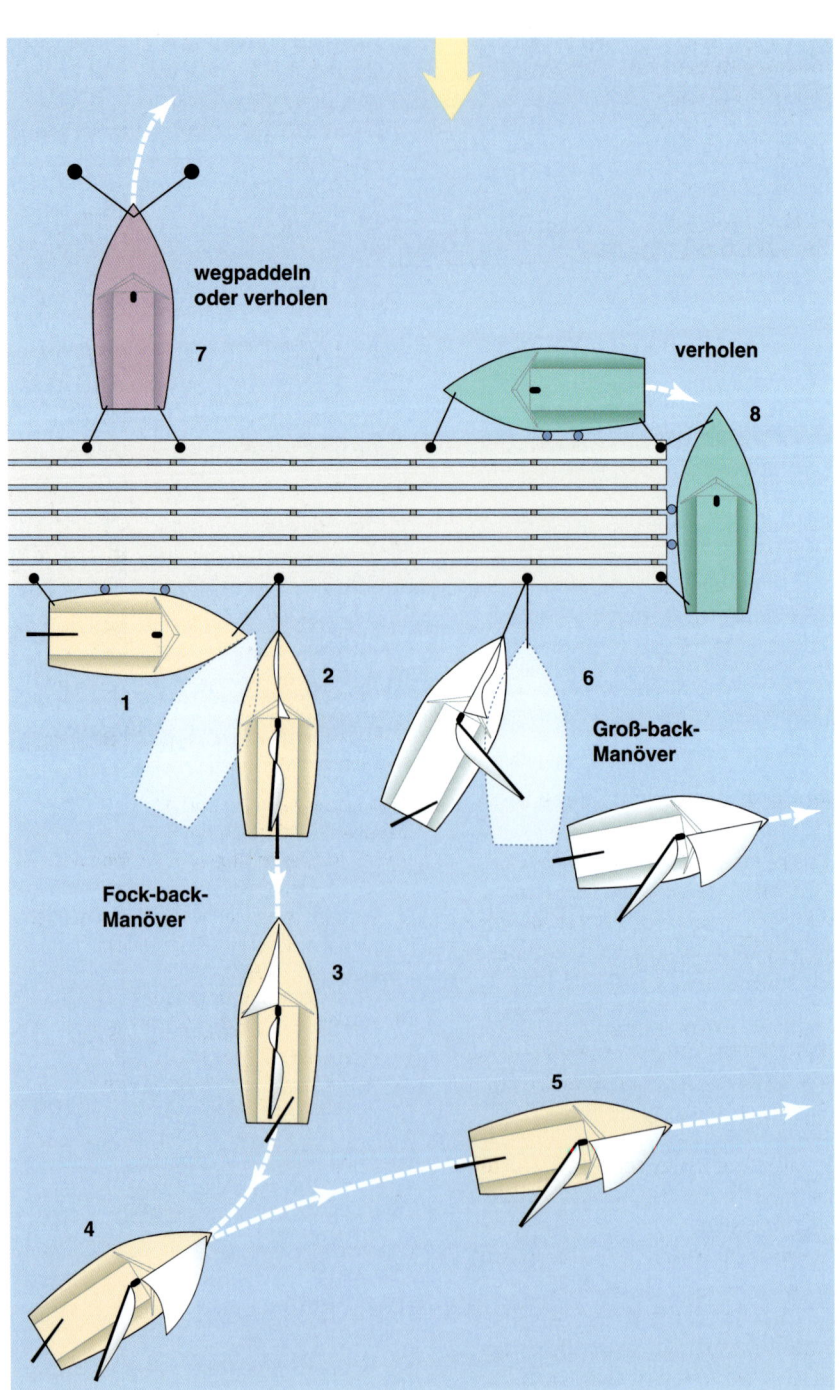

Kommandos

Klar bei Vorleine!
Vorleine ist klar!
Vorleine los!
Vorleine ist los!
Fock back an . . . bord!
Über die Fock!

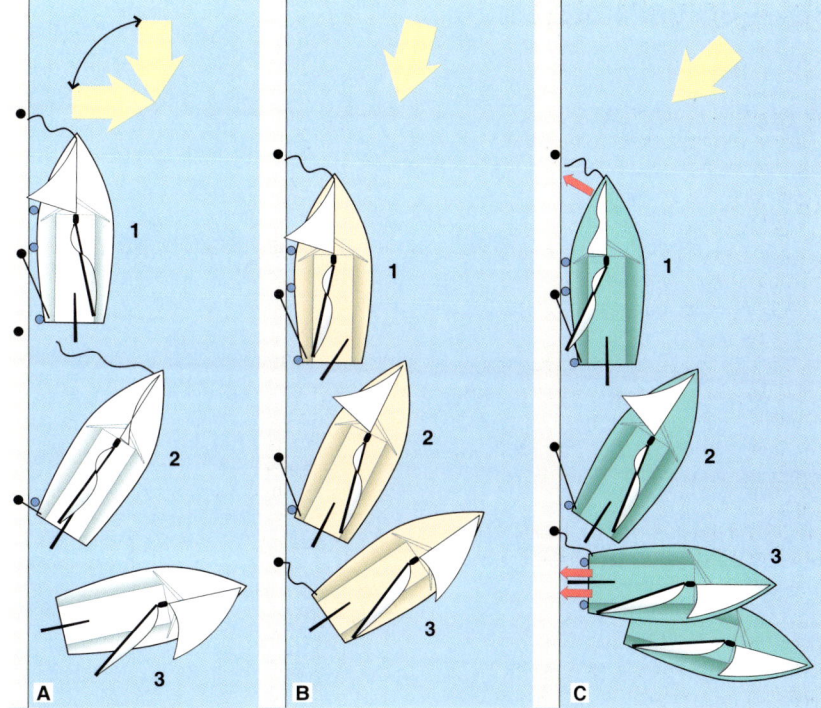

Mit der Achterspring ablegen

Liegen wir bei vorlichen Winden längsseits an einer Pier, so nehmen wir beim Ablegen die Achterspring zu Hilfe, damit wir nicht unkontrolliert achteraus treiben.

Eine **Achterspring** ist eine vom Heck nach vorne an Land ausgebrachte Festmacheleine (s. S. 94).

Bei allen Achterspringmanövern muss das Heck landseitig gut mit Fendern geschützt sein.

Fender sind elastische Schutzpolster aus Gummi oder Kunststoff, die die Außenhaut des Bootes vor Berührungen mit dem Steg, der Pier oder anderen Booten schützen sollen.

Verschiedene Ablegemanöver mithilfe der Achterspring

Fall A: Wir liegen längsseits im Wind oder der Wind fällt etwas von Land her ein:

1 *Achterspring und Fender am Heck ausbringen, damit das Heck beim Wegdrehen nicht mit der Kaimauer kollidiert.*
Segel setzen und Schoten los!
2 *Vorleine los und Bug vorsichtig vom Steg wegdrücken. Eventuell Fock back.*
3 *Achterspring los und Schoten dicht.*

Fall B: Der Wind fällt spitz von der Wasserseite her ein:

1 *Achterspring auf Slip ausbringen und Fender ans Heck!*
2 *Vorleine los und Fock back an Bb!*
3 *Achterspring los und Fock über!*

Fall C: Der Wind fällt noch weiter seewärtig ein:

1 *Achterspring auf Slip ausbringen und Fender ans Heck!*
2 *Vorleine los und Vorschiff wegdrücken oder mit dem Bootshaken von der Pier absetzen. Fock back an Bb!*
3 *Achterspring los und Boot eventuell achtern abdrücken. Fock über!*

Fällt der Wind noch mehr von der Wasserseite her ein, können wir nicht unter Segel ablegen.

Fahrt aufnehmen und verringern

Wir haben die Segel angeschlagen, gesetzt und abgelegt. Wie können wir nun Fahrt aufnehmen und wie die Fahrt verringern?

Fahrt aufnehmen
In **Situation A** killen die Segel noch im Wind und wir machen keine Fahrt voraus.
B: Jetzt holen wir die Segel mit den Schoten langsam dicht – das Boot nimmt Fahrt auf.

Am besten nutzen wir den Wind, wenn die Segel so dichtgeholt sind, dass sie (am Vorliek) gerade nicht killen. Dann ist der Vortrieb am größten.

C: Holen wir die Segel noch dichter, so krängt das Boot zwar stärker, verliert aber an Fahrt, da die Strömung auf der Leeseite des Segels abbricht.

Fahrt verringern
D: Jetzt wollen wir »abbremsen«: Dazu brauchen wir die Segel nur etwas zu fieren, bis sie zu killen anfangen. Je weiter wir fieren, desto weniger kann der Wind im Segel angreifen und desto geringer wird der Vortrieb.
Haben wir die Segel ganz aufgefiert, machen wir fast keine Fahrt mehr voraus.

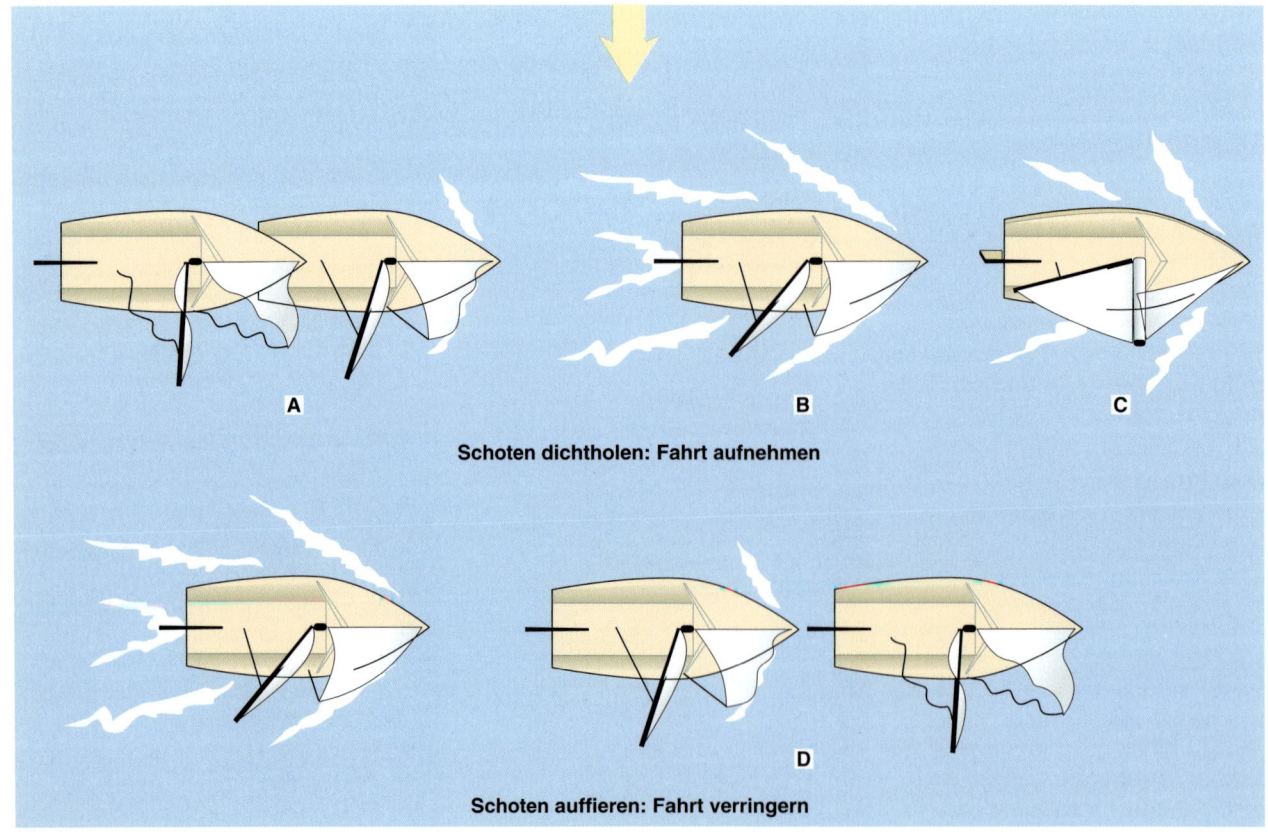

Schoten dichtholen: Fahrt aufnehmen

Schoten auffieren: Fahrt verringern

Segeln – Raumschots und mit halbem Wind

Fragen 550, 552, 564

Die Segel

Raumschots zu segeln ist für den Anfänger am einfachsten. Hier können wir die richtige Segelstellung lernen:

- Je mehr wir anluven, desto dichter müssen wir die Segel holen; und je weiter wir abfallen, desto mehr fieren wir sie.
- Die Segel werden so weit gefiert, dass ihr Vorliek gerade noch nicht killt. Wird das Großsegel zu dicht genommen, krängt das Boot stärker und wird langsamer.

Bei **Winddrehungen** bleiben wir auf Kurs und korrigieren die Segelstellung, indem wir die Schoten etwas fieren oder dichter holen.

Da auf raumen Kursen der Baum zu steigen beginnt und sich dann das Großsegel verwindet, muss der **Baumniederholer durchgesetzt** und der **Traveller in Lee** gefahren werden.

Schwert und Ruderblatt

Je raumer der Kurs, desto geringer die Abdrift. Deshalb holt man auf raumen Kursen das **Schwert etwa zur Hälfte und auch das Ruderblatt etwas** auf.

Dadurch wird das Boot schneller, da die benetzte Oberfläche und der Reibungswiderstand im Wasser kleiner werden. Außerdem reduziert man so die Luvgierigkeit.

Die Crew

Bei leichtem Wind verlagern wir **unser Gewicht** etwas vor die Bootsmitte, bei stärkerem Wind weiter nach achtern, damit der Spiegel nicht zu tief ins Wasser eintaucht und sich festsaugt.

Um schnell zu laufen, müssen wir das **Boot möglichst aufrecht segeln** und gut ausreiten – eventuell sogar mit dem Trapez. Mit etwa halbem Wind läuft unser Boot am schnellsten. Manchmal können wir auch den **Spinnaker** setzen und ins **Gleiten** kommen. Dann hebt sich der Bug aus dem Wasser und gleitet auf der eigenen Bugwelle voran.

In Böen: Ausreiten, Gegenruder, unter Umständen Großschot fieren.

Segeln – Vor dem Wind

Fragen 548, 590

Die Segel

Das Großsegel ist weit aufgefiert. Die vom Großsegel abgedeckte Fock können wir bergen und durch den **Spinnaker** ersetzen oder auf die Luvseite überholen und mit dem Fockbaum oder Bootshaken ausbaumen. Dann fahren wir **Schmetterling** (vgl. S. 57). Das Segeln vor dem Wind verlangt höchste Aufmerksamkeit vom Steuermann (laufend den Stander beobachten!), damit er nicht zu weit abfällt und eine unbeabsichtigte Halse, eine so genannte **Patenthalse**, fährt. Eine Patenthalse

- gefährdet die Mannschaft,
- strapaziert das Rigg und
- kann zur Kenterung führen.

Denn nach einer Patenthalse wird das Boot versuchen, rasch anzuluven – was wir nur durch entsprechendes **Gegenruder** verhindern können. Auf größeren Yachten und vor allem im Seegang sichert man vor dem Wind und auf raumen Kursen den Großbaum gegen unbeabsichtigtes Überkommen mit dem **Bullenstander** oder der **Bullentalje**, einer von der Baumnock zum Vorschiff ausgebrachten Leine.

> **In Böen:** Gegenruder geben, um auf Kurs zu bleiben – keinesfalls anluven!

Schwert und Ruderblatt

Da wir vor dem Wind keine Abdrift haben, können wir das **Schwert etwa drei Viertel aufholen**.
Bei wenig Wind und Seegang kann auch das **Ruderblatt etwas aufgeholt werden** – aber nicht sehr viel, denn das Boot muss bei Gierbewegungen gut steuerbar bleiben.

Die Crew

Der Steuermann sitzt in Luv, der Vorschoter weiter vorn in Lee, wo er (auf einer Jolle) den Großbaum mit der Hand sichert.
Im Seegang kann es sehr schwierig sein, vor dem Wind Kurs zu halten. Denn **das Boot giert** (es versucht seitlich auszubrechen) und kann leicht aus dem Ruder laufen. Der Steuermann muss deshalb sehr aufmerksam gegensteuern. Dann ist es günstiger, **vor dem Wind zu kreuzen**, indem man nicht unmittelbar vor dem Wind segelt, sondern etwa 20° anluvt und das Ziel auf zwei raumen Schlägen ansteuert.

Segeln – Am Wind

Fragen 549, 551, 564

Die Segel

Die Kunst, am Wind zu segeln, besteht darin, den **optimalen Kurs** zum Wind zu finden. Der Anfänger holt die Segel am Wind gern etwas zu dicht, was die Krängung vergrößert und den Vortrieb verringert.

- Den **optimalen Anstellwinkel des Großsegels** finden wir, indem wir es so weit auffieren, bis sich am Vorliek etwa auf halber Masthöhe eine leichte Gegenwölbung bildet. Dann müssen wir das Segel wieder etwas dichtholen.
- Am Vorliek des dichtgeholten **Vorsegels** erkennen wir, ob wir hoch genug am Wind laufen oder Höhe verschenken: Wir luven behutsam an, bis das Vorliek der Fock gerade zu killen beginnt. Dann fallen wir rasch wieder etwas ab.

Wenn wir diesen Vorgang laufend mit geringen Ruderausschlägen wiederholen, laufen wir optimale Höhe. Wir tasten uns also mit flachen S-förmigen Kurven an den Wind heran, indem wir **langsam anluven und zügig abfallen**.

Bei Winddrehungen und in Böen folgen wir der Richtung des scheinbaren Windes und gewinnen dadurch Höhe (vgl. S. 76). Hilfreich ist hierbei der **regelmäßige Blick auf den Stander**: Er sollte möglichst parallel zum Kopfbrett des Segels stehen.

- Ein guter Steuermann beobachtet laufend die Vorlieken und den Stander.

Schwert und Ruderblatt

Am Wind sind Schwert und Ruderblatt vollständig gefiert, damit wir möglichst wenig versetzt werden.

> **In starken Böen:** Etwas anluven, ausreiten und eventuell kurzzeitig die Segel fieren – keinesfalls abfallen!

Die Crew

Bei wenig Wind verlagern wir das **Gewicht** vor die Bootsmitte. Bei kräftigem Wind sitzen wir etwa im zweiten Drittel.

Durch Ausreiten (mithilfe von **Ausreitgurten** und **Trapez**) versuchen wir, das Boot möglichst aufrecht zu segeln, um die relative Segelfläche zum Wind so groß wie möglich zu halten. Der **Pinnenausleger** erlaubt dem Rudergänger ein sauberes Aussteuern auch bei weitem Ausreiten.

So gewinnen wir Höhe in Böen

Frage 547

Bei böigem Wetter am Wind kann ein geschickter Segler gegenüber einem nicht so erfahrenen Segler leicht Höhe gewinnen, indem er konsequent den Richtungsänderungen des scheinbaren Windes folgt.

A: Der scheinbare Wind (sW) ergibt sich als Resultierende aus wahrem Wind (wW) und Fahrtwind (Fw). Er ist stärker als der wahre Wind und fällt vorlicher ein.

B: Zu Beginn einer Bö nimmt der wahre Wind zu, doch hat das Boot noch die gleiche Fahrt wie zuvor. Deshalb nimmt auch der scheinbare Wind zu und **fällt achterlicher ein (raumt)**. Dies können wir ausnutzen, um anzuluven und Höhe zu gewinnen.

C: Durch die Zunahme des scheinbaren Windes wachsen auch die Fahrt und der Fahrtwind an, und der scheinbare Wind dreht auf seine ursprüngliche Richtung vor der Bö zurück. Deshalb müssen wir auf den alten Kurs abfallen, haben aber einige Meter Höhe gewonnen.

D: Sobald die Bö nachlässt und der wahre Wind abnimmt, beginnt der umgekehrte Vorgang: **Jetzt fällt der Wind vorlicher ein (schralt)**, denn wir haben noch die in der Bö gewonnene größere Fahrt. Nun müssen wir schnell etwas abfallen, damit die Segel nicht killen.

E: Zugleich verliert der scheinbare Wind an Stärke, da sich unsere Fahrt verringert hat, und dreht auf seine ursprüngliche Richtung zurück. Nun haben wir die gleiche Situation wie zu Beginn der Bö.

- **Wenn der Wind raumt** (achterlicher einfällt), luven wir an und gewinnen Höhe.
- **Wenn der Wind schralt** (vorlicher einfällt), müssen wir abfallen.
  Um die kleinen Drehungen des scheinbaren Windes rechtzeitig zu erkennen, müssen wir laufend den **Stander im Masttopp** beobachten.

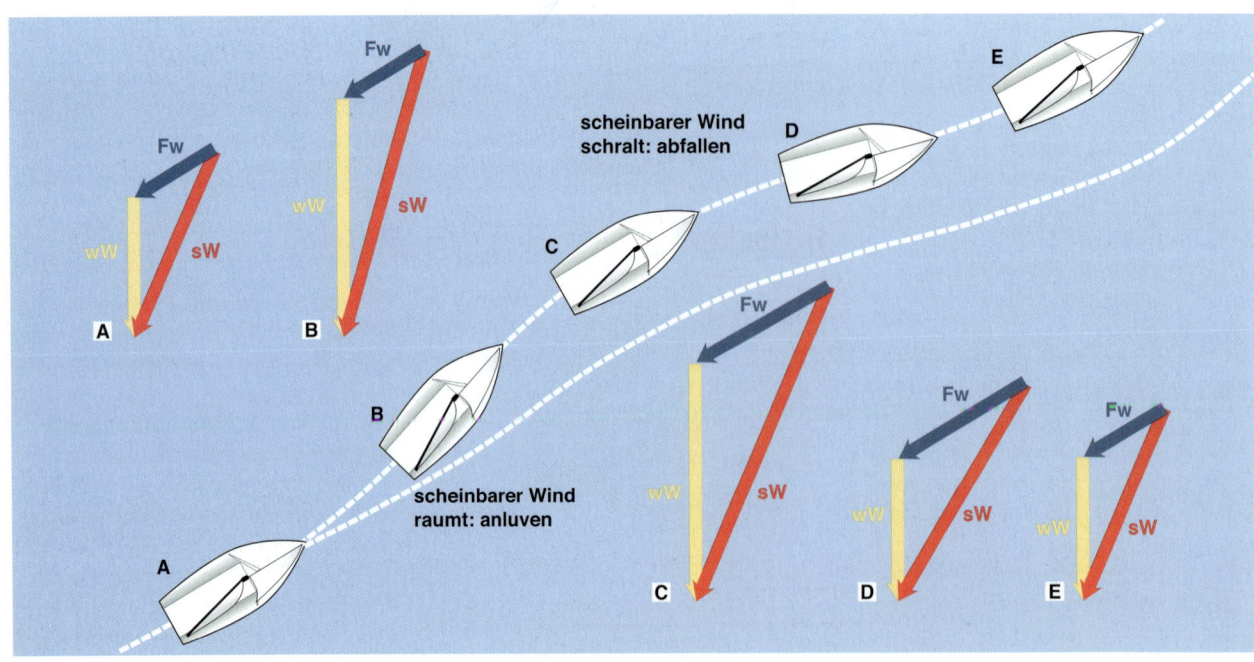

Abwettern von Böen

In Böen müssen wir rasch richtig reagieren:

Am Wind nimmt der scheinbare Wind in einer Bö zu und raumt. Deshalb:
- **etwas anluven**, um die relative Segelfläche zu verkleinern
- **ausreiten**
- **notfalls kurzzeitig die Großschot fieren** (bei starken Böen)

Vorsicht beim Anluven auf Jollen:
- Nicht so weit luven, dass man im Wind steht. Eine dann einsetzende Bö würde fast voll in Krängung umgesetzt, da das Boot keine Fahrt mehr macht.

- Eine zu schnelle Drehung beim Luven kann leicht zum Kentern führen.

Raumschots raumt der Wind in einer Bö und vergrößert die Luvgierigkeit, da der Vortrieb zunimmt. Deshalb:
- **Gegenruder geben**, um das Boot auf Kurs zu halten
- **ausreiten**
- **notfalls Großsegel fieren** (nie die Fock), um die Luvgierigkeit zu verringern

Vor dem Wind
- **Gegenruder geben**, um auf Kurs zu bleiben. Aber nicht abfallen, was zu einer gefährlichen Patenthalse führen könnte.

Wenden (1)

Fragen 563, 564

Beim Wenden dreht das Boot mit dem Bug durch den Wind.
Das Manöver beginnt am Wind auf einem Bug und endet ebenfalls am Wind auf dem anderen Bug.
Statt *Wenden* sagt man auch *über Stag gehen*.

Mit dem Wendemanöver drehen wir also durch den »unerreichbaren« Sektor von etwa 90° zwischen beiden Am-Wind-Kursen.
Segeln wir auf raumem Kurs, können wir nicht sofort mit dem Wenden be-

ginnen, sondern müssen zunächst anluven, bis wir am Wind segeln. Denn wenn wir das Wendemanöver bereits mit raumem Wind beginnen, besteht Kentergefahr.

Kommandos
Klar zum Wenden!
  Ist klar!
Ree!
(Über die Fock!)

Das Manöver
1 *Der Steuermann gibt auf Am-Wind-Kurs das Kommando:* **»Klar zum Wenden!«**
Hierauf legt der Vorschoter die Leeschot der Fock bereit zum Loswerfen und die Luvschot zum Dichtholen. Die Fock bleibt aber noch dichtgeholt. Rückmeldung: **»Ist klar!«**
2 *Jetzt gibt der Rudergänger das Ausführungskommando* **»Ree!«** *und legt Leeruder, luvt an, dreht durch den Wind und fällt auf dem neuen Bug bis zum Am-Wind-Kurs ab. Hierbei kommt das Großsegel über, die Großschot wird nicht bedient.*
3 *Sobald die Fock nicht mehr zieht, wirft der Vorschoter sie los und holt sie auf dem neuen Bug dicht. Sie darf aber nicht zu früh losgeworfen und dichtgeholt werden, da sie sonst back steht und das Boot auf den alten Kurs zurückdrücken kann. Auf größeren Yachten gibt der Rudergänger deshalb manchmal das Kommando:* **»Über die Fock!«**

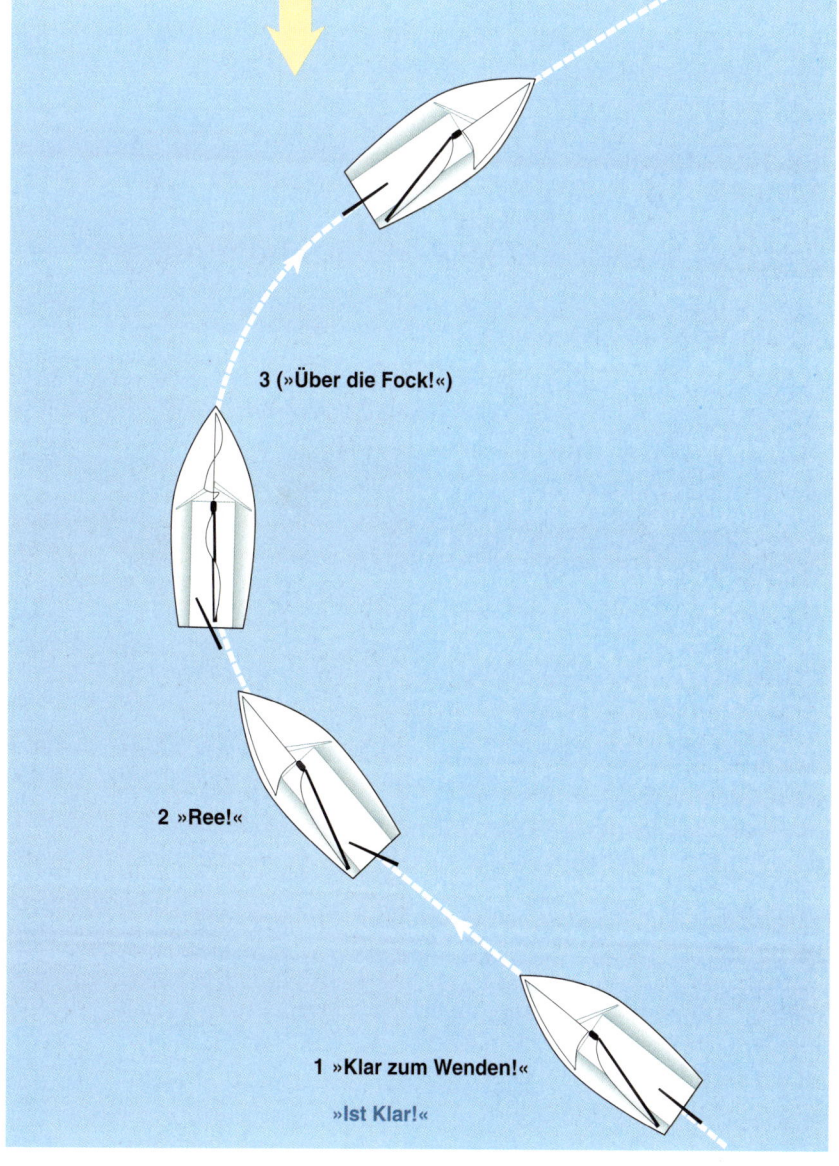

3 (»Über die Fock!«)

2 »Ree!«

1 »Klar zum Wenden!«

»Ist Klar!«

Wenden (2)

Fehler und Tipps

- **Der Anfänger dreht gern zu weit**, er fällt also nach dem Wenden weiter als nötig ab und verliert Höhe. Man sucht sich deshalb vor dem Manöver eine Landmarke querab in Luv, auf die man nach dem Wenden zuhält.
- **Aber auch nicht zu wenig drehen!** Dann bleibt man im Wind stehen und es besteht bei stärkerem böigem Wind Kentergefahr. Denn eine jetzt einsetzende Bö wirkt voll als Krängung, da sie nicht sofort in Vortrieb umgesetzt werden kann.
- **Das Ruder nicht zu hart legen!** Sonst verliert man unnötig viel Fahrt (keine *Tellerwende*!).
- **Bei starken Wellen beginnen wir** mit dem Wenden am besten **auf dem Wellenberg** und nicht im Wellental, wo das Boot immer etwas abgebremst wird.
- **Im Seegang** kann es auf hochbordigen Yachten und leichten Jollen schwierig sein, den Bug durch den Wind zu drehen. Dann **lassen wir die Fock** etwas länger stehen und **backkommen**, bis der Wind den Bug auf den neuen Kurs drückt. Erst auf das Kommando *»Über die Segel!«* geben wir die Fockschot frei.
- **Bei starkem Wind** kann es schwierig sein, die Fockschot auf dem neuen Bug dichtzuholen. Dann holen wir sie, sobald wir durch den Wind gegangen sind, da er dann spitz einfällt und noch nicht voll zieht.

Das Wendemanöver
1 Wir segeln am Wind und geben das Kommando: »**Klar zum Wenden!**« – »*Ist klar!*«
2 Nach dem Kommando »**Ree!**« . . .
3 . . . luven wir langsam an . . .

4 ... bis in den Wind. Die Fock bleibt noch einen Moment back stehen, um den Bug herumzudrücken.

5 Wir drehen weiter und setzen uns auf die neue Luvseite. Der Steuermann hat bereits Pinne und Schot umgegriffen, und der Vorschoter holt die Fock auf dem neuen Bug dicht.

81

Kreuzen

Hierbei segelt man mehrere Am-Wind-Kurse abwechselnd mit Wind von Stb und von Bb und wendet zwischen den einzelnen Kreuzschlägen. Beim Kreuzen dürfen wir das Ziel aber **nicht übersteuern**. Dann haben wir am Ende mehr Höhe als wir tatsächlich brauchen. Faustregel:

Das Ziel darf beim Kreuzen **nicht achterlicher als querab** kommen.

Lange oder kurze Kreuzschläge?

Jedes Wenden kostet Zeit. Deshalb ist es im Prinzip richtig, lange Kreuzschläge zu legen und seltener zu wenden. Doch gilt dies nur für konstante Windverhältnisse.
Wenn der Wind beispielsweise am Ende eines Kreuzschlages schralt (vorlicher einfällt), haben wir das Ziel vielleicht schon übersteuert und Zeit und

Übersteuern
Das grüne Boot ist zu weit gesegelt. Denn das Ziel liegt achterlicher als querab. Die anderen Boote erreichen das Ziel auf kürzestem Weg.

Weg verschenkt. Wenn wir dann richtigerweise wenden, werden wir höher als nötig laufen können. Trotzdem sollten wir auf dem neuen Bug nicht gleich abfallen und Höhe verschenken. Denn vielleicht dreht der Wind wieder zurück.

Beim Kreuzen sollten wir zu **lange Schläge vermeiden und versuchen, nahe an der Windachse zu bleiben.** So können wir ungünstige Winddrehungen leicht durch eine rasche Wende ausgleichen.

Was tun bei Winddrehungen?

Eigentlich ist es gleichgültig, wie wir unsere Kreuzschläge legen, solange wir das Ziel nicht übersteuern. Doch gilt dies nur, wenn der Wind seine Richtung nicht ändert. Was tun wir also, wenn der Wind nicht nur kurzzeitig etwas dreht?
Raumt der Wind (fällt er also achterlicher ein), so können wir anluven und Höhe gewinnen.
Schralt der Wind (fällt er also vorlicher ein), so müssen wir abfallen und verlieren Höhe. Dann ist es oft besser, sofort zu wenden, um auf dem anderen Bug Höhe zu gewinnen.

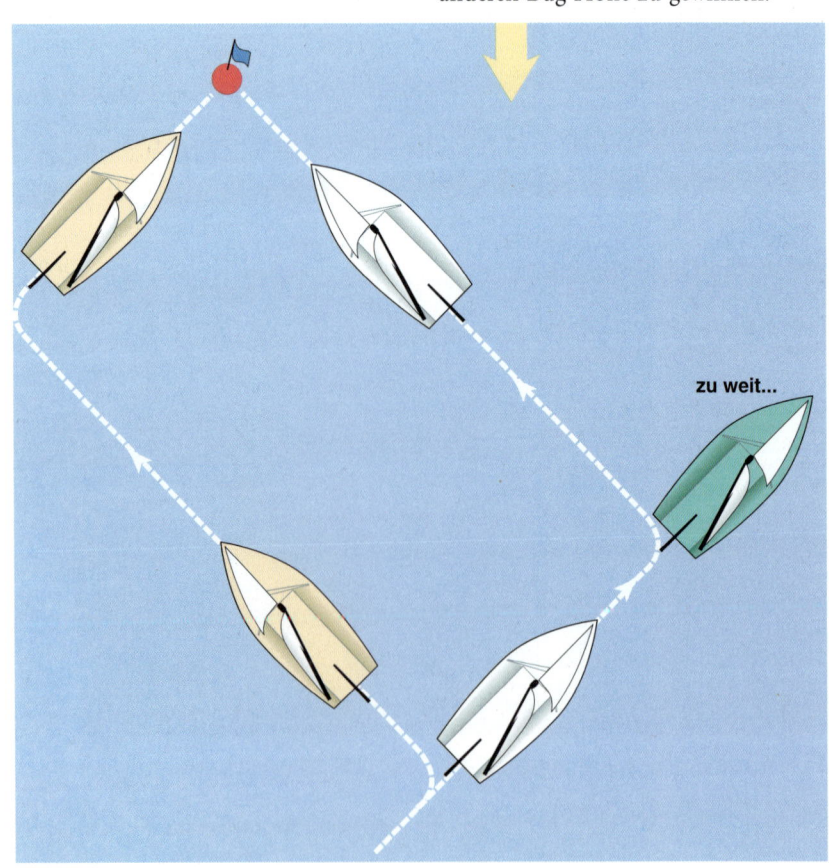

zu weit...

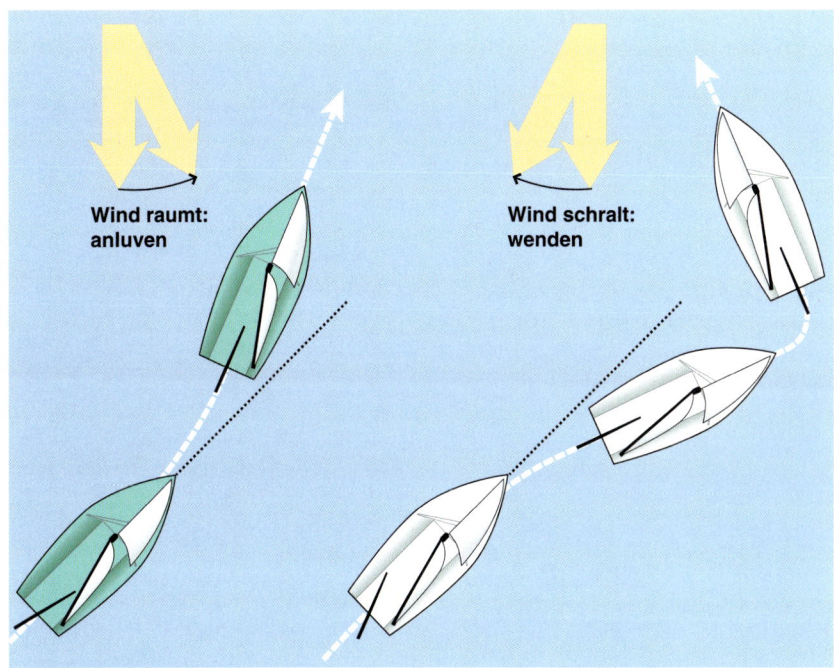

**Wind raumt:
anluven**

**Wind schralt:
wenden**

Kursänderungen bei Winddrehungen
Raumt der Wind, können wir anluven und Höhe gewinnen.

Schralt der Wind, müssen wir abfallen und verlieren Höhe. Dann sollten wir besser wenden, um auf dem anderen Bug Höhe zu gewinnen.

Holebug und Streckbug

Meist liegt beim Kreuzen unser Ziel nicht genau in Windrichtung. Wir können es dann nur durch zwei ungleich lange Kreuzschläge, den Holebug und den Streckbug, erreichen.

- Auf dem **Holebug** holt man die erforderliche Höhe, ohne sich dem Ziel stark zu nähern.
- Auf dem **Streckbug** nähert man sich dem Ziel, ohne wesentlich an Höhe zu gewinnen.

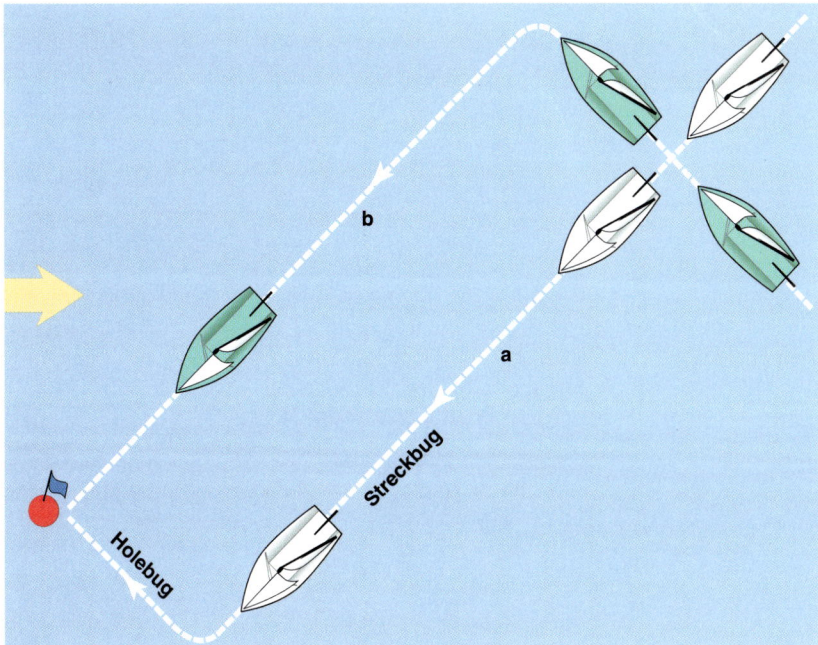

b

a

Streckbug

Holebug

Wie legen wir unsere Kreuzschläge?
Auf welchem Weg können wir durch eine ungünstige Winddrehung am wenigsten verlieren – auf dem Weg a oder auf dem Weg b?

Faustregel: Wir versuchen immer, auf dem kürzesten Weg zur Windachse zu kommen. Wir laufen also auf das Ziel zu und nicht von ihm weg.

In der Abbildung ist also der Weg a richtig. Sollte der Wind auf diesem Kurs schralen (vorlicher einfallen), so wird der Weg zur Windachse kürzer; und sollte er raumen (achterlicher einfallen), so können wir höher laufen und das Ziel vielleicht sogar direkt anliegen.

Halsen und Schiften

Fragen 563, 564

Das Halse-Manöver

1. Phase Abfallen: Der Steuermann gibt auf raumem Kurs das Kommando: **»Klar zum Halsen!«** Auf die Rückmeldung des Vorschoters mit **»Ist klar!«** wird zunächst bis vor den Wind abgefallen – keinesfalls weiter. Hierbei werden die Schoten entsprechend gefiert (**»Fier auf die Schoten!«**).

2. Phase Dichtholen: Auf das Kommando des Rudergängers **»Hol dicht die Großschot!«** wird die Großschot gleichmäßig und zügig dichtgeholt, bis der Großbaum mittschiffs stehen bleibt.

Hierbei muss der Rudergänger sehr genau Kurs vor dem Wind halten (Blick auf den Stander!). Der Baum darf nicht überkommen, bevor er mittschiffs geholt wurde.

3. und 4. Phase Schiften und Stützruder: Mit dem Kommando **»Rund achtern!«** wird leichtes Leeruder gegeben, bis der Baum von selbst überkommt. Sofort wird jetzt die Großschot bis zur Vor-dem-Wind-Stellung gefiert (**»Fier auf die Großschot!«**) und zugleich Stützruder gegeben.

> **Stützruder** ist schwaches Leeruder – also Pinne etwas weg vom übergekommenen Großbaum.

Dadurch verhindern wir, dass das Boot unmittelbar nach dem Schiften (wegen der Luvgierigkeit) anluvt, stark krängt und bei viel Wind sogar kentert. Wir stützen also den geraden Kurs. Wenn wir sofort reagieren, genügt bereits ein ganz schwacher Ruderausschlag, um das Boot auf Kurs zu halten; der Großbaum darf aber auch nicht wieder zurückkommen.

5. Phase Anluven: Erst wenn das Großsegel ganz gefiert ist, können wir auf den neuen Raumschotkurs anluven: **»Hol dicht die Schoten auf ... kurs!«**

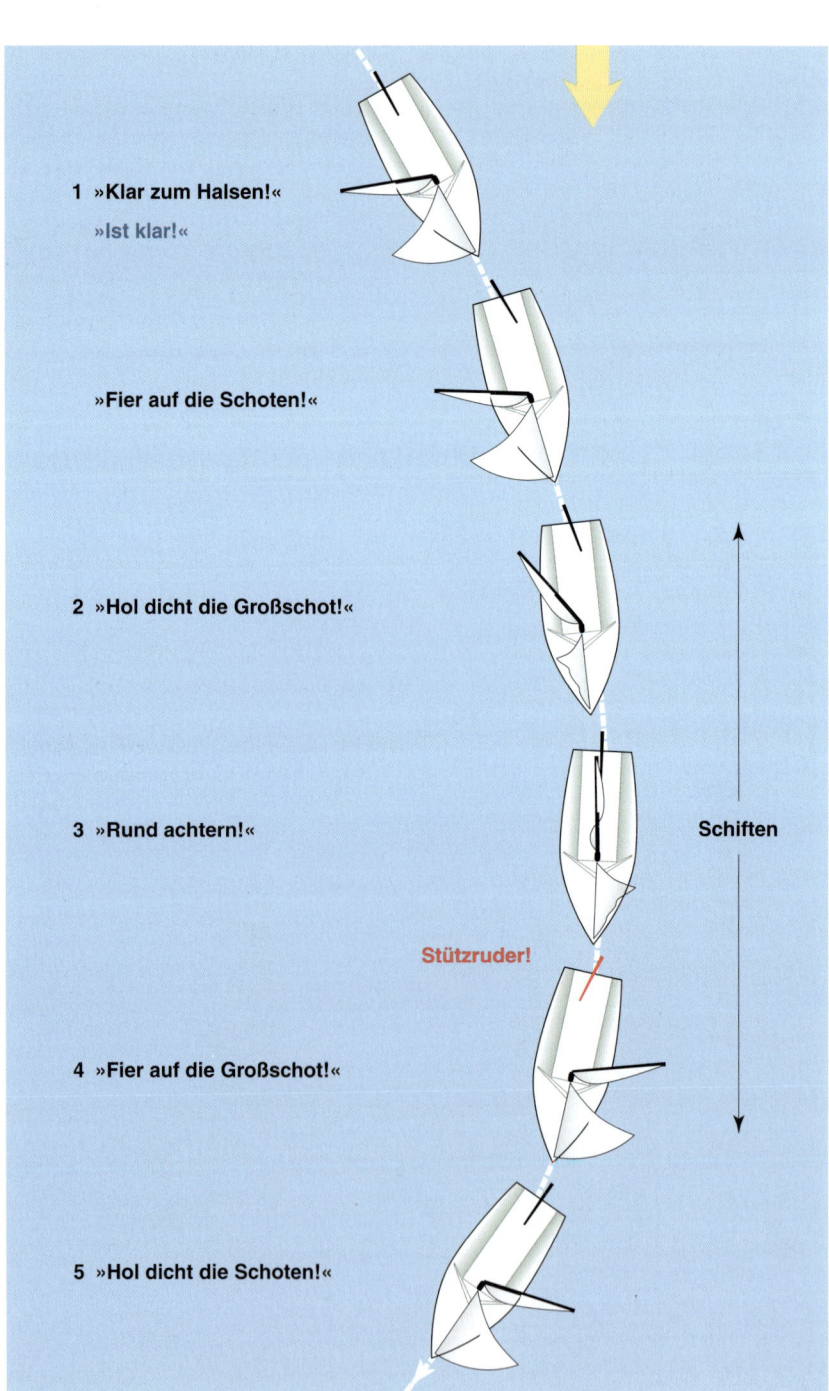

1 **»Klar zum Halsen!«**
»Ist klar!«

»Fier auf die Schoten!«

2 **»Hol dicht die Großschot!«**

3 **»Rund achtern!«**

Schiften

Stützruder!

4 **»Fier auf die Großschot!«**

5 **»Hol dicht die Schoten!«**

Beim Halsen dreht das Boot mit dem Heck durch den Wind.
Hierbei fallen wir von einem Raumschotkurs ab bis vor den Wind, holen die Segel über und luven auf den neuen Raumschotkurs an.

Schiften ist ein Teil der Halse, nämlich das **Überholen der Segel** auf Vor-Wind-Kurs von einem Bug auf den anderen.

Das Halsen beginnt und endet auf raumem Kurs. Sie besteht aus Abfallen, Schiften und Anluven. Das Schiften und anschließende Anluven sind die schwierigsten Teile des Manövers.

Fehler und Tipps

- **Bei starkem und böigem Wind** sollte der Anfänger lieber wenden statt halsen, also eine **Q-Wende** fahren (vgl. S. 88).
- Beim schulmäßig ausgeführten Manöver holen wir die Schot Hand über Hand durch den Schotblock, um sie nach dem Schiften gut kontrolliert fieren zu können (**Blockhalse**).
  Auf Jollen können wir stattdessen die Schot mit der Hand holen, indem wir in die Talje greifen und den Baum mit etwas Schwung übergeben. So wird es auf allen Regatten gemacht (**Regattahalse**). Doch auch hier dürfen wir das Stützruder nicht vergessen.
- Die **Stärke des Ruderausschlages beim Stützruder** können wir nur durch Erfahrung lernen. Deshalb: Auf einem langen Vor-Wind-Kurs das Schiften mehrmals hintereinander üben!

Kommandos Schiften
Klar zum Schiften!
  Ist klar!
Hol dicht die Großschot!
Rund achtern!
Fier auf die Großschot!

Kommandos Halsen
Klar zum Halsen!
  Ist klar!
Fier auf die Schoten!
Hol dicht die Großschot!
Rund achtern!
Fier auf die Großschot!
Hol dicht die Schoten auf ... kurs!

- Auf Jollen verliert die Halse ihre Gefährlichkeit, wenn man das **Schwert** etwa drei Viertel **aufholt**. Dann fällt der »Stolperfuß« weg, über den wir kentern könnten.
- **Jollen im Gleitzustand** sollten beim Halsen nicht in Verdrängerfahrt zurückfallen, denn dann würde der wegen des Gleitens relativ schwache scheinbare Wind sofort kräftig zunehmen.
- Auf Kielyachten nicht vergessen, vor der Halse eine eventuell ausgebrachte **Bullentalje** einzuholen!

Die Gefahrenhalse
Gefahrenhalse nennt man eine Halse, die aus einem Am-Wind-Kurs heraus gefahren werden muss, weil zum Wenden unvorhergesehen zu wenig Platz ist – z. B. bei einer Regatta oder in einem engen Hafen.
*Der Steuermann legt stark Ruder. Sobald die Segel wie bei einer Regattahalse übergeholt werden, muss er **kräftig Stützruder geben und die Schot ausrauschen lassen**, damit das Boot nicht kentert. Erst wenn sich das Boot stabilisiert hat, kann man auf neuen Kurs gehen.*

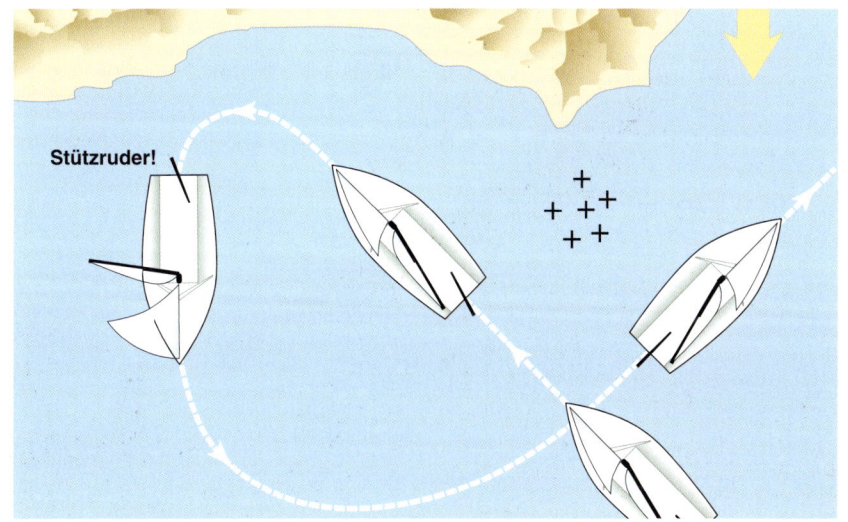
Stützruder!

Halsen

Das Halse-Manöver

1 *Wir fallen ab bis fast vor den Wind und geben das Kommando:*
   »Klar zum Halsen!« – »Ist klar!«
2 *Der Steuermann steht auf, greift in die Talje . . .*

① ②

3 . . . holt das Großsegel mittschiffs und fiert es auf der neuen Leeseite rasch und kontrolliert auf. Zugleich gibt er Stützruder, damit das Boot nicht zu schnell anluvt. Der Vorschoter holt die Fock über.

4 Das Boot liegt wieder ruhig im Ruder.

5 Die Crew nimmt die neuen Plätze ein.

③ ④ ⑤

Die Q-Wende

Frage 563

Eine Q-Wende ist eine anstelle einer Halse gefahrene Wende.
Aus einem Raumschotkurs wird also angeluvt, gewendet und wieder abgefallen bis auf Raumschotkurs.

man mit dem Bug durch den Wind (Wende). Hierbei müssen wir **zunächst auf den Am-Wind-Kurs anluven** und die Schoten entsprechend dichtholen.

Kommandos
Klar zur Q-Wende!
  Ist klar!
Hol dicht die Schoten!
Ree!
Fier auf die Schoten auf … kurs!

Q-Wende und Halse

Die Abbildung zeigt den Ablauf der Q-Wende mit den entsprechenden Kommandos. Daneben ist der Kurs einer halsenden Yacht (von gleichem Kurs zu gleichem Kurs) dargestellt.

Da für den Anfänger das Halsen bei starkem und böigem Wind schwierig ist, kann er sich mit der Q-Wende behelfen. Statt mit dem Heck durch den Wind zu gehen (Halse), dreht

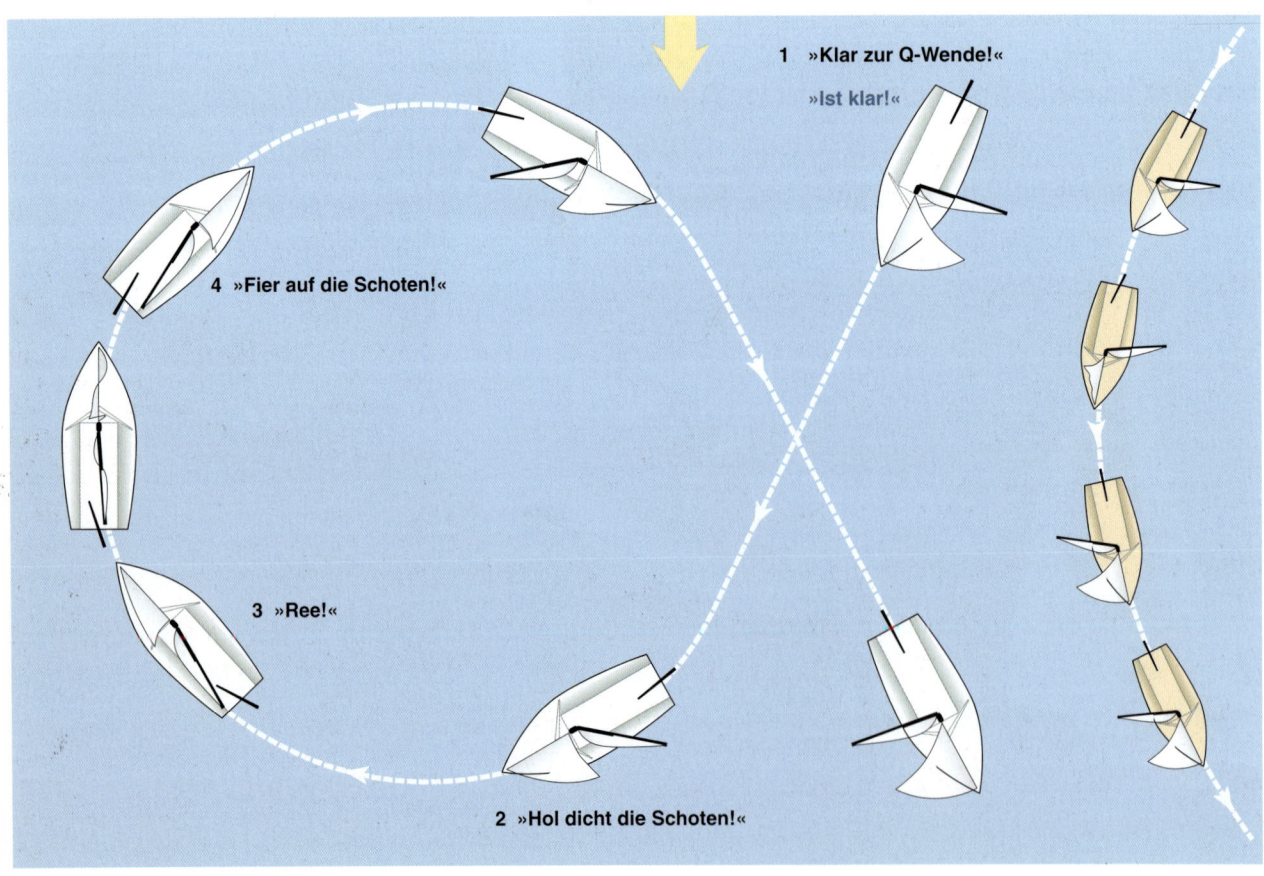

1 »**Klar zur Q-Wende!**«

»Ist klar!«

4 »**Fier auf die Schoten!**«

3 »**Ree!**«

2 »**Hol dicht die Schoten!**«

Der Aufschießer

Frage 565

Mit einem **Aufschießer** können wir ein segelndes Boot an einem gewünschten Ziel zum Stehen bringen, indem wir in Lee vom Zielpunkt **die Schoten freigeben und anluven**, bis wir im Wind stehen. Man sagt auch »**in den Wind schießen**« oder »**aufschießen**«.

*Beim **Aufschießer** dreht man genau **in Lee vom gewünschten Ziel** (Boje, Steg) in den Wind, um am Ziel zum Stehen zu kommen. Er bildet die Grundlage für alle Anlegemanöver und das Boje-über-Bord-Manöver.*

*Beim **Nahezu-Aufschießer** dreht man etwa drei Bootslängen früher (a) oder später (b) als beim gewöhnlichen Aufschießer in den Wind. Dann kann man durch kurzzeitiges Dichtholen des Großsegels sein Ziel besser erreichen.*

Zur Ausführung des Aufschießers

- Jeder Aufschießer erfolgt in den **wahren Wind**, der immer achterlicher einfällt als der vom Stander angezeigte scheinbare Wind. Die Richtung des wahren Windes erkennen wir an der Richtung anderer Boote an der Boje und an der Wellenbildung.
- Die **Länge des Aufschießers** hängt ab von der Geschwindigkeit, der Form und dem Gewicht des Bootes sowie der Windstärke, dem Seegang und einer eventuellen Strömung. Je schwerer unser Boot ist, desto länger wird der Aufschießer; und je stärker der Wind und bewegter das Wasser ist, desto kürzer wird er.
- Den Aufschießer können wir abkürzen, indem wir beim Anluven **hart Ruder legen** und dadurch Fahrt aus dem Schiff nehmen.
- Haben wir (auf einer Jolle) kurz vor dem Ziel noch zuviel Fahrt, können wir den **Großbaum backdrücken**, sodass sich im Segel ein bremsender Gegenbauch bildet.

Kommandos
Klar zum Aufschießen!
  Ist klar!
Schoten los!
  Boje gefasst!

Zum Nahezu-Aufschießer

- Mit dem Nahezu-Aufschießer können wir unser Ziel auch dann noch erreichen, wenn wir uns verschätzt haben und vor der Boje zu »verhungern« drohen: Bevor wir ganz zum Stehen kommen, holen wir die **Großschot kurzzeitig dicht** und nehmen erneut Fahrt auf.
- Die **Großschot** muss gut **freigegeben** werden, damit das Segel unbehindert killen kann.
- Der **engere Bogen** in Variante b nimmt mehr **Fahrt aus dem Schiff**. Allerdings kann die Fock leicht hängen bleiben und back kommen.
- Der Anfänger setzt die Variante a meist zu früh an, sodass er weitersegelt, anstatt im Wind zu stehen.

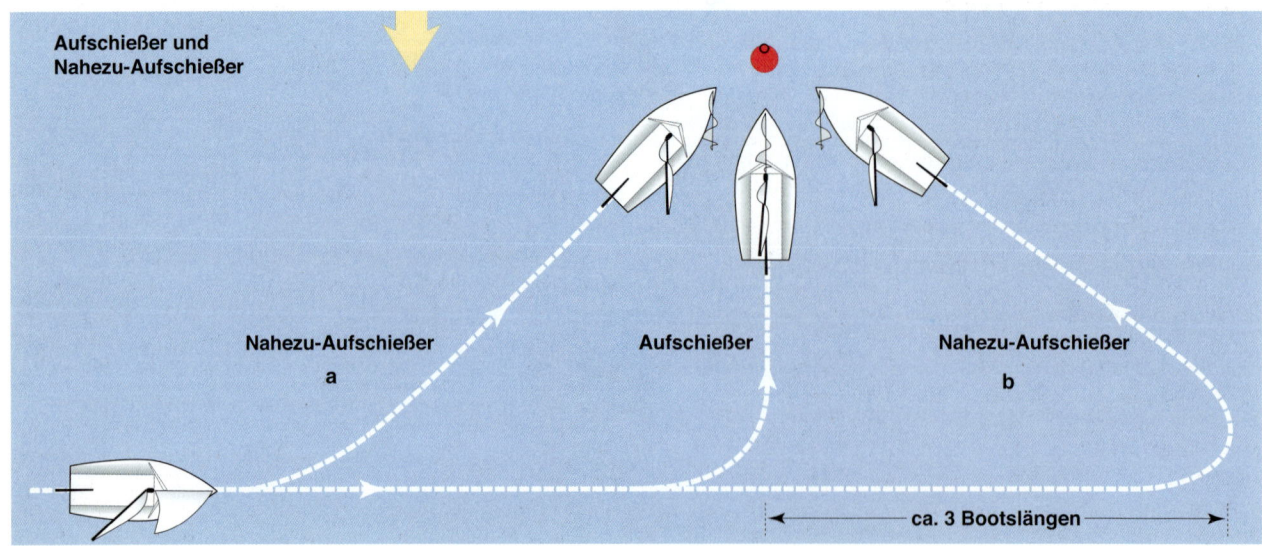

Aufschießer und Nahezu-Aufschießer

Nahezu-Aufschießer
a

Aufschießer

Nahezu-Aufschießer
b

ca. 3 Bootslängen

Anlegen an der Boje

Frage 80

Zum Manöver

- Der Aufschießer zur Boje erfolgt aus einem **raumen Kurs** heraus – am besten quer zur Wellenrichtung.
- Auf Jollen lassen die meisten erfahrenen Segler die **Fock beim Manöver** stehen, da man im Falle des Misslingens besser weiter manövrieren kann. Bei starkem Wind sollte man die Fock aber vor dem Manöver bergen, damit sie auf dem Vorschiff nicht behindert. Außerdem vermeidet man, dass sich die Fock verhängt und den Bug zur Seite schiebt.

Das Manöver (ohne Bergen der Fock)
1 »Klar bei Vorleine!« Das Crewmitglied am Vorschiff legt die Vorleine klar und meldet zurück:
»Vorleine ist klar!«
2 »Klar zum Aufschießen!«
Die Schoten werden zum Loswerfen bereitgelegt.
Rückmeldung: »Ist klar!«
3 »Schoten los!« Wir drehen zügig in den Wind und auf die Boje zu, die Schoten werden losgegeben, die Segel killen.
4 Sobald am Vorschiff die Boje gefasst ist, wird gemeldet: »Boje gefasst!« Erst jetzt werden die Segel geborgen.

- Das **Großsegel** wird auf jeden Fall **erst geborgen, wenn die Boje gefasst** und das Boot festgemacht ist.
- Sind wir **an der Boje zu schnell**: nicht mit Gewalt festhalten, sondern Manöver wiederholen. Sonst fahren wir um die festgehaltene Boje herum eine Halse.
- Wird der **Aufschießer zu kurz** – was kein Fehler ist: Fock back halten, abdrehen und es erneut versuchen.
- Auf einer hochbordigen Kielyacht: **Bootshaken** rechtzeitig bereitlegen, um die Boje besser fassen zu können.
- Liegt die Boje in einem **strömenden Gewässer**, müssen wir sie **gegen den Strom** erreichen, dort festmachen, die Segel fieren und das Boot achteraus treiben lassen. Dann wird das Boot in Stromlee der Tonne liegen.

Kommandos
Klar zum An-die-Boje-Gehen!
Klar zum Bergen der Fock!
    Fock ist klar zum Bergen!
Hol nieder die Fock!
Klar bei Vorleine!
    Vorleine ist klar!
Klar zum Aufschießen!
    Ist klar!
Großschot los!
    Boje gefasst!
Es folgen Kommandos zum Bergen des Großsegels.

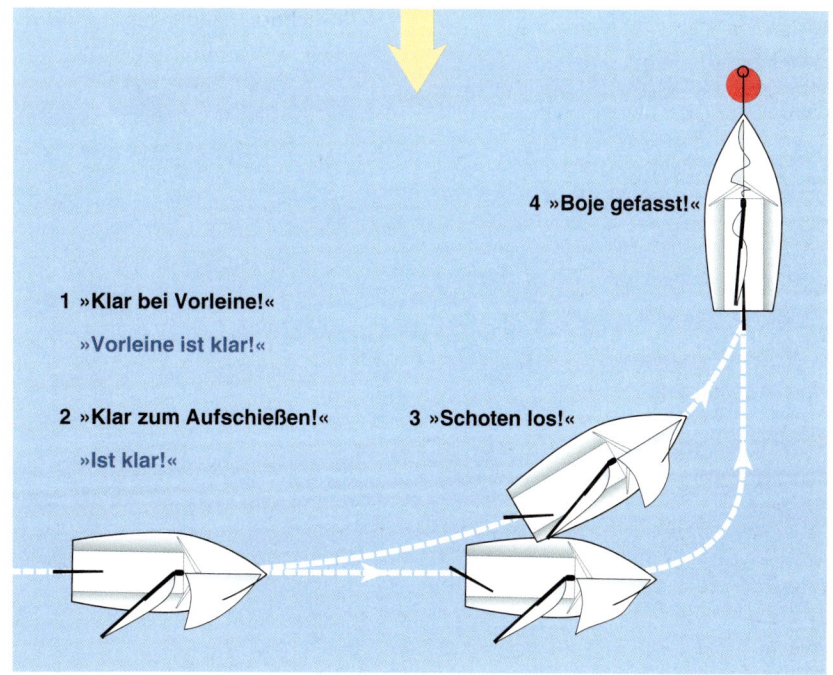

4 »Boje gefasst!«

1 »Klar bei Vorleine!«

»Vorleine ist klar!«

2 »Klar zum Aufschießen!«

»Ist klar!«

3 »Schoten los!«

Anlegen am Steg

An der Leeseite des Steges

In Lee des Steges legen wir genauso an wie an der Boje. Nur muss es jetzt mit der Länge des Auslaufes genau klappen, denn wir dürfen am Steg nicht zuviel Fahrt haben.

Können wir den Auslauf noch nicht so genau einschätzen, so suchen wir uns zum Anlegen eine Ecke am Steg, von der wir notfalls noch im letzten Moment abdrehen können. Oder wir

schießen längsseits an einer Stegseite auf, wenn die Windverhältnisse dies erlauben.

Kommandos
Klar zum Anlegen!
Ist klar!
Jetzt werden eventuell Kommandos zum Bergen der Fock gegeben.
Klar zum Aufschießen!
Ist klar!
Schoten los!
Klar bei Vorleine!
Vorleine ist klar!
Vorleine ist fest!

An der Luvseite des Steges

In Luv des Steges sollten wir möglichst nicht anlegen. Schon bei mittlerem Wind kann hier unser Boot durch etwas Seegang beschädigt oder zerstört werden, wenn es längsseits festgemacht ist. Wir sollten deshalb immer einen besseren Liegeplatz – am besten in Lee – suchen.

Sind wir aber doch gezwungen, in Luv anzulegen, so gibt es zwei Möglichkeiten: Wir legen entweder vor Bug- oder Heckanker an oder machen an einem Pfahl fest.

Das Manöver
Zunächst erklären wir der Crew, wie und wo wir anlegen wollen.
1 »Klar zum Anlegen!« Die Schoten werden zum Loswerfen, die Vorleine zum Festmachen bereitgelegt. Rückmeldung: »Ist klar!«
2 »Klar zum Bergen der Fock!« Wir legen das Fockfall klar, ohne es schon freizugeben, und melden: »Ist klar!«
3 »Hol nieder die Fock!« Wir bergen die Fock, ohne dass sie ins Wasser kommt.
Man kann die Fock auch stehen lassen und erst dann bergen, wenn man am Steg festgemacht hat. Das hat den Vorteil, dass man sofort weitersegeln kann, wenn der Aufschießer zu kurz geraten ist und man vor dem Steg zu »verhungern« droht.
4 »Klar zum Aufschießen!« Jetzt wird der Aufschießer gefahren: »Schoten los!«
5 »Klar bei Vorleine!« Der Vorschoter legt die Vorleine bereit: »Vorleine ist klar!« Dann springt er mit der Vorleine an Land und meldet: »Vorleine ist fest!«.
Auf Jollen kann er den Schwung etwas abbremsen, wenn das Boot am Steg zu schnell ist. Auf Kielyachten hält er den Bugfender bereit; keinesfalls darf er versuchen, den Schwung mit dem Fuß abzubremsen.
6 Erst jetzt bergen wir das Großsegel.

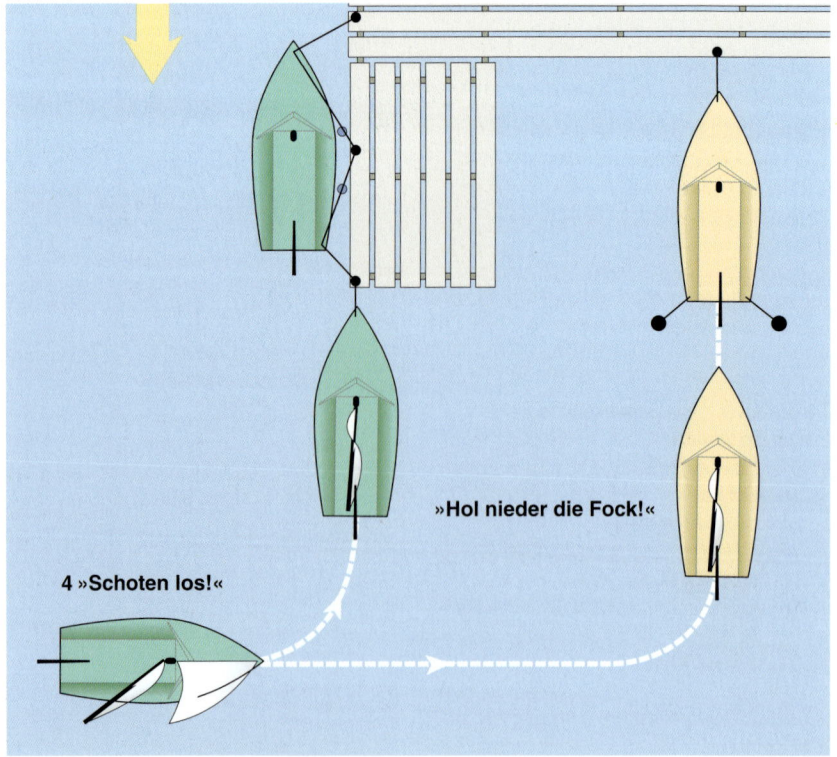

»Hol nieder die Fock!«

4 »Schoten los!«

Das Manöver

In Luv können wir nicht mit dem Großsegel anlegen. Wir bergen es vor dem Anlegen – am besten in Luv vom vorgesehenen Liegeplatz, um von dort mit der Fock den Steg anzulaufen.

1 *»Klar zum Anlegen!«* Fender, Vorleine und Achterleinen für die Pfähle werden bereit gelegt. Auf Kielyachten werden die zum Überwerfen vorbereiteten Achterleinen aufs Vorschiff geführt. Rückmeldung: *»Ist klar!«*

2 *»Klar zum Bergen des Großsegels!«* Wir legen das Großfall klar, ohne es freizugeben, und melden: *»Ist klar!«*

3 *»Klar zum Aufschießen!«* – *»Ist klar!«*

»Schoten los!« Es folgt der Aufschießer zum Bergen des Großsegels.

4 *»Hol nieder Großsegel!«* Sobald das Großsegel geborgen ist, drehen wir mithilfe der Fock – *»Fock back an Bb!«* – und laufen auf den Steg zu. Bei stärkerem Wind bergen wir die Fock bereits unmittelbar nach der Drehung; als Antrieb genügt der Windwiderstand des Bootes. Bei schwachem Wind bergen wir die Fock später.

5 Wir geben die Achterleinen über die Pfähle, sobald sie vom Vorschiff aus erreichbar sind. Mit ihrer Hilfe können wir die Fahrt etwas abbremsen.

6 *»Vorleine ist fest!«*

Kommandos

Klar zum Bergen des Großsegels!
  Ist klar!
Klar zum Aufschießen!
  Ist klar!
Schoten los!
Hol nieder Großsegel!
Fock back an . . . bord!
Über die Fock!
Klar bei Vorleine!
  Vorleine ist klar!
  Vorleine ist an Land / ist fest!

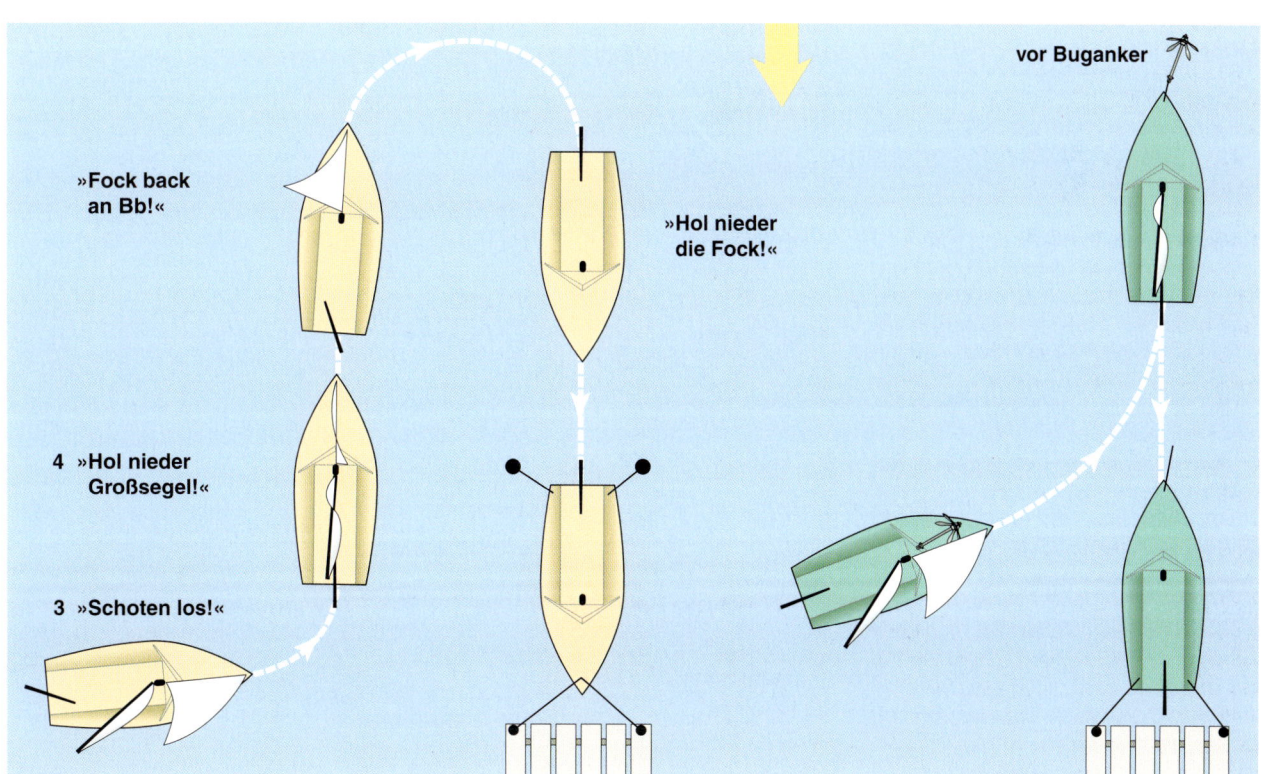

»Fock back an Bb!«

4 »Hol nieder Großsegel!«

3 »Schoten los!«

»Hol nieder die Fock!«

vor Buganker

Festmachen

Fragen 74, 75, 589

»Klar Deck überall!«

Am Ende eines Segeltages wird das Boot aufgeräumt; man sagt, wir machen »klar Deck überall!«.
Auf Jollen werden **Schwert und Ruderblatt** aufgeholt; bei manchen Booten können wir das Ruder aushängen und an Bord verstauen. Der **Großbaum** wird auf eine Baumstütze gelegt oder angedirkt. Die **Großschot** wird dichtgeholt und aufgeschossen, die **Vorschot** und die übrigen Leinen werden aufgeschossen und verstaut. Die **Segel** werden abgeschlagen und im Segelsack verstaut oder am Baum aufgetucht. Dann benötigen wir aber eine **Segelpersenning**, die das Segel gegen Witterungseinflüsse schützt. Besser: **Persenning** übers ganze Boot.

Oben: Festmachen an Pfählen

*Am Steg finden wir oft eine Reihe von Pfählen, zwischen denen wir festmachen können. Dann bringen wir vorn eine oder zwei **Vorleinen** und achtern zwei **Achterleinen** mit genügend Spiel aus und machen sie mit einem **Palstek** an den Pfählen bzw. am Steg und bootsseitig mit einem **Kopfschlag** fest.*
*Die Achterleinen können auch **über Kreuz** ausgebracht werden, da sie dann einen besseren Angriffswinkel haben.*

Unten: Längsseits festmachen

*Längsseits festgemacht bringen wir neben der Vor- und Achterleine eine **Vorspring** und eine **Achterspring** aus. Sie verhindern starke Bewegungen des Bootes in Längsrichtung.*
*Zwischen Rumpf und Steg kommen schützende **Fender**, die so festgemacht werden, dass sie sich nicht verschieben.*
***Festmacher** sollten wir stets **vom Boot aus bedienen** können. Deshalb holen wir die nicht benutzte Part an Bord und lassen sie nicht an Land, wo man über sie stolpern könnte.*

An der Boje

*machen wir mit einem **Palstek** fest. Die Vorleine wird durch die Bugklüse geführt. Sie darf nicht zu kurz sein, damit die Boje nicht gegen die Bordwand schlägt. Wollen wir für längere Zeit festmachen, holen wir die Boje an Bord und belegen die Bojenkette an der Bugklampe.*

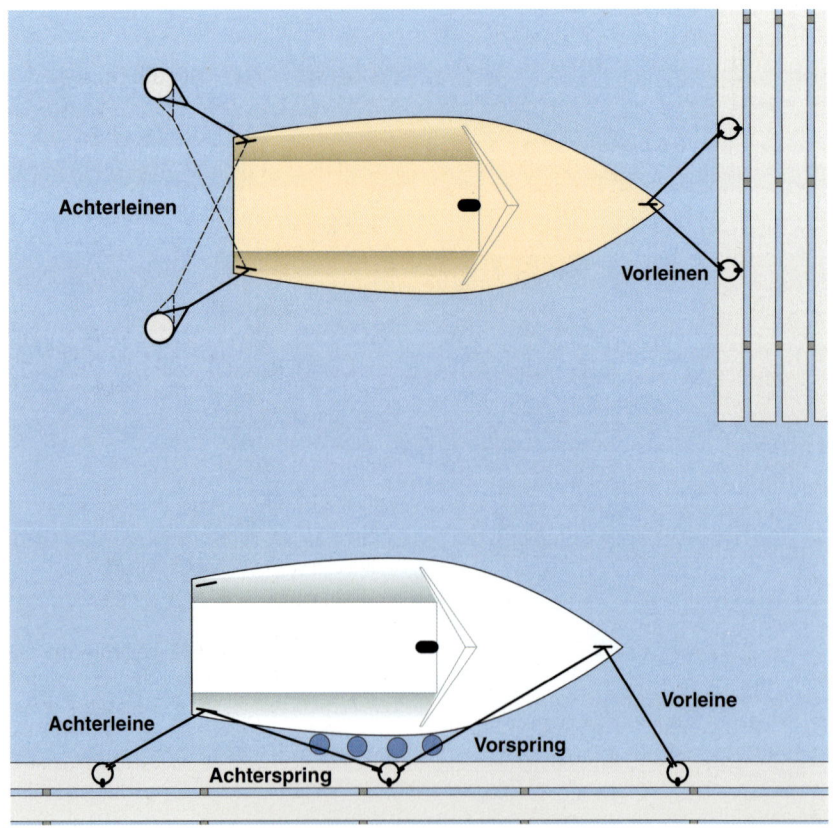

Achterleinen

Vorleinen

Achterleine

Vorleine

Vorspring

Achterspring

Beidrehen und Beiliegen

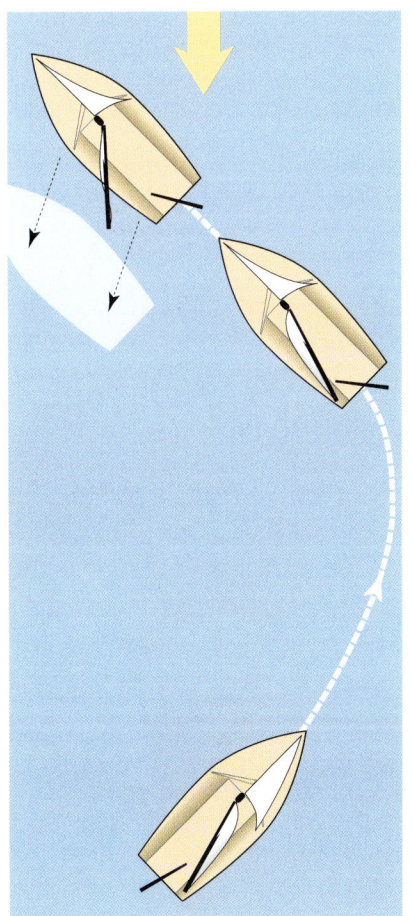

Links: Beidrehen

Durch das Beidrehen können wir ein Boot unter Segeln längere Zeit ziemlich ruhig an einer Stelle halten.

Beidrehen *heißt wenden, ohne die Vorschot freizugeben, und Luvruder geben – also die Pinne nach Lee drücken.*

In dieser Lage macht das Boot keine Fahrt voraus, sondern treibt langsam nach Lee.
Damit es keine Fahrt aufnimmt, muss man je nach Bootstyp – vor allem auf Jollen – das Großsegel fieren. Kielyachten mit konzentriertem Lateralplan lassen sich nur schwer stabilisieren. Beigedreht kann man leicht eine kleine Reparatur an Bord ausführen.

Rechts: Beiliegen

Beiliegen *(beigedreht liegen) heißt der Zustand nach dem Beidrehen.*

Das Beiliegen ist eigentlich ein **Schwerwettermanöver** *für Kielyachten auf See. Eine mit stark gerefftem Großsegel oder Sturmsegel beigedrehte Kielyacht treibt mit etwa 2 Knoten (Seemeilen/Stunde) nach Lee ab und bildet hierbei in Luv eine gegen den Seegang schützende Wirbelzone.*

Reffen

Fragen 535, 536

Bei stärkerem Wind verkleinert man die Segelfläche, indem man die Segel refft.

> Ein Boot mit gerefftem Segel
> - **krängt weniger,**
> - **ist weniger luvgierig,**
> - **hat weniger Abdrift** und
> - **läuft schneller**
> als unter Vollzeug.
> Außerdem entlasten wir durch Reffen das Rigg.

Es ist also vernünftig, rechtzeitig zu reffen.

Auf Kielyachten wird zunächst das Großsegel gerefft und erst später das Vorsegel eingerollt oder gewechselt.

Reffen des Großsegels

Für das Großsegel gibt es verschiedene **Reffsysteme:**
- **Beim Roll-, Dreh- oder Patentreff** dreht man den Großbaum mit einer Reffkurbel um die eigene

Reffen mit dem Bändselreff

1 *Großfall freigeben und Vorliekkausch einhängen. Großfall wieder durchsetzen.*
2 *Achtere Reffkausch (Schmeerreep) durchsetzen …*
3 *… um das Unterliek völlig zum Großbaum herunterzuholen.*
4 *Mit den Reffbändseln das freie Tuch einbinden.*
5 *Fertig gerefftes Großsegel.*

Achse und rollt dabei das Segel von unten her auf.
- **Beim Binde- oder Bändselreff** sind im Großsegel zwei oder drei Reihen von Kauschen eingenäht, durch die Reffbändsel durchgeführt und befestigt sind, mit denen man das weggerffte Tuch um den Baum bindet.
- **Beim modernen Rollreff** wird das Großsegel im Inneren des Baumes (horizontales System) oder des Mastes (vertikales System) auf ein Profilrohr aufgerollt.
- **Auf Jollen ohne Reffeinrichtung** können wir den Großbaum aus seiner Halterung, dem Lümmelbeschlag, herausnehmen und das Segel um den Baum herum aufrollen. Dann muss aber die Großschot entweder an der Baumnock oder über einen Schotring oder Schotwagen am Baum angreifen; und den Baumniederholer kann man dann auch nicht mehr fahren.
- **Moderne Trapezjollen** können wegen ihrer Schotführung oft gar

nicht gerefft werden. Bei schwerem Wetter muss man dann die Fock oder das Großsegel bergen.

Vor- und Nachteile

Auf Fahrtenyachten hat sich das Binde- oder Bändselreff weitgehend durchgesetzt. Es hat folgende **Vorteile im Vergleich zum Patentreff:**
- Das Segelprofil und die aerodynamischen Eigenschaften des Segels bleiben erhalten.
- Die untere Segellatte braucht nicht entfernt zu werden.
- Der Baumniederholer kann auch nach dem Reffen gefahren werden.
- Die Baumnock kommt nicht nach unten.
- Es ist wenig störanfällig.

Nachteil:
- Kein stufenloses Einreffen möglich. Doch ist dies bei den heutigen Segelrissen (kleines Großsegel, großes Vorsegel) von untergeordneter Bedeutung.

Das **moderne Rollreff** findet man auf Regattayachten und zunehmend auch auf Fahrtenyachten.
- **Vorteile**: Es kann aus dem sicheren Cockpit bedient und stufenlos eingerollt werden.
- **Nachteil**: Die Mechanik ist manchmal störanfällig.

Reffen nahezu im Wind

Bei viel Wind reffen wir am besten schon vor dem Auslaufen. Hat der Wind beim Segeln zugenommen, müssen wir auf dem Wasser reffen. Das Reffmanöver wird **nahezu im Wind stehend** durchgeführt, denn bei starkem Wind können wir das Boot für das Reffmanöver nicht lange genug im Wind halten. Wir luven also so weit an, dass die Yacht gerade noch etwas Fahrt voraus macht und steuerbar bleibt, der Winddruck im Segel aber möglichst gering ist. Man kann auch beim Beiliegen (vgl. S. 95) reffen.

Reffen des Vorsegels

Moderne Fahrtenyachten sind meist mit einer **Rollfock** oder **Rollgenua** ausgerüstet, mit der man die Segelfläche stufenlos verkleinern kann, indem man das Vorsegel um ein drehbares Vorstagprofil aufrollt. Die Rollfock wird vom Cockpit aus bedient, indem man sie gegen den Zug der Vorschot einrollt, die hierbei gleichmäßig gefiert werden muss.

Ohne Rollfock kann man die Segelfläche des Vorsegels nur durch **Wechseln** der Vorsegel vermindern, indem man ein großes Vorsegel gegen ein kleineres austauscht.

> Beim Reffmanöver die richtige Reihenfolge beachten:
> - Vorliekkausch herunterholen
> - Achterliekkausch durchsetzen
> - Reffbändsel festmachen
>
> Beim Ausreffen in umgekehrter Reihenfolge vorgehen.

Schmeerreep
Mit dem Schmeerreep wird die Achterliekkausch zum Großbaum heruntergezogen und belegt.

Wir segeln einen Kreis

Achteraus segeln

Wenden, Halsen und die bekannten Kurse zum Wind – vor dem Wind, raumschots und am Wind – können wir zusammenfassen, indem wir einen großen Kreis segeln.

*1 Ausgehend vom **Vor-dem-Wind-Kurs** mit **Wind von Stb** luven wir langsam auf den Raumschotkurs an (Schoten dichtholen!).*

*2 Von dort luven wir weiter bis zum **Am-Wind-Kurs** an, wobei wir die Schoten noch weiter dichtholen müssen.*
*3 Jetzt folgt die **Wende**, und wir segeln **am Wind** mit **Wind von Bb** weiter.*
*4 Von diesem Kurs aus fallen wir langsam ab (Schoten fieren!), zunächst auf **Raumschotkurs** und weiter bis **vor den Wind** – diesmal allerdings mit **Wind von Bb**.*
*5 Nun brauchen wir nur noch zu **schiften**, um in die Ausgangsposition zu kommen.*

Manchmal – z. B. beim Ablegen in engen Häfen – müssen wir achteraus segeln können. Dies geht aber nur, wenn der Wind genau von vorn kommt und wir ihn mit **back gehaltener Fock oder back gedrücktem Großsegel** ausnutzen können.

- **Das Heck dreht bei Achterausfahrt genau dahin, wo das Ruderblatt liegt.**

Anfangs darf die Pinne aber nicht genau mittschiffs liegen, sondern muss den seitlichen Drall, den das Fock-back-Manöver erzeugt, ausgleichen. Dann gilt:

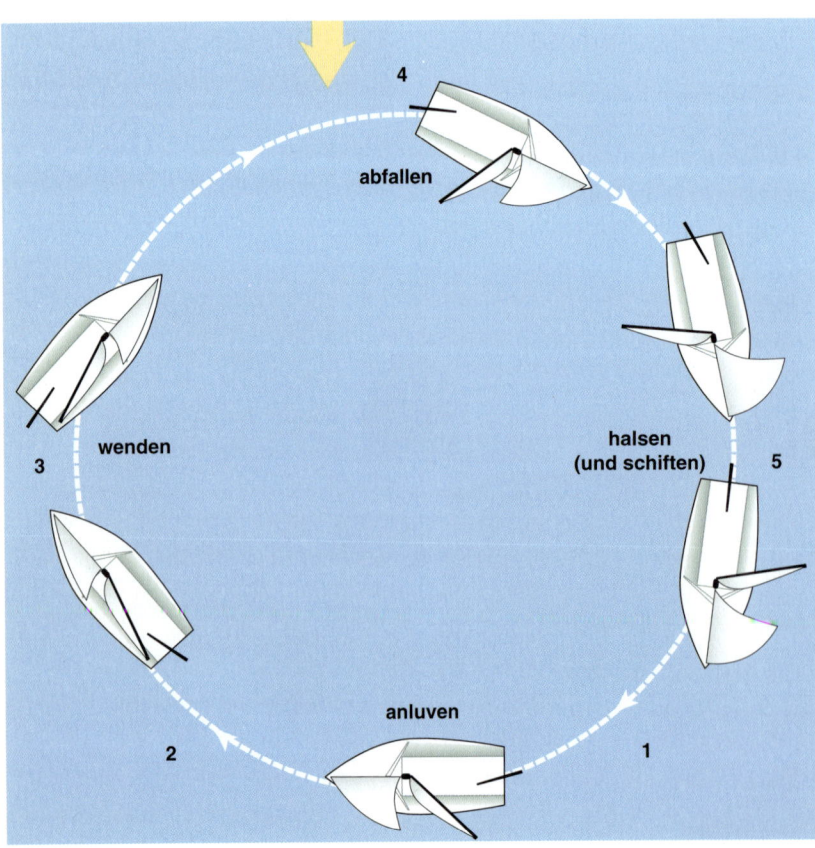

Das Manöver
*1 Zum Üben fahren wir zunächst einen **Aufschießer**, bis wir keine Fahrt mehr voraus machen.*
*2 Dann halten wir die **Fock back** – und zwar **bauchig** und mit der Hand, nicht über die Fockschotleitöse.*
*Stattdessen kann der Steuermann das **Großsegel** etwas **back drücken**.*
*3 Jetzt beginnt das Boot langsam achteraus zu treiben. Hierbei dürfen wir keinen **Steuerfehler** machen.*

Mit den Segeln steuern

• Fock back an Bb und Stb-Ruder – und umgekehrt.

Aber sobald wir Fahrt achteraus machen, muss die Pinne sehr genau mittschiffs geführt werden. Die Ruderausschläge dürfen nur ganz gering sein.

Im Notfall müssen wir ein Boot auch ohne Ruder steuern können. Hierzu brauchen wir nur die **Luv- und Leegierigkeit** auszunutzen.

Eine Yacht ist im Allgemeinen etwas luvgierig. Diese Luvgierigkeit können wir dadurch ausgleichen, dass wir das Großsegel etwas fieren, wobei es ruhig killen darf. Dann läuft das Boot geradeaus. Das Prinzip lautet:

*• Zum **Abfallen** fieren wir das Großsegel und lassen die Fock stehen.*
*• Zum **Anluven** fieren wir die Fock und nehmen das Großsegel dicht.*

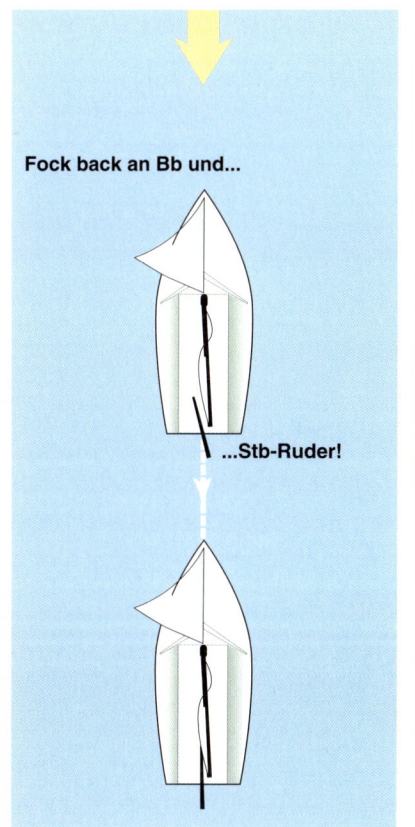

Fock back an Bb und...

...Stb-Ruder!

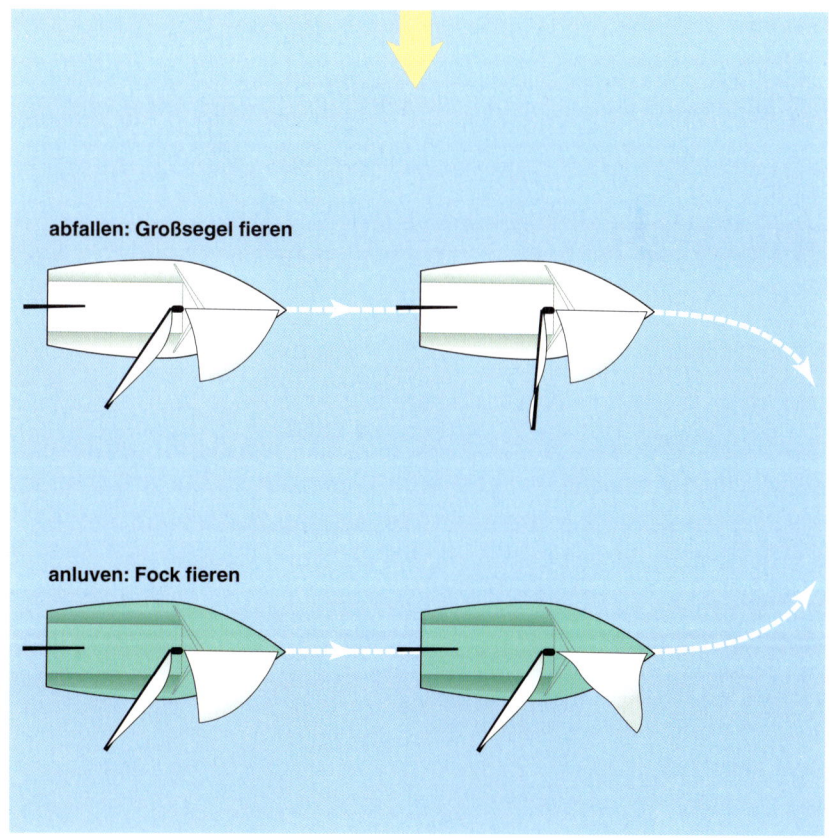

abfallen: Großsegel fieren

anluven: Fock fieren

Boje über Bord: Klassische Manöver

Das Boje-über-Bord-Manöver soll uns **aus jedem beliebigen Kurs sicher und möglichst schnell** zu einer über Bord gegebenen Boje zurückführen – und zwar so, dass wir in ihrer unmittelbaren Nähe zum Stehen kommen.

Das Boje-über-Bord-Manöver ist das Übungsmanöver für den Ernstfall *»Mensch über Bord«*. Wir müssen es deshalb **perfekt beherrschen**. Damit das Übungsmanöver nicht mit dem Ernstfall verwechselt wird, sprechen wir immer von »Boje über Bord« statt von »Mensch über Bord«.

Die beiden klassischen Manöver

Es gibt zwei klassische Möglichkeiten, zur Boje zurückzukehren: mit der Halse oder mit der Q-Wende. Welches Manöver wir fahren, hängt vom Kurs ab, als die Boje über Bord ging:

- Aus einem **Raumschotkurs oder Vor-dem-Wind-Kurs** fahren wir das Manöver mit der Q-Wende.
- Aus einem **Am-Wind-Kurs** fahren wir das Manöver mit der Halse. Man kann aber in diesem Fall das Manöver auch mit Q-Wende fahren.

*Beim **Manöver mit Halse** fährt man am Wind etwa 3 bis 5 Bootslängen weiter (um Höhe zu gewinnen), fällt dann ab bis vor den Wind, halst, luvt wieder an bis auf raumen Kurs und fährt einen Nahezu-Aufschießer.*

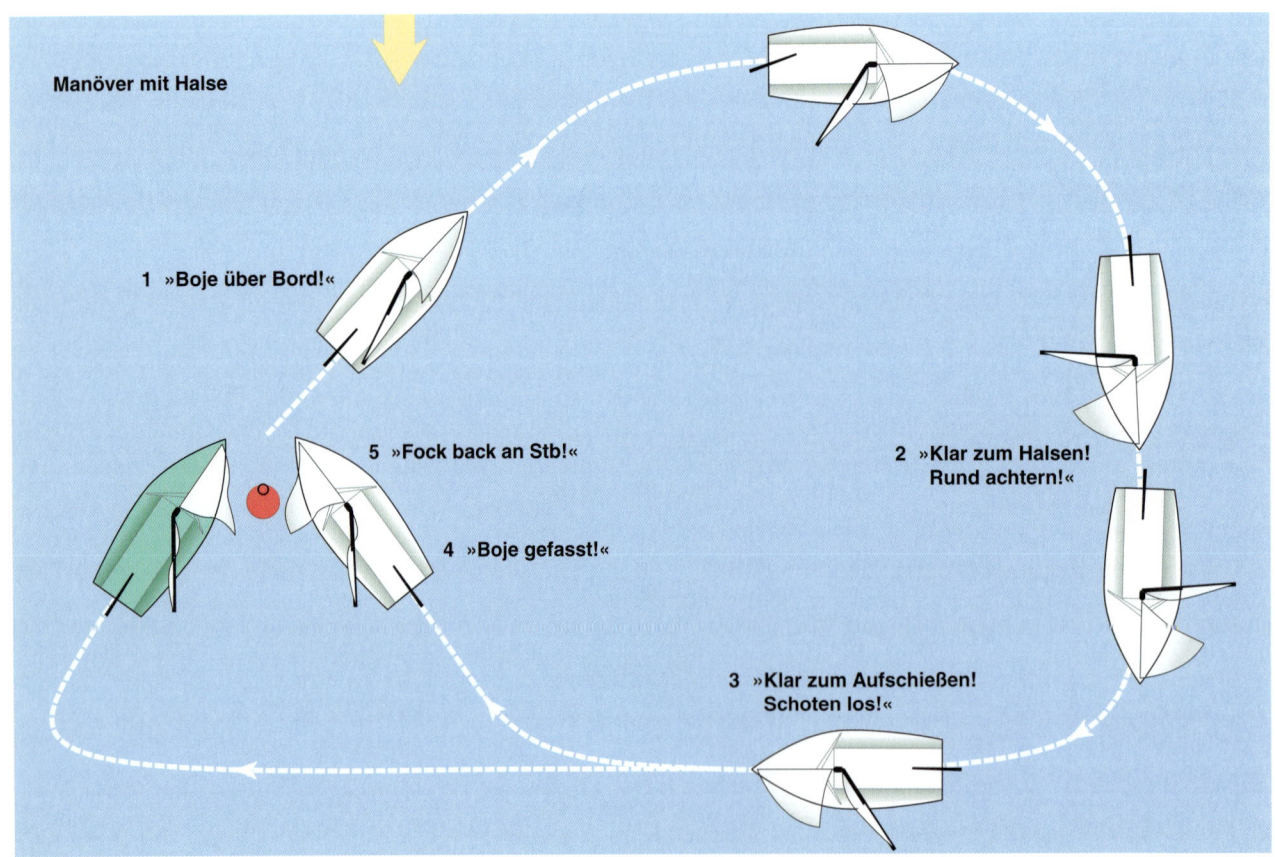

Manöver mit Halse

1 »Boje über Bord!«

5 »Fock back an Stb!«

4 »Boje gefasst!«

2 »Klar zum Halsen! Rund achtern!«

3 »Klar zum Aufschießen! Schoten los!«

Beim Boje-über-Bord-Manöver sollte man **nicht weiter nach Lee von der Boje** kommen, als man für den abschließenden Aufschießer braucht.

Nahezu-Aufschießer

Abgeschlossen wird das Manöver mit einem Nahezu-Aufschießer, wie wir ihn vom Anlegen her kennen (vgl. S. 90) und bei dem wir nicht direkt, sondern etwas schräg zur Boje in den Wind schießen, sodass wir durch kurzzeitiges Dichtholen des Großsegels die Boje auch dann noch erreichen kön-

nen, wenn wir uns verschätzt haben und vor der Boje »verhungern« würden. Sobald wir die Boje gefasst haben, halten wir die **Fock back**, um wieder Fahrt aufnehmen zu können.

Kommandos
Boje über Bord!
  Boje über Bord!
(Es folgen Kommandos für die Manöver.)
Klar zum Aufschießen!
  Ist klar!
Schoten los!
  Boje gefasst!
Fock back an . . . bord!

*Beim **Manöver mit Q-Wende** sucht man umgehend einen raumen Kurs.*
*Lief man bereits **auf raumem Kurs**, segelt man einige Bootslängen weiter, fährt die Q-Wende und schließt mit einem Nahezu-Aufschießer ab.*
*Lief man **vor dem Wind**, luvt man sofort auf raumen Kurs an und fährt dann die Q-Wende.*
*Lief man **am Wind**, fällt man auf raumen Kurs ab und fährt die Q-Wende.*

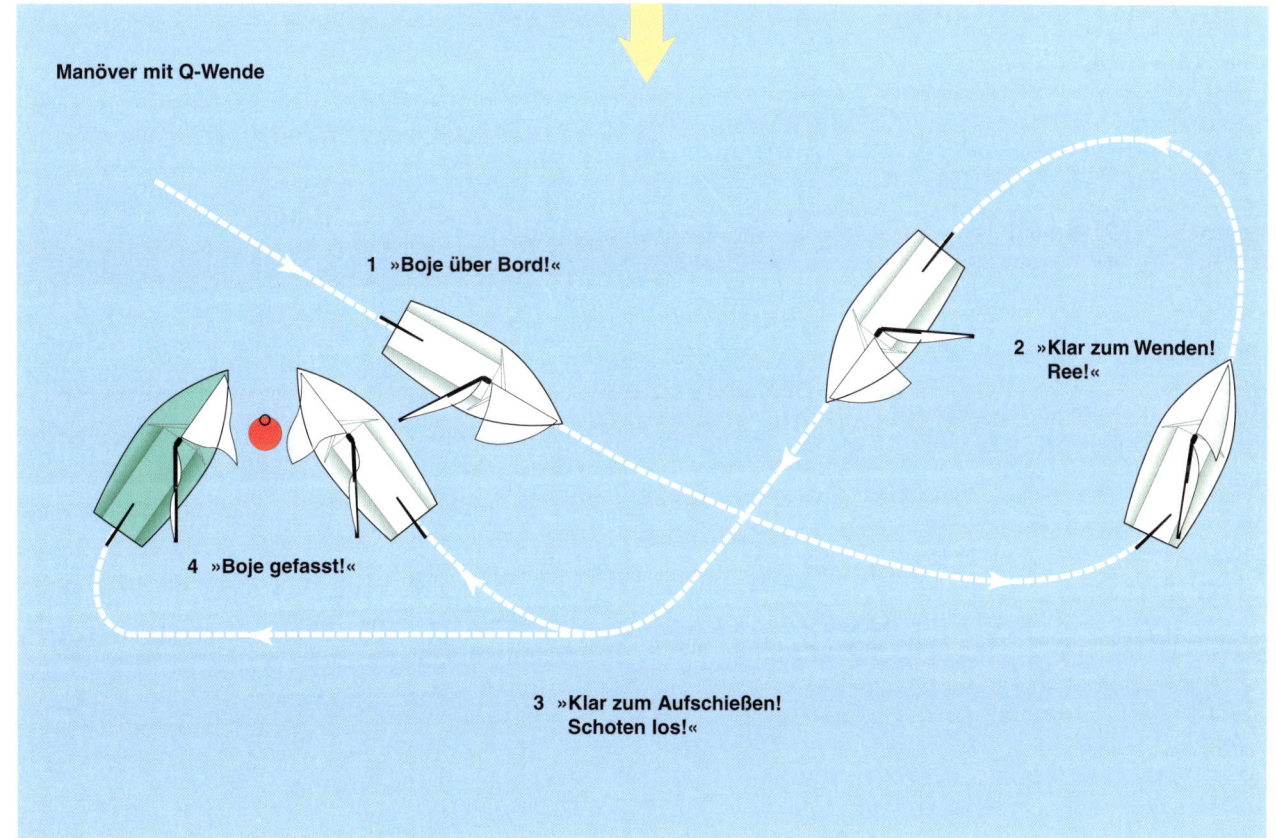

Manöver mit Q-Wende

1 »Boje über Bord!«

2 »Klar zum Wenden! Ree!«

4 »Boje gefasst!«

3 »Klar zum Aufschießen! Schoten los!«

Boje über Bord: Driftmanöver, Quickstop-Manöver und unter Motor

Driftmanöver und **Quickstop-Manöver** ermöglichen eine rasche Rückkehr zur Boje bei starkem Wind und Seegang, ohne dass man sich weit entfernt. Sie sind vor allem **für Kielyachten** geeignet.

- Das **Driftmanöver** wird **aus einem Am-Wind-Kurs mit Wende** gefahren. Es ist ein Beiliegemanöver (vgl. S. 95).
- Das **Quickstop-Manöver** wird ebenfalls aus einem **Am-Wind-Kurs** gefahren und besteht aus einem engen Kreis **mit Wende und Halse**, ohne dass man die Schot- und Segelführung ändert.

*Beim **Driftmanöver** segelt man am Wind und wendet sofort, ohne die Fock loszuwerfen (sie bleibt also back stehen), gibt die Großschot frei, legt Luvruder und treibt – wenn man früh genug gewendet hat – auf die Boje zu.*
Konnte man nicht sofort, sondern erst nach einigen Bootslängen wenden, läuft man nach der Wende (Fock back lassen!) zunächst zur Boje zurück und dreht dann bei.

*Auf einer **Motoryacht** fahren wir einen Kreis, sodass wir in einem spitzen Winkel zum Wind neben der Person im Wasser zum Stehen kommen. Damit das Boot nicht über den Verunglückten hinwegtreibt, wird er am besten auf der Luvseite übernommen. Propeller auskuppeln, sobald eine Verbindung zum Verunglückten hergestellt ist.*

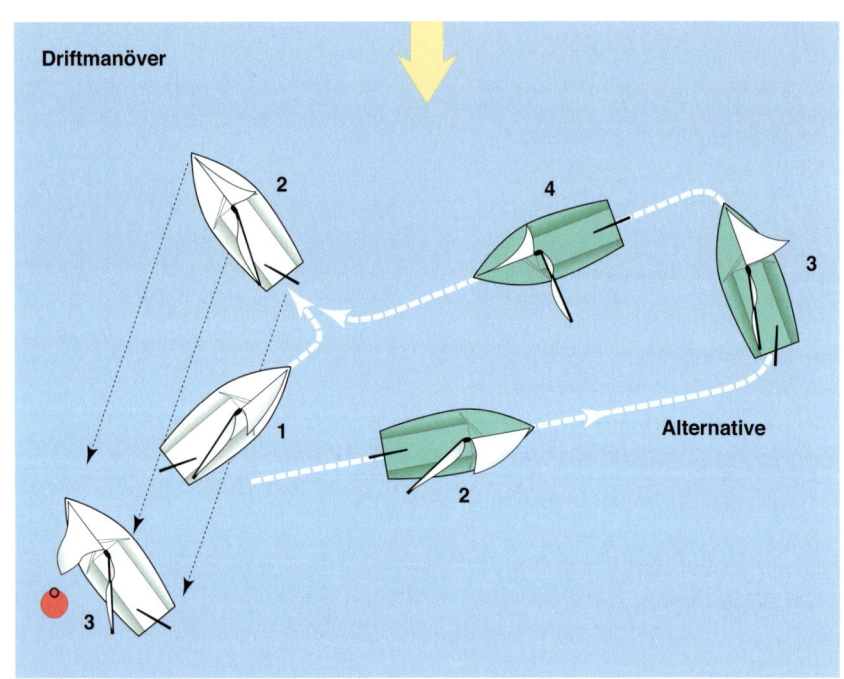

Driftmanöver

Alternative

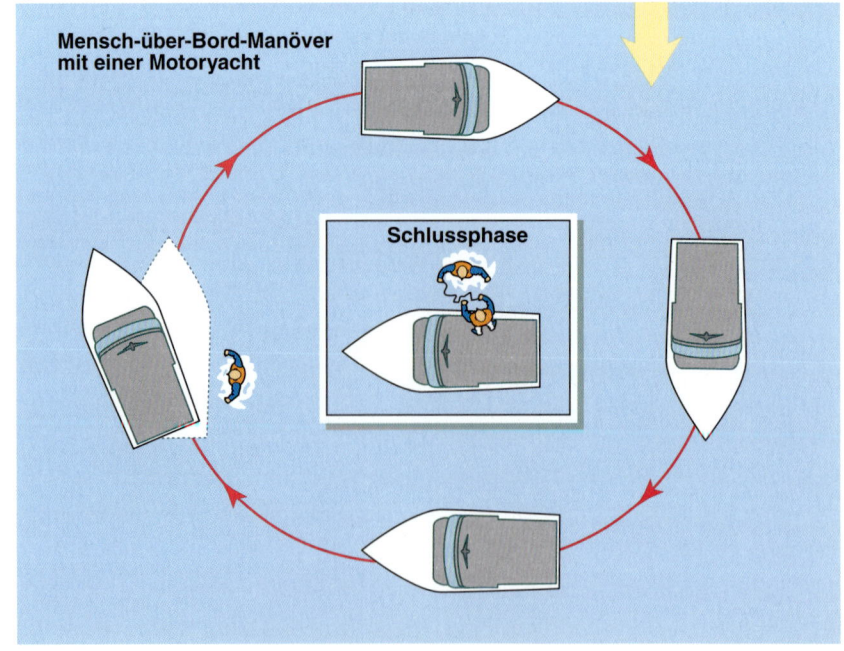

Mensch-über-Bord-Manöver mit einer Motoryacht

Schlussphase

Mensch über Bord!

Fragen 299, 300, 580

1 »Mensch über Bord!«

Der Ruf »Mensch über Bord!« (engl. »Person over Board!«) ist dem Ernstfall vorbehalten. Er signalisiert höchste Gefahr und verlangt von der Crew vollen Einsatz.

Unter Motor müssen wir **sofort auskuppeln** und durch **schnelles und hartes Ruderlegen** verhindern, dass die laufende Schraube den Überbordgegangenen verletzt.

• Stb-Ruder legen, wenn die Person an Stb über Bord gegangen ist – und umgekehrt.

2 Auf Kielyachten zunächst wenden und beidrehen

Auf Kielyachten sollten wir als erstes anluven, wenden, die Fock backstehen lassen und das Großsegel fieren – also beidrehen. So verhindern wir, dass wir vom Überbordgegangenen zu weit weglaufen und ihn im Seegang nicht mehr finden. Vielleicht kann er jetzt schon das Boot schwimmend erreichen, oder wir treiben auf ihn zu und können eine Leinenverbindung zu ihm herstellen (Driftmanöver).

3 Rettungsboje über!

Jetzt aus der Nähe die Rettungsboje nachwerfen!

4 Verunglückten beobachten

Wir beauftragen ein Crewmitglied, nichts anderes zu tun, als die Person im Wasser zu beobachten. Wir verlieren sie sonst sehr schnell aus den Augen. (Auf Zweimannjollen nicht möglich.)

5 Manöver fahren

Auf Jollen kein Manöver mit Halse fahren, denn wir dürfen nicht zu weit nach Lee kommen. Sonst müssten wir aufkreuzen, und zwar allein, wenn die Person auf einer Zweimannjolle über Bord gegangen ist – was bei viel Wind fast unmöglich ist.

Auf Kielyachten brauchen wir auch bei Starkwind eine Halse nicht zu fürchten; richtig ausgeführt ist sie nicht gefährlicher als eine Wende.

6 Wo bergen wir die Person?

Auf Jollen bergen wir den Verunglückten am besten **über das Heck oder in Luv.** Auf der Leeseite ist die Kentergefahr zu groß. Außerdem behindern uns dort Baum und Großschot.

Auf Kielyachten bergen wir den Verunglückten mittschiffs **in Lee**, denn durch die Krängung ist der Freibord dort geringer. Auch kann in Lee die Verbindung zu ihm nicht mehr abreißen, da das Boot schneller als er vom Wind abgetrieben wird. Auf keinen Fall darf er unter den im Seegang stampfenden Bug oder das überhängende Heck geraten; er könnte leicht verletzt werden.

Sobald wir die Person erreicht haben, sichern wir sie mit einer unter den Armen und um die Brust herumgeführten Sicherheitsleine (Palstek).

7 Wie bergen wir die Person?

Auf hochbordigen Yachten beginnen hier erst die Schwierigkeiten. Die Segel sollten geborgen sein. Es gibt verschiedene Möglichkeiten:

• Eine unten beschwerte **Badeleiter oder Trittschlinge** erleichtert das Anbordkommen, wenn der Verunglückte noch genügend Kraft hat.

• Das gilt auch für eine am Heck fest montierte Badeleiter **(Sicherheitsleiter)**, lang genug und am freien Ende geschützt, um den Verunglückten im Wasser nicht zu verletzen.

• Ist der Verunglückte schon geschwächt, befestigen wir Hals und Schothorn der **Sturmfock** am Boot, führen den Segelkopf unter ihm hindurch und holen das Segel mit einem Fall auf.

• Je nach Führung der Großschot: Wir ziehen den Großbaum mit der Dirk weit nach oben, schäkeln den unteren Großschotblock ab, fahren den **Großbaum** mit Leinenhilfe **als Ladebaum** querschiffs aus und machen die Sicherungsleine der Person im Wasser an der Talje der Großschot fest. Mit ihr wird der Verunglückte auf Deckshöhe gezogen und an Bord genommen.

8 Wie verhalten wir uns richtig, wenn wir über Bord gegangen sind?

• **Keine Panik**, wenn sich die Yacht rasch entfernt. Die Crew braucht Raum für ihr Manöver.

• **Keinesfalls dem Boot nachschwimmen**, sondern bei den zugeworfenen Rettungsmitteln bleiben, die besser gesehen werden als wir.

• Die größte Gefahr besteht jetzt in der **Auskühlung.** Deshalb nur schwache Schwimmbewegungen machen, um Wärmeverlust zu vermeiden. Kleidung möglichst nicht auszuziehen, denn sie gibt zunächst zusätzlichen Auftrieb durch eingeschlossene Luft. Kleidung voll Wasser bildet einen Wärmeschutz und zieht uns nicht in die Tiefe.

Um den Wärmeverlust gering zu halten, sollte man Arme und Oberschenkel an den Körper pressen (embryonale Haltung).

103

Ankermanöver

Fragen 76–79

Auswahl des richtigen Ankerplatzes

Ein geeigneter Ankerplatz schützt gegen **Wind und Wellen** – auch unter Berücksichtigung einer Wetteränderung oder Winddrehung – und hat einen **guten Ankergrund**.
Wir ankern deshalb möglichst nicht bei auflandigem Wind, um nicht auf Legerwall (gefährliche Leeküste) zu geraten und zu stranden.
Vor dem Ankern misst man die **Wassertiefe** mit einem **Lot** (Handlot oder Echolot) oder einer Peilstange.

Wahl des richtigen Ankerplatzes

Vor Anker muss das Boot bei allen denkbaren Winddrehungen frei von Hindernissen und anderen Ankerliegern in genügend tiefem Wasser schwojen können.

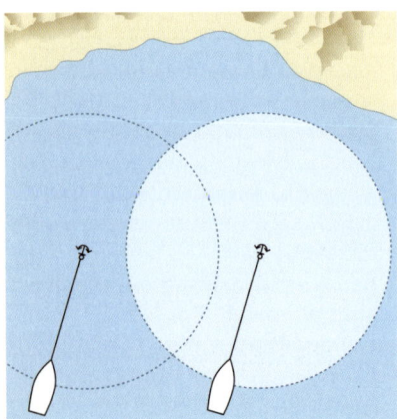

Das Manöver

Vor dem Klarmachen des Ankers bergen wir die Fock, damit sie uns auf dem Vorschiff nicht behindert.

1 *»Klarmachen Anker!«* *Vorbereiten der Ankerleine (s. Foto S. 101). Ist der Anker an der Ankerleine angesteckt (Palstek und zwei halbe Schläge) und bordseitig belegt? Eventuell wird der Anker außenbords in die Klüse eingehängt. Rückmeldung:* *»Anker ist klar!«*

2 *Sobald wir uns dem Ankerplatz nähern:* *»Klar zum Ankern!«* *Rückmeldung nach nochmaliger Überprüfung:* *»Anker ist klar zum Fallen!«*

3 *»Klar zum Aufschießen! Schoten los!«* *und wir fahren einen Aufschießer wie beim Anlegen an der Boje zum gewünschten Ankerplatz.*

4 *Sobald die Yacht achteraus zu treiben beginnt:* *»Fallen Anker!«* *Wir geben nur so viel*

Kette aus, dass sie sich nicht auf den Anker legen und mit ihm verheddern kann. (Keinesfalls dürfen wir die gesamte Kette auf einmal ausrauschen lassen.)
Zunächst wird die Yacht seitlich etwas auszubrechen versuchen, dann aber langsam achteraus treiben. Das Eingraben des Ankers können wir durch gelegentliches Einrucken der Leine unterstützen. Bei Flaute kann der Anker unter Motor eingegraben werden.

5 *Erst nach Rückmeldung:* *»Anker fasst!«* *wird das Großsegel geborgen.*

6 *Ob der Anker hält, prüfen wir durch Peilen von Landmarken quer zur Schiffsrichtung* *(Deckpeilungen).* *Mit der Hand auf der Ankerleine kann man spüren, ob der Anker bei Belastung über den Grund slippt oder ruckt.*

7 *Auf Jollen: Schwert und Ruderblatt aufholen.*

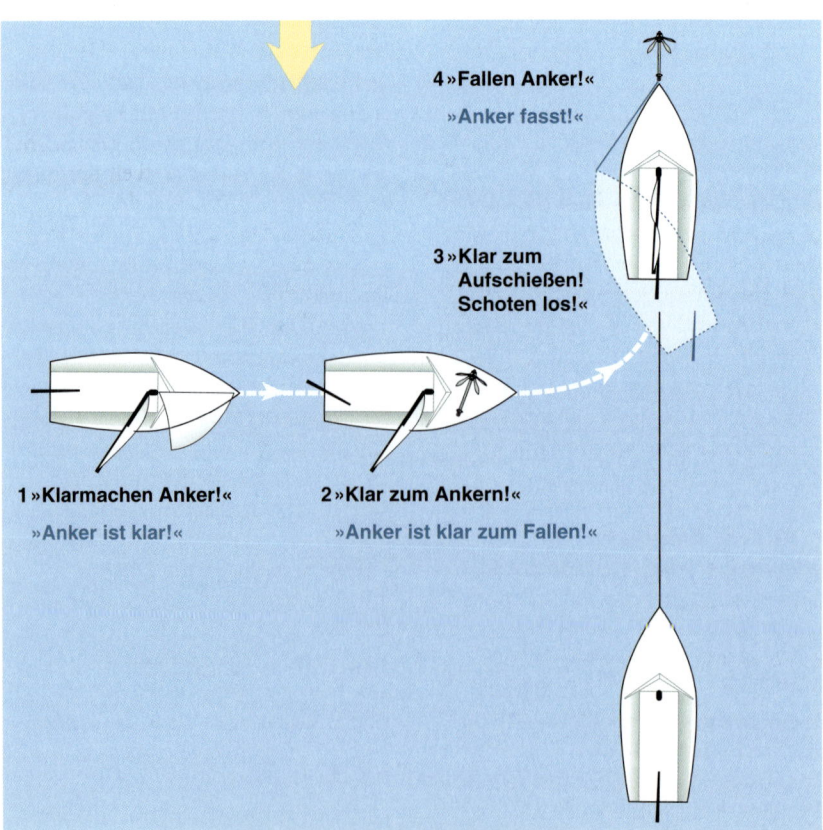

4 »Fallen Anker!«
»Anker fasst!«

3 »Klar zum Aufschießen! Schoten los!«

1 »Klarmachen Anker!«
»Anker ist klar!«

2 »Klar zum Ankern!«
»Anker ist klar zum Fallen!«

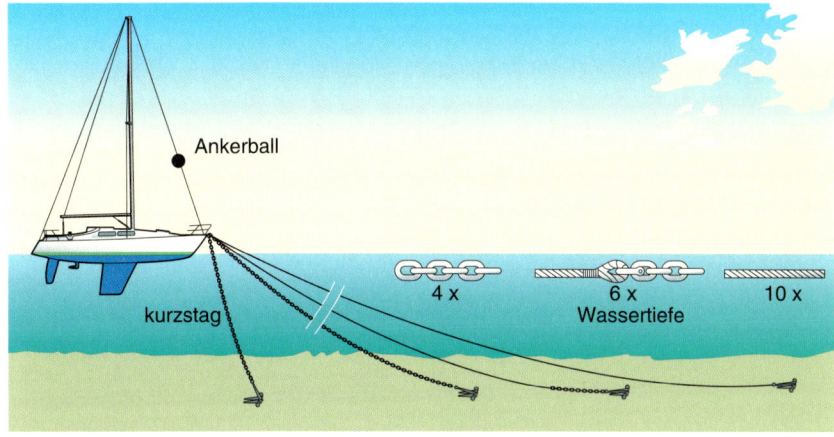

Länge der Ankerkette

Eine Ankerleine kann nie zu lang sein. Als Faustregel gilt:
- **Kette**: *3- bis 4-fache Wassertiefe*
- **Leine**: *5- bis 10-fache Wassertiefe*
- **Leine mit Kettenvorlauf**: *4- bis 6-fache Wassertiefe*

Der jeweilige Mindestwert gilt für Windstille und ruhiges Wasser. In flachen Gewässern sollte man nie weniger als 25 m Leine stecken.

Ankerlichten

1 Die Situation ähnelt dem Ablegen von der Boje. Deshalb überlegen wir: Wohin drehen wir nach dem Ankerlichten ab? Haben wir genügend Leeraum zum Fahrtaufnehmen? Behindern uns Boote in der Nähe?
2 Wir setzen das Großsegel. Die Fock ist klar zum Setzen oder bereits gesetzt, aber eingerollt oder eingebändselt.
3 »**Klar zum Ankerlichten!**«
Die Kette wird zum Dichtholen klargelegt. Rückmeldung: »**Ist klar!**«
4 »**Anker kurzstag holen!**« Langsam holen wir die Kette ein, bis sie kurz-

stag (nahezu senkrecht über dem Anker) steht – ohne dass der Anker ausbricht. Bei starkem Wind ist eventuell Maschinenhilfe nötig. Der Anker kann jetzt jederzeit ausbrechen. Rückmeldung: »**Anker ist kurzstag!**«
5 Sobald die Yacht in die gewünschte Richtung schwojt (eventuell unterstützt durch Backhalten des Großsegels): »**Anker auf!**«
6 Der Anker wird zügig aufgeholt und gemeldet: »**Anker ist los!**«
7 »**Reiß aus die Fock! – Fock back an . . bord!**« Wir fallen etwas ab, um Fahrt aufzunehmen. Dann säubern und klarieren wir den Anker.

Kommandos Ankern
(Bergen der Fock)
Klarmachen Anker!
   Anker ist klar!
Klar zum Ankern!
   Anker ist klar zum Fallen!
Schoten los! - Fallen Anker!
   Anker fasst!
(Bergen des Großsegels)

Kommandos Ankerlichten
Klar zum Ankerlichten!
   Ist klar!
Anker kurzstag holen!
   Anker ist kurzstag!
Anker auf!
   Anker ist los!
Reiß aus die Fock!
Fock back an . . bord!

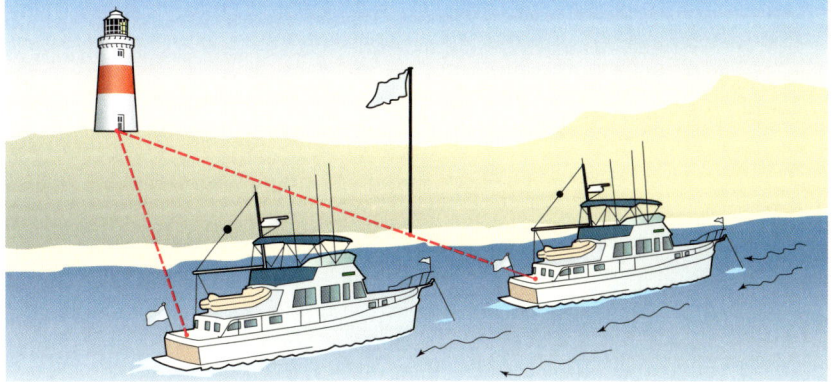

Ankerpeilung

Sobald der Anker eingegraben ist, suchen wir zwei in Deckung liegende Landmarken (hier: Turm und Flaggenmast) möglichst querab. Entfernen sich die beiden Marken im Laufe der Zeit deutlich voneinander, slippt der Anker über Grund.

Schleppen und geschleppt werden

Fragen 301–304

Auf dem schleppenden Boot

- Wollen wir **unter Segeln** ein anderes Boot abschleppen, segeln wir am besten **am Wind von Lee vor den Bug des abzuschleppenden Bootes**. Dort laufen wir langsam vorbei (spitz zum Wind und eventuell mit etwas gefierten Schoten), um die Leine zu übergeben oder zu übernehmen.
- Ein **motorisierter Schlepper** läuft – vor allem bei Seegang – besser **von Luv** an den Havaristen heran.
- Sobald die Leine beim Havaristen fest ist, fallen wir etwas ab, holen die Schoten dicht und nehmen Fahrt auf. Die **Leine** darf **nicht ruckartig** steifkommen (straff werden).
- Um die **Schleppleine** ohne Wuling (Durcheinander) hinüberzuwerfen, schießt man sie vorher in Buchten

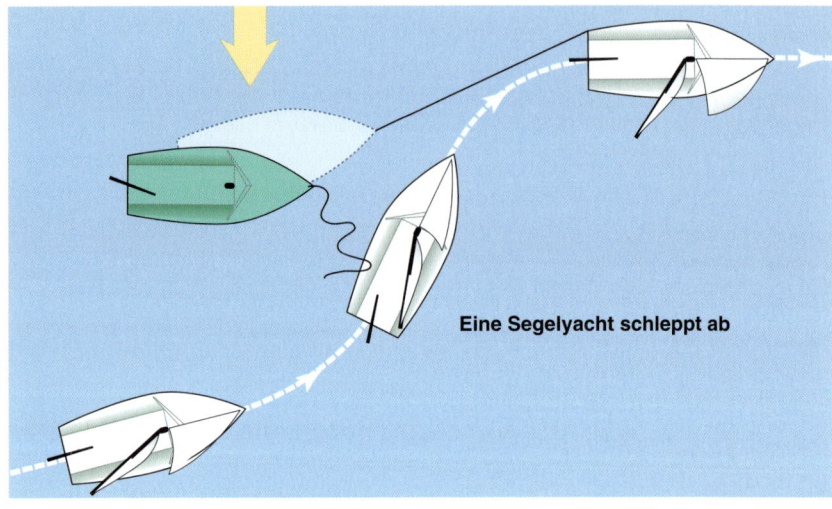

Eine Segelyacht schleppt ab

auf, teilt sie in zwei Hälften und wirft nur den einen Teil mit der Wurfhand, während die andere Hand den Rest nachführt.
- Ein **motorisierter Schlepper** darf kleine Sportboote **nicht zu schnell** ziehen, damit sie nicht unterschneiden, kentern oder volllaufen. **Rumpfgeschwindigkeit** (vgl. S. 16) beachten! Die Schleppleine darf nicht in die mitdrehende **Schraube** geraten!

Auf dem geschleppten Boot

- **Segel bergen**, damit uns der Schlepper besser ansteuern kann.
- **Schleppleine, Fender und Bootshaken bereithalten.**
- **Beim Anschleppen** hartes Einrucken der Leine vermeiden, indem man die Leine langsam über eine Klampe der Schleppgeschwindigkeit anpasst.
- **Schleppleine belegen**: Die Vor-

Abschleppen unter Segeln

Unter Segeln laufen wir von Lee an den Bug des Havaristen heran, geben oder nehmen dort die Leine über und fallen ab, um Fahrt aufzunehmen.

Abschleppen unter Motor

Unter Motor läuft man in Luv am Havaristen entlang und übergibt die Leine zum Festmachen. Beim Anfahren ruckartiges Steifkommen der Leine vermeiden! Die Leine darf nicht in die Schraube kommen!

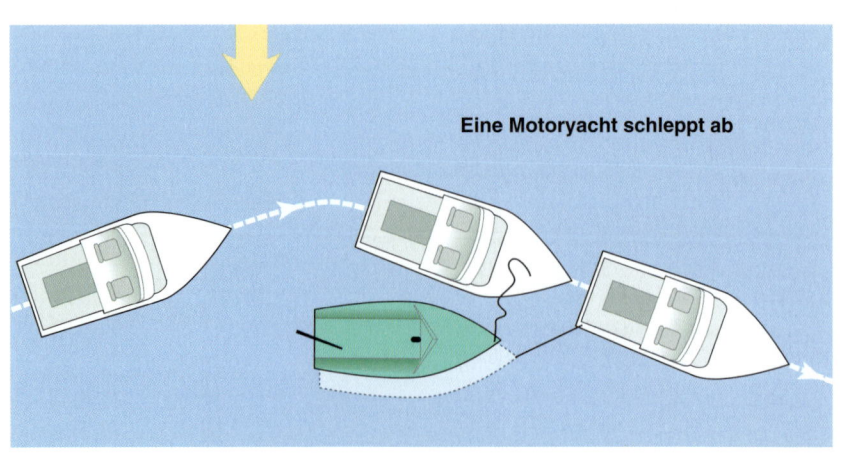

Eine Motoryacht schleppt ab

schiffklampe ist meist zu schwach. Am besten verteilt man die Last der Schleppleine über eine **Hahnepot** (Hahnenpfote) auf zwei oder mehrere Klampen am Vorschiff. Auf Jollen macht man die Leine am Mast fest ($1^1/_2$ Rundtörns und 2 halbe Schläge mit Slipstek, um im Notfall rasch loswerfen zu können).

- **Auf Jollen: Schwert zu etwa zwei Dritteln aufholen!** Ein Boot, dessen Schwert nicht aufgeholt ist, kann leicht unterschneiden, querschlagen und kentern!
- Beim Schleppen **Gewicht nach achtern**.
- Im Seegang **Leinenlänge abstimmen**, sodass sich schleppendes und geschlepptes Boot in der gleichen Wellenphase befinden.

Beim Motorschlepp
- Etwas seitlich halten, um beim Abstoppen ausweichen zu können.
- Kurven nicht schneiden, sondern ausfahren, damit die Leine nicht ruckartig belastet wird.
- Bei schnellem Motorschlepp auch das Ruderblatt aufholen.

Schlepphilfe erbitten

Schlepphilfe kann man durch ein überall verständliches Zeichen erbitten: Man schwenkt einen Tampen oder die in Buchten vorbereitete Schlepptrosse.

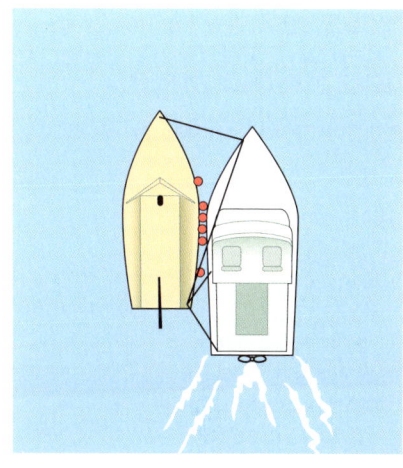

Unten: Schleppverband
Schleppt ein Motorboot mehrere Jollen an einer Schlepptrosse, dann machen sie versetzt auf Lücke mit einem Stopperstek fest. Eine am Mast befestigte Schleppleine muss frei zwischen Want und Vorstag laufen. Das letzte Boot macht wie beim Einzelschlepp fest.
Auf den geschleppten Booten: Schwert aufholen und Gegenruder geben!
Auf dem schleppenden Motorboot wird die Last der Schleppleine über eine **Hahnepot** *(Hahnenpfote) auf zwei oder mehrere Klampen verteilt.*

Oben: Längsseits schleppen
In engen Fahrwassern oder Schleusen schleppt man besser längsseits. Dann werden beide Boote durch Leinen und Springs fest miteinander verbunden. Fender ausbringen! Um die Manövrierfähigkeit zu erhalten, muss das Heck des Schleppers achterlicher liegen als das Heck des geschleppten Bootes.

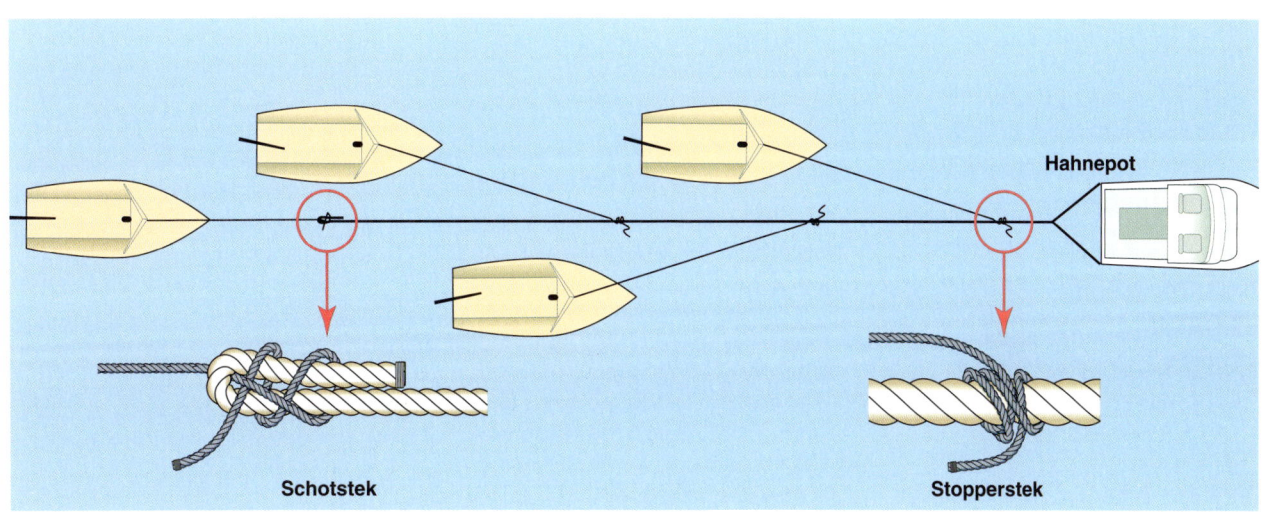

Hahnepot

Schotstek

Stopperstek

Havarien und Festkommen

Fragen 517, 591, 592

Trotz hochwertiger Materialien kann es vor allem bei böigem Wetter und Starkwind zu Schäden am Rumpf, am Rigg oder an den Segeln kommen. Wir müssen sie **mit Bordmitteln notdürftig reparieren** können, um sicher das Ufer oder den nächsten Hafen zu erreichen.

Wir sollten aber auch – vor allem auf einem gemieteten Boot – regelmäßig vor dem Auslaufen **präventiv prüfen**, ob Wanten und Stagen ausreichend gesichert und Fallen und Schoten nicht durchgescheuert sind.

> Während der Reparaturarbeiten sind wir meistens nicht manövrierfähig. Wir müssen deshalb darauf achten, dass wir **nicht auf Legerwall** geraten.

Bruch am stehenden Gut

Wir müssen sofort den Mast durch ein Manöver entlasten, und zwar

- **bei Wantbruch** (es bricht immer das belastete Luvwant): Großsegel fieren und wenden.
- **bei Vorstagbruch**: abfallen und Fock setzen bzw. stehen lassen; ihr Vorliek dient dann als Verstagung.
- **bei Achterstagbruch** (meist unter Spinnaker): Spi auswehen lassen und anluven. Baumniederholer dichtholen.

Nach dem Manöver versuchen wir, den Mast mit dem Fock- oder Spinnakerfall provisorisch abzustützen.

Schäden am laufenden Gut

Bruch am laufenden Gut (Schot, Fall) reparieren wir durch Knoten oder mit einer Ersatzleine. Bricht ein Fall, kann man meist nur noch mit dem anderen Segel weitersegeln.

Mastbruch

Außenbords hängende Teile des Mastes und der Verstagung, die vor allem bei Seegang den Rumpf beschädigen können, müssen wir an Bord holen und festmachen. Notfalls müssen Wanten und Stagen mit einem Bolzenschneider gekappt werden. Der Maststumpf lässt sich, eventuell in Verbindung mit dem Spinnakerbaum oder Großbaum, als Notmast verwenden.

Ruderbruch

Die Yacht wird unsteuerbar. Wir müssen versuchen, aus Paddel und Bodenbrettern ein Notruder zu bauen. Hilfsweise können wir auch mit den Segeln steuern (vgl. S. 99):
- abfallen: Groß fieren und Fock dichter nehmen
- anluven: Groß dichtholen und Fock fieren

Bruch der Pinne

Pinnenrest oder Paddel als Notpinne verwenden. Bei Radsteuerung kann häufig eine Notpinne auf den Ruderkopf aufgesetzt werden.

Bruch des Großbaums

Mit dem Vorsegel weitersegeln. Wir entfernen das Segel vom Baum und versuchen, den Spinnakerbaum als Notbaum zu verwenden.

Riss im Segel

Segel sofort bergen! Auch ein kleiner Riss muss sofort – am besten mit Klebeband – repariert werden, um weiteres Einreißen zu verhindern. Ist das Segel im unteren Teil gerissen, können wir die Rissstelle wegreffen.

Leck

- **Abdichten**: Ein kleines Leck versuchen wir provisorisch mit einem Segelsack oder mit Kleidungsstücken abzudichten. Ist es größer, kann man auch Kojenpolster oder eine aufblasbare Rettungsweste verwenden und ein Bodenbrett von innen gegendrücken.
- **Krängen**: Liegt das Leck **nahe der Wasserlinie**, können wir es eventuell durch Krängen in Luv aus dem Wasser bringen.
- **Lecksegel**: Ein von außen über die Bordwand gezogenes Lecksegel (Fock) bietet wohl nur kurzzeitigen Schutz – ganz abgesehen von der schwierigen und langwierigen Befestigung.
- Während aller Abdichtungsarbeiten muss ein Crewmitglied laufend **Wasser pumpen oder schöpfen.**

Können wir **eine Jolle** nicht stabilisieren, wird sie kentern (vgl. S. 106). Mit einer **Kielyacht** versuchen wir, das Ufer oder flaches Wasser zu erreichen, bevor sie sinkt, damit sie später leichter geborgen werden kann. Untergangsstelle durch Deckpeilungen bestimmen oder mit einer Boje markieren!

> **Beim Sinken einer Kielyacht: Rechtzeitig wegschwimmen,** damit wir nicht in den Sog geraten oder uns im Rigg verheddern.

am Wind

sW wW

raumschots und vor dem Wind

sW wW

Grundberührung und Freikommen

Außer im Watt sollten wir jede Grundberührung möglichst vermeiden. Auf **festem Boden** (Fels) kann sie den Bootskörper erheblich beschädigen und letztlich zum Sinken der Yacht führen. In **flachen, sandigen Gewässern** kann ein Festkommen aber nicht immer vermieden werden. Wie kommen wir dann frei?

Auf **Jollen** genügt es nach dem Auflaufen oft schon, Schwert und Ruderblatt aufzuholen und weiterzusegeln.

Auf **Kielyachten** unterscheidet man je nach Windrichtung:

Am Wind

- **Großsegel los, Fock back, Krängen** durch Gewichtsverlagerung nach Lee, Bug mit dem Bootshaken von der Untiefe wegdrücken. Falls das nicht hilft: Verholen an einem nach Lee ausgebrachten Warpanker.

Raumschots kann es schwieriger und gefährlicher werden. Denn sobald wir festsitzen, nimmt der wahre Wind zu und fällt achterlicher ein. Er schiebt uns also mit mehr Kraft auf die Untiefe. Deshalb

- **sofort Schoten fieren** und eventuell Segel bergen,

Auflaufen

Nach dem Auflaufen wirkt nur noch der wahre Wind (wW) und nicht mehr der scheinbare Wind (sW).

***Am Wind**: Der wahre Wind weht schwächer und achterlicher, aber immer noch vorlicher als querab. Wir können uns deshalb oft schon mit einem Fock-back-Manöver befreien.*

***Raumschots und vor dem Wind**: Der wahre Wind nimmt zu und raumt. Deshalb müssen wir sofort die Schoten fieren und eventuell die Segel bergen. Krängen ist meist erst nach dem Ausbringen eines Warpankers sinnvoll. Er soll verhindern, dass wir weiter auf die Untiefe getrieben werden.*

- **krängen**, um den Tiefgang zu verringern,
- **Warpanker** zum Verholen nach Luv ausbringen.

Bei achterlichem Wind
- **Schoten los und Segel bergen,**
- **Warpanker** nach achtern ausbringen,
- **erst jetzt krängen**, da wir sonst weiter auf die Untiefe geschoben werden.

Tiefgang verringern durch Krängen

Auf kleinen Booten genügt oft schon das Ausreiten der Mannschaft in den Wanten.

Auf größeren Yachten kann der querschiffs geholte und gesicherte Großbaum mit ein oder zwei Mann oder dem ausgesetzten Dingi belastet werden. Der Baum wird von der Dirk gehalten und über die Fallwinsch dichtgeholt.

*Sobald die Yacht freikommt, verholen wir uns über den zuvor ausgebrachten **Warpanker** in tieferes Wasser (verwarpen). Eine Kombination aus Großfall und am Schiff angebrachter Talje verhindert, dass beim Verholen die Krängung aus dem Schiff geht.*

Hat das Abbergen mit Bordmitteln keinen Erfolg, müssen wir ein fremdes Schiff zu Hilfe rufen. Auch beim Abschleppen sollte die Schleppleine zunächst über das Großfall laufen, um die Krängung zu erhalten. An Bord unterstützen wir das Manöver, indem wir uns am Anker verholen.

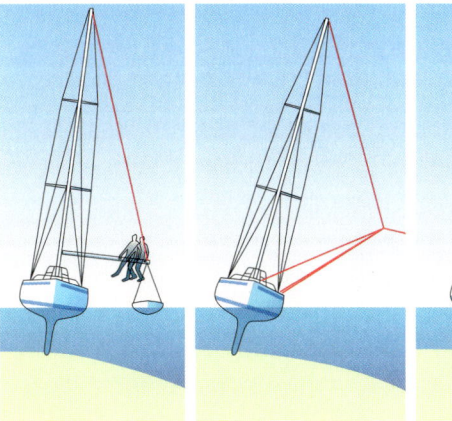

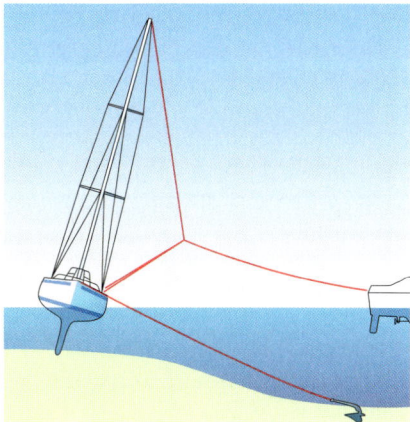

Kentern und Aufrichten

Fragen 576–579

Die Kentergefahr können wir verringern, indem wir unser Schiff umsichtig führen, rechtzeitig reffen, die Wetterentwicklung beobachten und kritische Situationen beim Halsen, Wenden und vor dem Wind vermeiden.

Aufrichten einer Gleitjolle

Geübte Segler richten eine gekenterte Gleitjolle mit Auftriebskörpern rasch auf, indem sie rechtzeitig auf das Schwert steigen, das Boot wieder hochziehen und leersegeln.

- Zuerst kommt die Sicherheit: Sind alle Mann vollzählig?
- Dann Durchkentern verhindern: ein Mann ans Schwert, ein Mann zum Masttopp.
- Alle Schoten fieren, damit sich das Boot nach dem Aufrichten nicht selbstständig macht.
- Nach einer Luvkenterung: Bug in den Wind drehen, damit der Wind beim Aufrichten nicht unter das Segel greift.
- Aufs Schwert klettern und das Boot langsam aufrichten. Es darf nicht sofort wieder nach Luv kentern.
- Ein durchgekentertes Boot (es steht auf dem Kopf) muss zunächst in eine horizontale Lage gedreht werden, indem man am Schwert oder an einer über die Bordkante geholten Schot kräftig zieht.
- Zurück ins Boot – am besten übers Heck.
- Manche Jollen müssen mit geöffneten Lenzventilen auf Raumschotkurs noch leergesegelt werden.

Nach dem Kentern mit einer konventionellen Jolle

- Verhindern, dass das Boot durchkentert, indem wir am Schwert ziehen und den Masttopp etwas hochhalten.
- Treibende Gegenstände sammeln und festzurren. Nicht hinterher schwimmen!
- Zum Aufrichten und Abschleppen benötigen wir die Schlepphilfe eines Motorbootes. Wir können Hilfe herbeirufen, indem wir auf dem Rumpf stehend die nach beiden Seiten ausgestreckten Arme langsam und wiederholt heben und senken (Notzeichen).
- Sobald Schlepphilfe eingetroffen ist: Segel abschlagen, Boot aufrichten und Schleppleine am Mast auf Deckshöhe festmachen.
- Das Motorboot muss auf treibende Gegenstände und Leinen achten, damit sie nicht in den Propeller geraten.
- Beim Abschleppen: Mannschaft weit nach achtern und mitsteuern. Schwert aufholen.

Unmittelbar nach dem Kentern schwimmt die Mannschaft zum Boot zurück – ein Mann ans Schwert, der andere ans Segel.

Sicherheit zuerst
Nach dem Kentern immer beachten:
- **Ist die Crew vollzählig und wohlauf?** Ist man unter das Segel geraten, hilft nur Heraustauchen – und zwar nach achtern, um nicht in die Wanten zu geraten! Das Segel lässt sich nicht nach oben heben!
- **Keinesfalls an Land schwimmen!** Meistens unterschätzt man die Entfernung zum Ufer und überschätzt die eigenen Kräfte. Ein gekentertes Boot, das Hilfe benötigt, wird vom Ufer aus leichter erkannt als ein einzelner Schwimmer.

Rechts:
1 Der Steuermann steigt aufs Schwert.
2 Sobald sein Gewicht das Boot aufzurichten beginnt . . .
3 . . . steigt er ins Cockpit ein . . .
4 . . . und der Vorschoter klettert übers Heck ins Boot.

① ②

③ ④

Hafenmanöver unter Motor

Fragen 419–428, 437

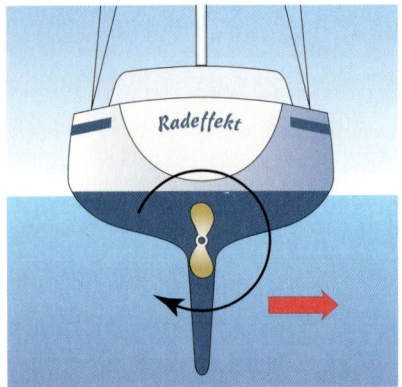

Radeffekt
Segelyachten sind meist mit einer linksgängigen Schraube ausgerüstet. Bei Rückwärtsfahrt dreht die Schraube dann rechtsherum und zieht das Heck etwas nach Steuerbord. Die »schöne« Anlegeseite ist dann die Steuerbordseite.
Jede Yacht mit einer starren Welle hat aufgrund des Radeffektes unterschiedlich große Drehkreise – je nachdem, ob sie über Stb oder über Bb dreht.

Rechtsgängig und linksgängig

Ein **rechtsgängiger Propeller** dreht bei Vorausfahrt (von achtern gesehen) rechtsherum, also im Uhrzeigersinn, und bei Rückwärtsfahrt linksherum. Ein **linksgängiger Propeller** dreht bei Vorausfahrt (von achtern gesehen) linksherum, also entgegen dem Uhrzeigersinn, und bei Rückwärtsfahrt rechtsherum.

Die meisten Einbaumotoren von **Segelyachten haben linksgängige Propeller**. Motoryachten dagegen haben meistens rechtsgängige Propeller. Man nennt einen Propeller **rechtsdrehend**, wenn er unabhängig von der Fahrtrichtung von achtern gesehen rechtsherum dreht, und **linksdrehend**, wenn er unabhängig von der Fahrtrichtung von achtern gesehen linksherum dreht.

Der Radeffekt

Die laufende Schiffsschraube gibt einer Yacht nicht nur den erwünschten Vortrieb, sondern auch einen kleinen seitlichen Drall – so als ob der Propeller wie ein Rad am Grund entlang liefe. Man nennt diese Erscheinung **Radeffekt oder Ruderwirkung** des Propellers.

Eine **linksgängige Schraube** versetzt das Heck
- bei Vorwärtsfahrt immer etwas nach Backbord und
- bei Rückwärtsfahrt immer etwas nach Steuerbord.

Der Radeffekt tritt **vor allem bei Rückwärtsfahrt** auf. Denn bei Rückwärtsfahrt wird das Ruderblatt nicht vom Propeller angeströmt, sodass die Ruderwirkung erst bei Fahrtaufnahme einsetzt.
Bei **Anlegemanövern** kann man die Ruderwirkung des Radeffektes ausnutzen. Denn man kann z.B. **mit einer linksgängigen Schraube mit etwas Rückwärtsfahrt das Heck leicht nach Stb ziehen.**
Beim Anlegen längsseits an Steuerbord können wir dann das Manöver mit einem kleinen Rückwärtsschub abschließen, der das Heck nach Stb an die Pier zieht.

Die »schöne« Anlegeseite einer Yacht mit einer linksgängigen Schraube ist die Stb-Seite.

Wenden auf engem Raum
1 Mit einer linksgängigen Schraube wendet man am besten über Backbord, indem man mehrmals mit Bb-Ruder vor- und zurückstößt.
2 Bei langsamer Fahrt voraus Bb-Ruder legen.
3 Langsame Fahrt achteraus. Hierbei braucht man kein Ruder zu legen, denn es würde kaum wirken. Die Drehung erfolgt allein durch die Ruderwirkung des Propellers.
Wieder langsame Fahrt voraus.
4 wie 2
5 wie 3

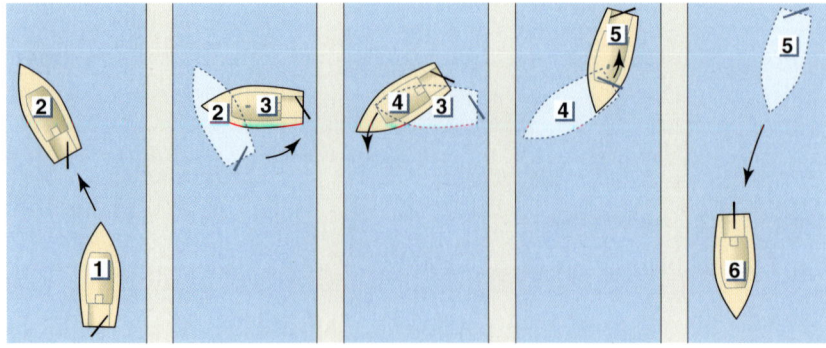

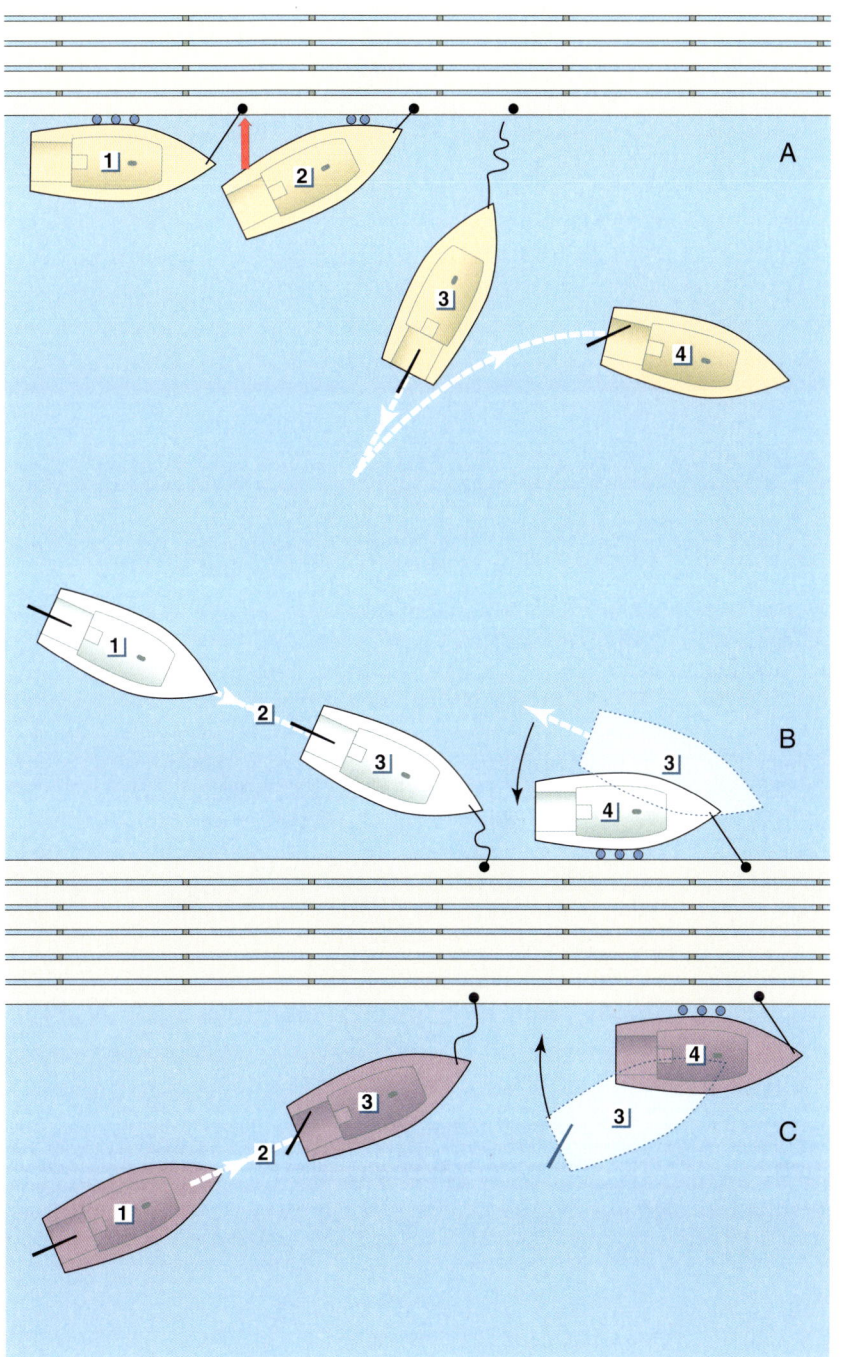

*Die Beschreibung der Manöver auf dieser und der nächsten Seite geht von einer **linksgängigen Schraube** aus; mit einem rechtsgängigen Propeller müsste spiegelbildlich manövriert werden.*

Längsseits ablegen (A)

Liegt man **mit der Bb-Seite am Steg**, nutzt man den Radeffekt bei **Rückwärtsfahrt**:

1 Motor an und Leinen los – bis auf die Vorleine. Bugfender.
2 Achterschiff etwas abstoßen.
3 Vorleine los und langsame Fahrt achteraus. Das Heck wird durch den Radeffekt nach Stb gezogen.
4 Bei genügend Abstand zum Steg: Fahrt voraus.

Liegt man mit der **Stb-Seite am Steg**, so legt man am besten mit **Vorausfahrt** ab.

Längsseits anlegen mit der »schönen« Stb-Seite (B)

1 Steg mit langsamer Fahrt in einem spitzen Winkel von etwa 20° anlaufen. Fender an Stb.
2 Fahrt so verringern, dass am Poller kaum noch Fahrt im Schiff ist. Eventuell mit kurzem Rückwärtsstoß abbremsen.
3 Etwa 1 m vor dem Steg: Vorleine über und …
4 … Maschine auf Rückwärtsfahrt. Das Heck mit dem Radeffekt an die Pier ziehen. Ruderlegen wäre wirkungslos. Vor- und Achterleine fest.

Längsseits anlegen mit der »ungünstigen« Bb-Seite (C)

1 Steg mit langsamer Fahrt in einem spitzen Winkel von etwa 20° anlaufen. Fender an Bb.
2 Fahrt verringern, doch darf man am Steg noch etwas Fahrt voraus haben. Stb-Ruder und auskuppeln.
3 Weiter Stb-Ruder und Vorleine über. Vorleine etwas fieren, damit sie als Spring wirken kann.
4 Vorleine fest und etwas Fahrt voraus geben. Dann wird das Heck durch die Springwirkung an die Pier geschoben.

An- und Ablegen unter Motor bei Wind und Strom

Frage 71

Es ist immer sicherer, **gegen Wind und Strom** anzulegen, weil man dann weniger Raum über Grund benötigt. Kommen Wind und Strom aus verschiedenen Richtungen, so legt man gegen die stärker wirkende Kraft an.

Anlegen bei auflandigem Wind oder Strom mit der »schönen« Seite (A)

1 Den Steg mit wenig Fahrt in einem Winkel von etwa 60° bis 70° anlaufen.

2 Kurz vor dem Steg: ablandiges Ruder geben und Maschine zurück. Vorleine über. Fender an den Bug.

3 Mit Rückwärtsfahrt und weiterhin ablandigem Ruder das Heck durch den Radeffekt an den Steg ziehen.

Bei **starkem auflandigem** Wind legt man besser mit der »ungünstigen« Seite an. Dann kann man mit dem Radeffekt dem Wind entgegenwirken.

Ablegen bei ablandigem oder vorlichem Wind oder Strom (B)

1 Motor an, Leinen los – bis auf die auf Slip gelegte Achterleine.

2 Vorschiff vom Steg wegdrücken oder vom Wind oder Strom wegschieben lassen. Fender ans Heck. Ablandiges Ruder.

3 Achterleine los und langsame Fahrt voraus. Ruder etwas auflandig, damit das Heck freikommt.

Ablegen bei auflandigem bis achterlichem Wind oder Strom (C)

1 Motor an, Leinen los – bis auf die auf Slip gelegte Vorspring. Fender an den Bug.

2 Etwas Vorwärtsfahrt mit auflandigem Ruder, bis das Heck etwa 20° vom Steg weggezogen wurde. Maschine stopp.

3 Etwas Rückwärtsfahrt mit ablandigem Ruder. Vorspring los.

4 Bei genügend Abstand vom Steg: Maschine voraus.

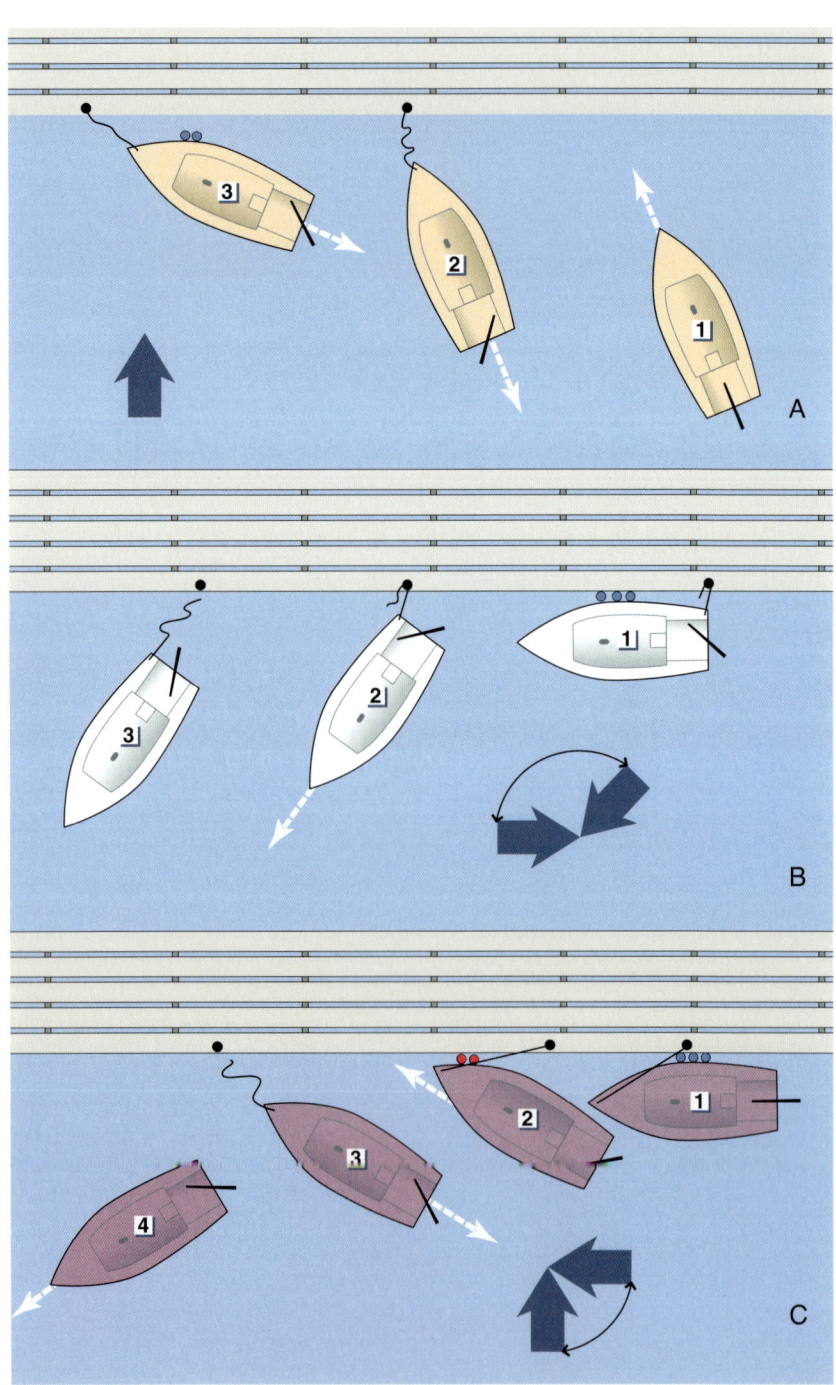

Manöver im Strom

Fragen 73, 80

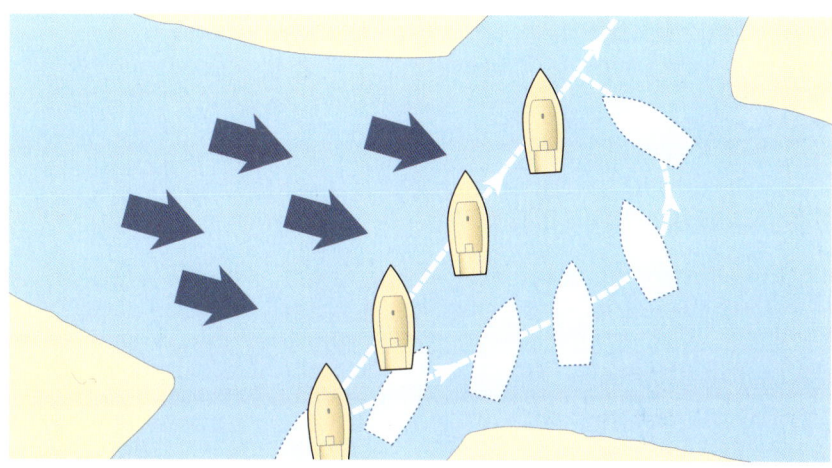

Strom kann den Kurs (Richtung) und die Fahrt (Geschwindigkeit) unseres Bootes ganz erheblich beeinflussen: In Fahrtrichtung setzender Strom vergrößert die Fahrt über Grund. Gegen die Fahrtrichtung laufender Strom vermindert die Fahrt über Grund.

- **Fahrt über Grund** nennt man die Bootsgeschwindigkeit gegenüber dem Grund.
- **Fahrt durchs Wasser** ist die Geschwindigkeit des Bootes gegenüber dem Wasser.

Beispiel: Ein mit 5 kn laufendes Boot erzielt eine Fahrt über Grund von 7 kn, wenn Strom von 2 sm/h mitläuft. Läuft der gleiche Strom entgegen, so beträgt die Fahrt über Grund 3 kn. Die Fahrt durchs Wasser ist in beiden Fällen gleich groß, nämlich 5 kn.

Setzt der Strom in einem bestimmten **Winkel zum Kurs,** so wird das Boot versetzt, und zwar vom gesteuerten **Kurs durchs Wasser** zum tatsächlich gelaufenen **Kurs über Grund.** Bei quer setzendem Strom ist die Versetzung am größten.

Anlege- und Ankermanöver führen wir möglichst **gegen den Strom** aus, denn er wirkt – vor allem auf Kielyachten – meist stärker auf das Boot als der Wind. Dann müssen wir auch den Anker gegen den Strom ausbringen. Wirkt der Wind aber stärker auf das Boot als der Strom, ankern wir oder legen wir gegen den Wind an.

Beim **Queren eines Flusses** müssen wir die Strömung und die durchgehende Schifffahrt beachten.

Wenn wir **im Strom an einer Boje festmachen** wollen, müssen wir gegen den Strom anfahren, die Bugleine an der Boje festmachen und uns dann achteraus treiben lassen.

Oben: Queren eines strömenden Gewässers
*Beim Queren eines strömenden Gewässers müssen wir in einem bestimmten Winkel **gegen den Strom vorhalten**. Steuern wir stattdessen ohne Stromvorhalt auf das Ziel zu, laufen wir über Grund eine so genannte **Hundekurve**.*

Unten: Auslaufen aus einer engen Einfahrt in ein strömendes Gewässer
*Setzt der **Strom quer zu einer engen Hafeneinfahrt,** halten wir uns beim Ein- und Ausfahren **immer in Stromluv**, um uns von der gegenüber liegenden Einfahrtseite gut freihalten zu können.*

Kommandotafel

Frage 566

Eine klare Kommandosprache erleichtert die Verständigung zwischen Schiffsführer und Mitseglern und trägt in schwierigen Situationen nicht unerheblich zur Sicherheit von Boot und Mannschaft bei. Die Kommandosprache hat deshalb in der praktischen Ausbildung und Prüfung eine besondere Bedeutung.

Segelsetzen (Seite 66)

1	Klar zum Setzen des Großsegels/der Fock!	Ist klar!
2	Heiß Großsegel/Fock!	

Segelbergen (Seite 66)

1	Klar zum Bergen der Fock/des Großsegels!	Ist klar!
2	Hol nieder Fock/Großsegel!	

Ablegen von der Boje (Seite 69)

1	Klar bei Vorleine!	Vorleine ist klar!
2	Hol dicht Vorleine!	Vorleine ist dicht!
3	Fock/Groß back an ... bord!	
4	Vorleine los!	Vorleine ist los!
5	Über die Fock/das Groß!	

Ablegen vom Steg (Seite 70/71)

1	Klar bei Vorleine!	Vorleine ist klar!
2	Vorleine los!	Vorleine ist los!
3	Fock/Groß back an ...bord!	
4	Über die Fock/das Groß!	

Anlegen an der Boje (Seite 91)

1	Klar zum Bergen der Fock!	Fock ist klar zum Bergen!
2	Hol nieder die Fock!	
3	Klar bei Vorleine!	Vorleine ist klar!
4	Klar zum Aufschießen!	Ist klar!
5	Großschot los!	
6		Boje gefasst!
7	Klar zum Bergen des Großsegels!	Ist klar!
8	Hol nieder Großsegel!	

Hinweis: Um die Manövrierfähigkeit für den Fall eines kurzen oder zu langen Aufschießers zu erhalten, kann die Fock auch erst nach dem Fassen der Boje niedergeholt werden.

Anlegen am Steg (Seite 92)

1	Klar zum Anlegen!	Ist klar!
2	Klar zum Bergen der Fock!	Ist klar!
3	Schoten los! Hol nieder die Fock!	
4		Vorleine ist fest!
5	Klar zum Bergen des Großsegels!	Ist klar!
6	Hol nieder Großsegel!	

Wenden (Seite 79)

1 Klar zum Wenden! Ist klar!
2 Ree!
3 Über die Fock!

Schiften (Seite 84)

1 Klar zum Schiften! Ist klar!
2 Hol dicht die Großschot!
3 Rund achtern!
4 Fier auf die Großschot!

Halsen (Seite 84)

1 Klar zum Halsen! Ist klar!
2 Fier auf die Schoten!
3 Hol dicht die Großschot!
4 Rund achtern!
5 Fier auf die Großschot!
6 Hol dicht die Schoten
auf ...kurs!

Q-Wende (Seite 88)

1 Klar zur Q-Wende! Ist klar!
2 Hol dicht die Schoten!
3 Ree!
4 Fier auf die Schoten!

Boje/Mensch über Bord mit Halse (Seite 100)

1 Boje/Mensch über Bord! Boje/Mensch über Bord!
2 Klar zum Halsen! Ist klar!
3 Rund achtern!
Fier auf die Großschot!
4 Klar zum Aufschießen! Ist klar!
5 Schoten los!
6 Boje/Mensch gefasst!
7 Fock back an ... bord!

Boje/Mensch über Bord mit Wende bzw. Q-Wende (Seite 101)

1 Boje/Mensch über Bord! Boje/Mensch über Bord!
2 Klar zum Wenden! Ist klar!
3 Ree!
4 Klar zum Aufschießen! Ist klar!
5 Schoten los!
6 Boje/Mensch gefasst!
7 Fock back an ... bord!

Ankern (Seite 104/105)

1 Klarmachen Anker! Anker ist klar!
2 Klar zum Bergen der Fock! Fock ist klar zum Bergen!
3 Schoten los!
Hol nieder Fock!
4 Klar zum Ankern! Anker ist klar zum Fallen!
5 Fallen Anker! Anker fasst!
6 Klar zum Bergen des Großsegels! Großsegel ist klar zum Bergen!
7 Hol nieder Großsegel!

Hinweis: Um das Klarmachen des Ankers zu erleichtern, kann die Fock auch schon vorher geborgen werden.

Ankerlichten (Seite 105)

1 Klar zum Ankerlichten! Ist klar!
2 Anker kurzstag holen! Anker ist kurzstag!
3 Anker auf! Anker ist los!
4 Reiß aus die Fock!
5 Fock back an ... bord!

Natur- und Umweltschutz

Fragen 305–312

Um den Erholungswert unserer Gewässer zu erhalten, sollten wir einige einfache Regeln zum Umweltschutz beachten:

- Sammeln Sie Kraftstoffe, Öle, Öl-Wasser-Gemische, ölgetränkte Putzlappen, Farben oder andere umweltschädliche Stoffe in einem Behälter, um sie im nächsten Hafen zu entsorgen.
- Jedes bewohnbare Boot mit einer

Koch- und Sanitäreinrichtung sollte einen Abwassertank besitzen, der an den vorgesehenen Abgabestellen entleert werden kann.

- Abfälle nicht über Bord werfen, sondern im Laufe eines Segeltages sammeln und abends an Land bringen!

Die »**Zehn goldenen Regeln**« für das richtige Verhalten von Wassersportlern in der Natur sind von den Wassersportverbänden und dem Deutschen Naturschutzring erarbeitet worden. Sie lauten im Einzelnen:

1. Meiden Sie das Einfahren in Röhrichtbestände, Schilfgürtel, Ufergehölze und in alle sonstigen dicht und unübersichtlich bewachsenen Uferpartien. Meiden Sie darüber hinaus Kies-, Sand- und Schlammbänke (Rast- und Aufenthaltsplatz von Vögeln).
Meiden Sie auch seichte Gewässer (Laichgebiete), insbesondere solche mit Wasserpflanzen.
2. Halten Sie einen ausreichenden Mindestabstand zu Röhrichtbeständen, Schilfgürteln und anderen unübersichtlich bewachsenen Ufergehölzen – auf großen Flüssen beispielsweise 30 bis 50 m. Halten Sie einen ausreichenden Mindestabstand zu Vogelansammlungen auf dem Wasser – wenn möglich mehr als 100 m.

3. Befolgen Sie in Naturschutzgebieten unbedingt die geltenden Vorschriften. Häufig ist Wassersport in Naturschutzgebieten ganzjährig, zumindest aber zeitweilig, völlig untersagt oder nur unter ganz bestimmten Bedingungen möglich.
4. Nehmen Sie in »Feuchtgebieten internationaler Bedeutung« bei der Ausübung von Wassersport besondere Rücksicht. Diese Gebiete dienen als Lebensstätte seltener Tier- und Pflanzenarten und sind daher besonders schutzwürdig.
5. Benutzen Sie beim Landen die dafür vorgesehenen Plätze oder solche Stellen, an denen sichtbar kein Schaden angerichtet werden kann.
6. Nähern Sie sich auch von Land her nicht Schilfgürteln und der sonstigen dichten Ufervegetation, um nicht in den Lebensraum von Vögeln, Fischen, Kleintieren und Pflanzen einzudringen und diese zu gefährden.
7. Laufen Sie im Bereich der Watten keine Seehundbänke an, um die Tiere nicht zu stören oder zu vertreiben. Halten Sie

mindestens 300 bis 500 m Abstand zu Seehundliegeplätzen und Vogelansammlungen. Bleiben Sie hier auf jeden Fall in der Nähe des markierten Fahrwassers. Fahren Sie mit langsamer Fahrstufe.
8. Beobachten und fotografieren Sie Tiere nur aus der Ferne.
9. Helfen Sie, das Wasser sauber zu halten. Abfälle gehören nicht ins Wasser, z.B. der Inhalt von Chemietoiletten. Diese Abfälle müssen genauso wie Altöle in bestehenden Sammelstellen der Häfen abgegeben werden. Benutzen Sie in Häfen ausschließlich die sanitären Anlagen an Land.
Lassen Sie beim Stillliegen den Motor Ihres Bootes nicht unnötig laufen, um die Umwelt nicht zusätzlich durch Abgase zu belasten.
10. Informieren Sie sich vor Ihren Fahrten über die für Ihr Fahrtgebiet bestehenden Bestimmungen und sorgen Sie dafür, dass diese Kenntnisse und eigenes vorbildliches Verhalten gegenüber der Umwelt auch an die Jugend und an nicht organisierte Wassersportler weitergegeben werden.

Wetterkunde

Einführung in die Wetterkunde

Fragen 321, 322, 324, 325, 329–331, 333, 593

Wind und Luftdruck

Wind ist bewegte Luft. Er entsteht durch Druckunterschiede zwischen Hoch- und Tiefdruckgebieten oder durch unterschiedlich warme Luftschichten.
Das Wettergeschehen, vor allem Wind und Niederschläge, hängt eng mit den **Änderungen**
- **des Luftdrucks,**
- **der Luftfeuchtigkeit und**
- **der Temperatur**
zusammen.

Ein **Hochdruckgebiet oder Hoch (H)** entsteht über Gebieten, die stärker abgekühlt sind als die Umgebung. Denn abgekühlte Luft zieht sich zusammen, wird relativ schwer und sinkt deshalb auf die Erdoberfläche herab, wodurch der Luftdruck steigt.

Ein **Tiefdruckgebiet oder Tief (T)** entsteht über Gebieten, die stärker erwärmt sind als die Umgebung. Denn erwärmte Luft dehnt sich aus, wird relativ leicht und steigt deshalb auf, wodurch der Luftdruck sinkt.

Hochdruck und Tiefdruck
*Der Wind weht nicht auf dem kürzesten Weg aus dem Hoch ins Tief, sondern wird durch die Erddrehung und Bodenhaftung abgelenkt (**Corioliskraft**). Auf der nördlichen Halbkugel weht er in einem Winkel von etwa 10° bis 20° zu den Isobaren gegen den Uhrzeigersinn in das **Tief T (Zyklone)** hinein und im Uhrzeigersinn aus dem **Hoch H (Antizyklone)** heraus.*

Wind ist bewegte Luft. Er entsteht durch **Luftdruckunterschiede** zwischen Hoch und Tief, die sich ständig auszugleichen suchen. So strömt Luft aus Gebieten höheren Luftdrucks in Gebiete niedrigeren Luftdrucks. Je größer der Druckunterschied zwischen zwei Orten ist, desto stärker weht der Wind. Für die Windstärke entscheidend ist also vor allem das Druckgefälle, nicht so sehr die absolute Höhe des Luftdrucks.
Das können wir auf jeder Wetterkarte erkennen: Dort sind **Isobaren**, das heißt Linien gleichen Luftdrucks, eingetragen. Liegen die Isobaren dicht beieinander, so wird starker Wind wehen, denn es besteht ein großes Druckgefälle. Haben die Isobaren einen großen Abstand voneinander, wird es wenig oder gar keinen Wind geben, da das Druckgefälle gering ist.

Der **Luftdruck** wird in **Hektopascal (hPa)** angegeben und mit dem **Barometer** gemessen.

Für die **Wetterprognose** sagt der Barometerstand allein wenig aus. Erst die **Änderungen des Luftdrucks** über einen längeren Zeitraum geben Hinweise auf die Wetterentwicklung.

Deshalb ist ein **Barograph** an Bord, der die Luftdruckentwicklung als Kurve aufzeichnet, sehr hilfreich:

- Konstanter Luftdruck bedeutet gleich bleibendes Wetter.
- Langsam, aber ständig steigender Luftdruck deutet auf eine Schönwetterperiode hin.
- Schnell und stetig fallender Druck kündigt meist schlechtes Wetter, Starkwind oder Sturm an.
- Fällt der Luftdruck schneller als 1 hPa pro Stunde, so müssen wir mit Sturm rechnen.

Sturmwarnungen

Auf vielen Segelrevieren gibt es optische und akustische Sturmwarnsignale, z.B. **orangefarbene Blinklichtanlagen**, zur Vorwarnung oder unmittelbaren Windwarnung mit langer Blinkfolge und als Sturmwarnung mit kurzer Blinkfolge.
- Bei Sturmwarnung müssen wir sofort den nächsten Hafen oder das Ufer anlaufen.
- Vor dem Befahren eines fremden Reviers müssen wir uns über die örtlichen Sturmwarnsignale und

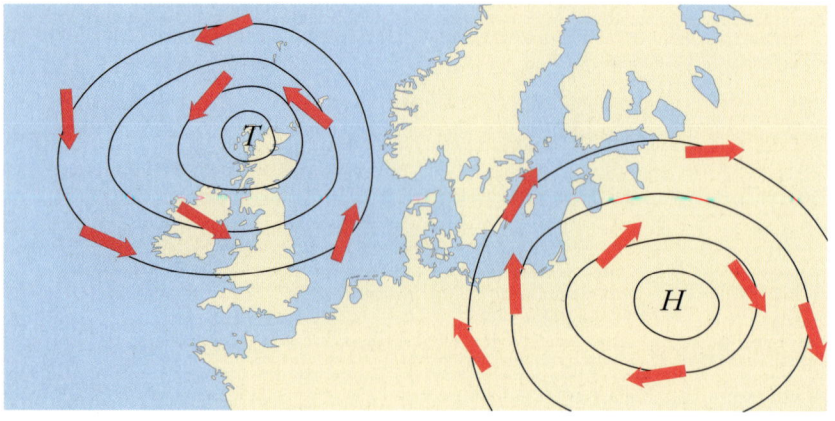

die entsprechenden Vorschriften informieren, weil sie von Revier zu Revier unterschiedlich sein können.

Wetterbericht

Zu Beginn eines Segeltages sollten wir stets den aktuellen Wetterbericht einholen. Zur Hauptsaison gibt es in vielen Medien ausführliche **Wetterberichte für Segler und Surfer**, insbesondere über

- Rundfunk und Fernsehen,
- Videotext und Internet (z. B. Online-Dienst des Deutschen Wetterdienstes),
- den Privaten Informationsdienst (PID) als Ansagedienst.

Windstärke, Windrichtung

Die **Windstärke** wird nach der 12-stufigen Beaufort-Skala angegeben, die **Windgeschwindigkeit** in m/s, km/h oder kn. (kn bedeutet »Knoten«, das heißt Seemeilen [sm] pro Stunde; 1 sm = 1,852 km.)
Windrichtung ist die Richtung, aus der der Wind weht. Südwind heißt also, dass der Wind aus Süd weht.

Die **Beaufort-Skala** gibt eine knappe Beschreibung der Auswirkungen des Windes auf dem Wasser und an Land. Sie verläuft **nicht linear**. Die Zunahme um eine Windstärke im

oberen Bereich der Skala bringt eine deutlich größere Steigerung der Windgeschwindigkeit mit sich als im unteren Bereich.
Bereits **Windstärke 5** (»frische Brise«) stellt an Segler auf Jollen und Jollenkreuzern hohe Anforderungen – vor allem bei ungerefften Segeln.

- Die Wirkung des Windes auf das Segel (Winddruck) wächst mit dem Quadrat der Windgeschwindigkeit.
- Die Zunahme des Windes von 4 auf 5 Bft bedeutet eine Verdoppelung des Winddrucks.

Windstärke Beaufort	Windgeschwindigkeit m/s	km/h	kn	Auswirkungen über Land	auf dem Wasser
0 Windstille	0,0– 0,2	<1	<1	Rauch steigt gerade empor	Spiegelglattes Wasser
1 leiser Zug	0,3– 1,5	1– 5	1– 3	Windrichtung nur an ziehendem Rauch erkennbar	Schuppenförmige Riffelung, Ruderwirkung im Segelboot
2 leichte Brise	1,6– 3,3	6– 11	4– 6	Wind im Gesicht fühlbar, Blätter säuseln, Windfahne bewegt sich	Kleine, kurze und ausgeprägte Wellen, Kämme sind glasig, brechen aber nicht
3 schwache Brise	3,4– 5,4	12– 19	7–10	Blätter werden bewegt, leichte Wimpel gestreckt	Kämme beginnen zu brechen, vereinzelt weiße Schaumköpfe
4 mäßige Brise	5,5– 7,9	20– 28	11–16	Kleine Zweige und dünne Äste werden bewegt, hebt Staub und loses Papier	Wellen noch klein, werden aber länger, verbreitet weiße Schaumköpfe
5 frische Brise	8,0–10,7	29– 38	17–21	Größere Zweige werden bewegt, Wind im Gesicht schon unangenehm	Mäßige lange Wellen, überall weiße Schaumkämme
6 starker Wind	10,8–13,8	39– 49	22–27	Starke Äste in Bewegung, Pfeifen in Telegrafenleitungen	Bildung großer Wellen beginnt, größere Schaumflächen, etwas Gischt
7 steifer Wind	13,9–17,1	50– 61	28–33	Schwächere Bäume werden bewegt, fühlbare Hemmung beim Gehen gegen den Wind	Der beim Brechen entstehende weiße Schaum beginnt sich streifenförmig in Windrichtung zu legen
8 stürmischer Wind	17,2–20,7	62– 74	34–40	Bricht Zweige von den Bäumen, erschwert erheblich das Gehen	Von den Kämmen beginnt Gischt abzuwehen, ausgeprägte Streifen in Windrichtung
9 Sturm	20,8–24,4	75– 88	41–47	Kleinere Schäden an Häusern (Dachziegel werden abgeworfen)	Abgewehte Gischt beginnt die Sicht zu behindern, dichte Schaumstreifen in Windrichtung
10 schwerer Sturm	24,5–28,4	89–102	48–55	Bäume werden entwurzelt, bedeutende Schäden an Häusern	Wasser weiß durch Schaum, Sicht durch Gischt erheblich beeinträchtigt
11 orkanartiger Sturm	28,5–32,6	103–117	56–63	Schwere Sturmschäden (sehr selten)	
12 Orkan	>32,7	>118	>64	Verwüstungen	

Thermische Winde und Gewitter

Fragen 326–328, 332

Seewind und Landwind

Bei sommerlich schönem Wetter erwärmen sich Land und Wasser unter einer gleichmäßig starken Sonneneinstrahlung verschieden schnell. Dies führt zu unterschiedlichen Luftdruckverhältnissen über dem Land und über dem Wasser. Sie werden durch **lokale thermische Winde**, den Seewind und den Landwind, ausgeglichen.

Seewind

Vormittags erwärmt sich die Luft über dem Land schneller als über dem Wasser. Sie dehnt sich aus, steigt auf und bildet ein kleines thermisches Tief. Über dem Wasser dagegen bleibt die Luft relativ kühl und bildet ein kleines thermisches Hoch. Dieser wenn auch geringe Luftdruckunterschied wird vom auflandigen Seewind ausgeglichen. Er weht am stärksten am frühen Nachmittag und kann 3 – 4 Bft erreichen.

Landwind

Am Abend kühlen sich das Land und die darüber liegende Luft rascher ab als die Luft über dem Wasser. Dadurch entsteht über dem Land ein kleines thermisches Hoch und über dem Wasser ein kleines thermisches Tief. Der ablandige Landwind gleicht diesen Luftdruckunterschied aus. Er weht meist schwächer als der Seewind.

- **Seewind** weht auflandig, also vom See oder Meer aufs Land hin. Er beginnt vormittags zu wehen und erreicht mit 3 – 4 Bft seine größte Stärke am frühen Nachmittag. Abends schläft er ein.
- **Landwind** weht ablandig, also vom Land auf den See oder das Meer hinaus. Er setzt abends ein und kann bis tief in die Nacht hinein wehen.

See- und Landwind entstehen natürlich nur im Ufer- bzw. Küstenbereich. Schon wenige Kilometer vom Land entfernt wird er schwächer oder schläft völlig ein. Wir dürfen uns also von den thermischen Winden nicht zu weit hinauslocken lassen.

Gewitter

Frontgewitter (Kältegewitter) ziehen mit der Kaltfront eines Tiefs über größere Gebiete hinweg. Sie können zu allen Jahreszeiten auftreten und leiten meist die Änderung einer Großwetterlage ein. Besonders heftige Kältegewitter treten am Ende einer hochsommerlichen Schönwetterperiode auf.

Wärmegewitter treten lokal auf. Sie entwickeln sich meist an sommerlich heißen Nachmittagen. Für den Segler sind sie gefährlich, weil sehr rasch stark böige Winde bis zu Sturmstärke aufkommen können. Drückende Schwüle und diesige Luft (Sichtweite von 4 bis 10 km) kündigen Wärmegewitter an.

Typisch ist die **Wolkenform**: Eine Haufenwolke entwickelt sich in kurzer Zeit zur typischen Gewitterwolke, der **Cumulonimbuswolke**, die mehr als 10 km hoch werden kann. Der oben weiße und oft ambossförmig abgeflachte Teil der Wolke besteht aus Eispartikeln; den unteren Teil bildet der **dunkel- bis schwarzgraue Böenkragen**. Gewitterwolken ziehen meist **am westlichen bis südwestlichen Horizont** auf. Wir sollten deshalb die »Wetterecke« unseres Reviers, aus der die gefährlichen Wärmegewitter gewöhnlich kommen, gut kennen. Dann können wir noch rechtzeitig den nächsten Hafen oder das Ufer erreichen. Wir sollten versuchen, das Ufer anzulaufen, aus dessen Richtung das Gewitter heranzieht. Denn dort wird der Wind ablandig wehen.

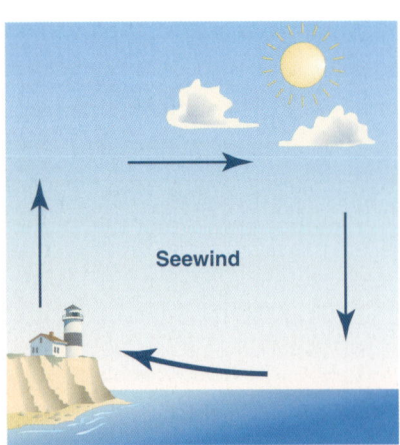

Seewind

Landwind

Oft nimmt der Wind beim Herannahen der Wolken bis zur **Flaute** ab, um anschließend in die schwarzgraue und schon bedrohlich nahe Wolkenfront hineinzuwehen **(Sogwind)**. Spätestens jetzt müssen wir reffen oder die Segel teilweise bergen und Schwimmwesten anlegen, wenn wir das schützende Ufer nicht erreichen konnten.

Sobald der rasch heranziehende **Böenkragen nahezu senkrecht** über uns steht, setzen die ersten **Böen mit Sturmstärke** ein. Es beginnt schauerartig zu regnen, und die Sicht vermindert sich schlagartig.

Oben: Aufzug eines Gewitters

Typische Gewitterwolke im Sommer, oben ambossförmig abgeflacht (Cumulonimbus). An der Zugrichtung des oberen Teils der Wolkentürme, die nicht mit dem Bodenwind übereinstimmen muss, kann man die Zugrichtung des Gewitters erkennen.

Unten: Böenwalze

Typischer Böenkragen vor dem hellen Niederschlagshintergrund. In wenigen Minuten – etwa wenn die Wolkenkante fast senkrecht über dem Beobachter steht – fallen die ersten, ganz gefährlichen Böen ein. Dann wird es stark regnen, und die Sicht wird sich erheblich verschlechtern.

123

Verhalten im Gewitter

Fragen 323, 327

Bei Sturmwarnung oder beim Herannahen eines Gewitters:
- Rettungswesten anlegen
- Segel reffen oder teilweise bergen
- das auflandige Ufer (Legerwall) meiden
- Hafen oder geschützte Bucht anlaufen

Wegen der Sturmböen sollten wir immer versuchen, einem Gewitter auszuweichen und **rechtzeitig einen Hafen oder das geschützte Ufer zu erreichen.** Geschützt ist das Ufer, wo der Wind ablandig wehen wird, also das Ufer, über dem die Gewitterwolke aufzieht.

Gelingt uns dies nicht, müssen wir **rechtzeitig die Segelfläche verkleinern**, indem wir das Großsegel reffen und/oder sogar die Fock bergen. Auf manchen Booten können wir auch das Großsegel bergen und allein unter der Fock segeln.

Alle Segel zu bergen kann – vor allem auf kleineren Jollen – für die ersten starken Böen eines Gewitters richtig sein. Dies ist aber nur eine Notmaßnahme für kurze Zeit. Hierbei müssen wir beachten, dass wir nicht zu nahe ans auflandige Ufer geraten und dort stranden oder auf das offene Meer hinaustreiben.

Kielyachten können bei ausreichendem Leeraum mit einer kleinen Fock und gerefftem Großsegel beiliegen (vgl. S. 95). **Motorboote** laufen im Sturm am besten langsam gegen Wind und See an.

Auf jeden Fall müssen rechtzeitig Rettungswesten angelegt werden.

Regattafeld vor einem aufziehenden Gewitter
In wenigen Minuten wird die deutlich erkennbare Böenwalze über das Regattafeld hinwegziehen. Dann werden sturmstarke Böen das Regattafeld auseinanderreißen und heftige Regenschauer die Sicht erheblich verschlechtern.

Regattaregeln

Die Wettfahrtregeln
– Segeln –

Regatten werden durchgeführt nach

- den **Wettfahrtregeln – Segeln – (WR)** des Weltseglerverbandes (International Sailing Federation – ISAF),
- die durch die **Wettsegelordnung (WO)** des Deutschen Segler-Verbandes (DSV) ergänzt werden, und
- den **Segelanweisungen** des Regattaveranstalters mit genauen Angaben zur Regattabahn, den Sicherheitsbestimmungen, besonderen Signalen etc.

Die WR werden alle vier Jahre, unmittelbar nach den Olympischen Spielen, von der ISAF überarbeitet; sie gelten dann wiederum für vier Jahre.

Voraussetzungen zur Teilnahme an einer Regatta:

- Für das Boot muss ein gültiger **Messbrief** oder Klassenschein ausgestellt sein.
- Der Steuermann muss entweder den für das Fahrtgebiet vorgeschriebenen oder empfohlenen amtlichen **Führerschein** oder einen DSV-Führerschein besitzen (s. S. 160).
- Steuermann und Vorschoter müssen **Mitglied** eines Verbandsvereins sein.

Man unterscheidet Wettfahrten und Regatten:

- Eine **Wettfahrt** beginnt mit dem Ankündigungssignal (5 Minuten vor dem Start) und endet, sobald das Boot die Ziellinie klar passiert oder aufgegeben hat oder die Wettfahrt aufgehoben, verschoben oder abgebrochen wurde.
- Eine **Regatta** besteht aus mehreren Wettfahrten, die an einem oder mehreren Tagen ausgetragen werden.

Wichtige Regatten umfassen bis zu 7 Wettfahrten an mehreren Tagen, von denen die schlechteste gestrichen werden kann. Manche Hochseerennen bestehen aus einer einzigen Wettfahrt.

Die Bahn

Die Wettfahrten finden entweder auf einem so genannten **olympischen** **Trapezoid** oder einer etwa gleichschenkligen **Dreiecksbahn** statt. Die Startlinie wird durch zwei Tonnen oder eine Tonne und das Startschiff begrenzt. Sie ist so ausgelegt, dass der Start gegen den Wind erfolgt. Der erste Kurs ist also immer ein Kreuzkurs. Die **Segelanweisungen** können vorgeben, ob die Bahn links- oder rechtsherum gesegelt wird: Eine am Startschiff gesetzte **rote Bahnanzeigeflagge** oder -tafel zeigt an, dass die Bahn linksherum gesegelt wird. Die Bahnmarken sind dann an Backbord zu lassen. Zeigt das Startschiff eine **grüne Bahnanzeigeflagge**, wird die Bahn rechtsherum gefahren.

Regattabahnen

Die Dreiecksbahn besteht aus drei Wendetonnen. In der Regel werden drei Runden gesegelt: Start – 1 – 2 – 3 – 1 – 3 – Ziel. Manchmal wird eine weitere Dreiecksbahn angehängt: Start – 1 – 2 – 3 – 1 – 3 – 1 – 2 – 3 – Ziel.

Das olympische Trapezoid besteht aus vier Wendetonnen, die verschiedene Möglichkeiten erlauben. Am häufigsten werden der Inner Loop (Start – 1 – 4 – 1 – Ziel) und der Outer Loop (Start – 1 – 2 – 3 – 2 – 3 – Ziel) gefahren.

In beiden Abbildungen wird linksherum gesegelt.

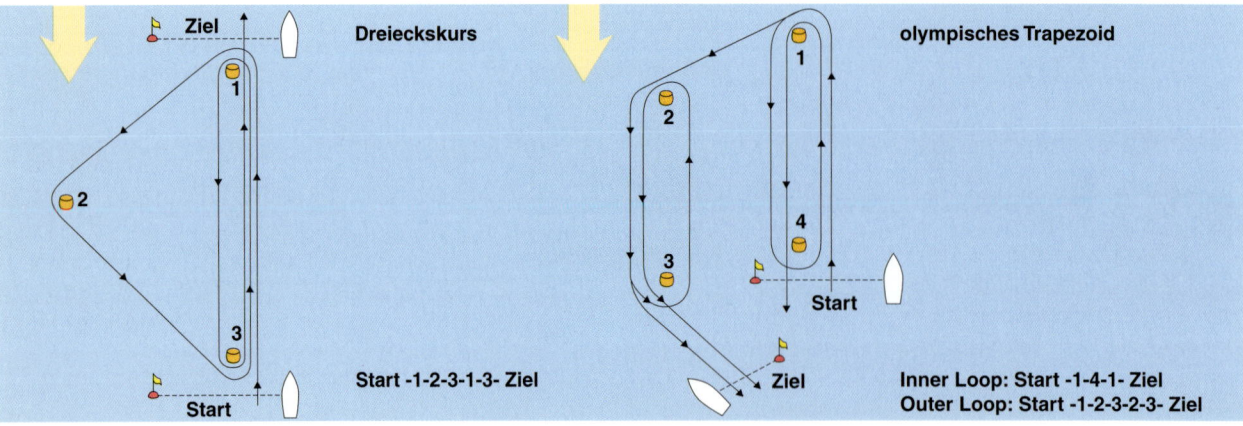

Dreieckskurs
Ziel
1
2
3
Start
Start -1-2-3-1-3- Ziel

olympisches Trapezoid
1
2
3
4
Start
Ziel
Inner Loop: Start -1-4-1- Ziel
Outer Loop: Start -1-2-3-2-3- Ziel

Wertung

Jede Wettfahrt wird nach der Reihenfolge des Zieldurchgangs gewertet. Die Wertung erfolgt entweder nach dem **Bonus-Punktsystem** oder nach dem **Low-Point-System** (Niedrig-Punktsystem). Die Gesamtwertung ergibt sich aus der Summe der bei den einzelnen Wettfahrten erzielten Punkte, nachdem die schlechteste Wettfahrt gestrichen wurde. Regattasieger ist dann der Teilnehmer mit der geringsten Punktzahl.

	Low-Point-System	Bonus-Punktsystem
1. Platz	1	0
2. Platz	2	3
3. Platz	3	5,7
4. Platz	4	8
5. Platz	5	10
6. Platz	6	11,7
7. Platz	7	13 (= 7+6)
8. Platz	8	14 (= 8+6)
und folgende Plätze		

Eine andere Möglichkeit bietet das **Yardstick-System**, das ermöglicht, Boote verschiedener Klassen in einer Regatta gegeneinander segeln zu lassen. Mithilfe der **Yardstickzahlen** ermittelt man für jedes teilnehmende Boot aus der gesegelten Zeit eine **berechnete Zeit**, die für die endgültige Platzierung entscheidend ist. Die Yardstickzahlen ergeben sich aus Testregatten und Regattaergebnissen und werden vom DSV jährlich in einer Yardstickliste veröffentlicht.

Start und Ziel

Start

Jede Wettfahrt beginnt mit einem »fliegenden« Start. Die Kunst des Startens besteht also vor allem darin, die Startlinie möglichst genau zum Startzeitpunkt zu passieren. Der Start wird durch die folgende Signalfolge (5 – 4 – 1 – 0 - Minuten-System) angezeigt:

- **5 Minuten vor dem Start:**
  Ankündigungssignal durch **Klassenflagge** und Schallsignal (meist ein Schuss).
- **4 Minuten vor dem Start:**
  Vorbereitungssignal durch **Flagge P** (Blauer Peter) und Schallsignal. Ab jetzt gelten die Wettfahrtregeln. Eventuell wird mit dem Vorbereitungssignal eine Startstrafenflagge gesetzt (s. »Startstrafen«, S. 129).
- **1 Minute vor dem Start:**
  Einholen der **Vorbereitungsflagge** und langes Schallsignal.
- **Mit dem Start:**
  Einholen der **Klassenflagge** und Schallsignal (Startschuss).

Im Zweifel gilt das optische, nicht das akustische Signal.

Ist eine Regatta für mehrere Bootsklassen ausgeschrieben, werden die einzelnen Klassen im Abstand von 5 Minuten nacheinander gestartet. Dann fällt das Startsignal der gerade startenden Klasse mit dem Ankündigungssignal der nächstfolgenden Klasse zusammen.

Frühstart und Rückruf

Bei einem fliegenden Start kommen natürlich leicht Fehlstarts vor. Zu früh gestartete Boote werden zurückgerufen.

Wettfahrtsignale

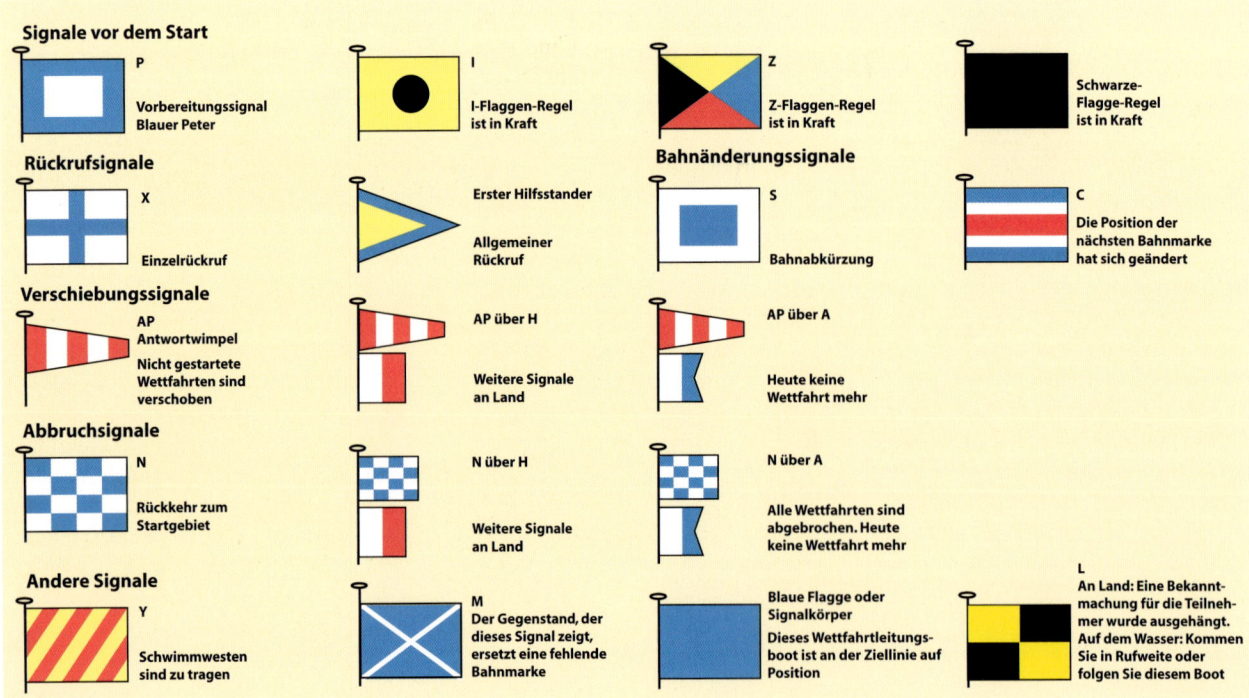

Signale vor dem Start

P — Vorbereitungssignal Blauer Peter

I — I-Flaggen-Regel ist in Kraft

Z — Z-Flaggen-Regel ist in Kraft

Schwarze-Flagge-Regel ist in Kraft

Rückrufsignale

X — Einzelrückruf

Erster Hilfsstander — Allgemeiner Rückruf

Bahnänderungssignale

S — Bahnabkürzung

C — Die Position der nächsten Bahnmarke hat sich geändert

Verschiebungssignale

AP Antwortwimpel — Nicht gestartete Wettfahrten sind verschoben

AP über H — Weitere Signale an Land

AP über A — Heute keine Wettfahrt mehr

Abbruchsignale

N — Rückkehr zum Startgebiet

N über H — Weitere Signale an Land

N über A — Alle Wettfahrten sind abgebrochen. Heute keine Wettfahrt mehr

Andere Signale

Y — Schwimmwesten sind zu tragen

M — Der Gegenstand, der dieses Signal zeigt, ersetzt eine fehlende Bahnmarke

Blaue Flagge oder Signalkörper — Dieses Wettfahrtleitungsboot ist an der Ziellinie auf Position

L — An Land: Eine Bekanntmachung für die Teilnehmer wurde ausgehängt. Auf dem Wasser: Kommen Sie in Rufweite oder folgen Sie diesem Boot

- **Das Einzelrückrufsignal (Flagge X** und akustisches Signal) wird gegeben, wenn sich beim Startsignal ein Boot (oder Teile eines Bootes) auf der Bahnseite der Startlinie befindet. Es muss dann vollständig auf die Vorstartseite der Linie oder ihrer Verlängerungen segeln, bevor es wieder startet.
- Das **allgemeine Rückrufsignal** (**Erster Hilfsstander** und zwei Schallsignale) wird gegeben, wenn zu viele Boote zu früh gestartet sind oder ein Fehler im Startverfahren vorgekommen ist. Das Ankündigungssignal für einen neuen Start wird eine Minute nach dem Niederholen des Ersten Hilfsstanders gegeben.

Startstrafen

Bei großen Regattafeldern wird meistens eines von drei Strafsystemen in Kraft gesetzt. Es gilt während der letzten Minute vor dem Start. Dann wird vor, mit oder als Vorbereitungssignal die entsprechende Flagge gezeigt.

- Die **I-Flaggen-Regel** besagt, dass ein Boot, das sich während der Minute vor dem Startsignal auf der Bahnseite der Startlinie oder ihrer Verlängerungen befindet, um eines der Enden der Linie auf die Vorstartseite segeln muss, bevor es startet.
- Die **Z-Flaggen-Regel** belegt ein Boot, das sich während der letzten Minute vor dem Startsignal in dem von den Enden der Startlinie und der ersten Bahnmarke gebildeten Dreieck aufhält, mit einer 20%igen Wertungsstrafe.
- Die **Schwarze-Flagge-Regel** (black flag) führt für ein solches Boot zum Ausschluss.

Verschiebung, Bahnabkürzung, Abbruch

- Eine **Startverschiebung** wird durch den **Antwortwimpel** des Internationalen Signalbuches und zwei Schallsignale angezeigt.
- Eine **Bahnabkürzung** wird durch die **Flagge S** und ebenfalls zwei Schallsignale angezeigt. Sie wird notwendig, wenn der Wind so stark abflaut, dass die Wettfahrt nicht mehr regulär zu Ende geführt werden kann.
- **Abbruch** einer Wettfahrt nach dem Startsignal wird durch die **Flagge N** (»Rückkehr zum Startgebiet«), durch **N über H** (»Weitere Signale an Land«) oder **N über A** (»Alle Wettfahrten sind abgebrochen. Heute keine Wettfahrt mehr«) angezeigt – jeweils mit drei Schallsignalen.

Ziel

Die Ziellinie wird von zwei Tonnen oder einer Tonne und dem Zielschiff gebildet, das durch eine blaue Flagge gekennzeichnet ist.
Ein Boot geht durchs Ziel, sobald irgendein Teil des Rumpfes oder seiner in **normaler Lage** befindlichen Besatzung oder Ausrüstung die Ziellinie überquert.

Z-Flaggen-Regel
Ein Boot, das sich während der letzten Minute vor dem Startsignal in dem von den Enden der Startlinie und der ersten Bahnmarke gebildeten Dreieck befindet, wird mit einer 20%igen Wertungsstrafe belegt.

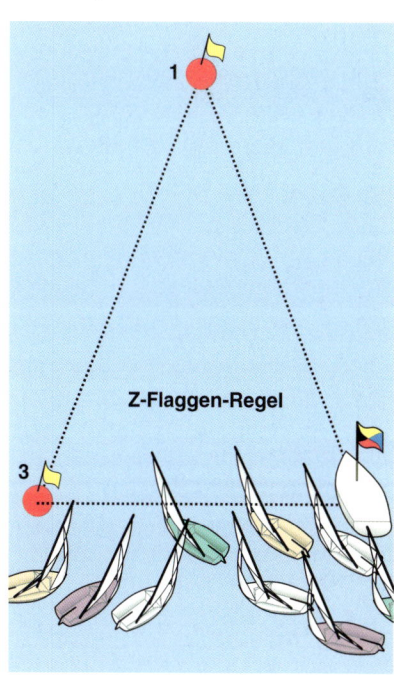

Wegerecht

Frage 588

Die Wettfahrtregeln Segeln (WR) gelten **ab dem Ankündigungssignal** für alle an einer Wettfahrt teilnehmenden Boote untereinander.
Regattaboote haben **keine Vorrechte** vor dem übrigen Verkehr. Sie müssen also gegenüber Booten, die nicht an der Regatta teilnehmen, die gesetzlichen Vorschriften beachten.

Geraten wir in ein Regattafeld, ohne Teilnehmer zu sein, **so gelten die gesetzlichen Ausweichregeln** – auf Binnenschifffahrtsstraßen also die Ausweichregeln der BinSchStrO (vgl. S. 148).
Doch sollten wir Regattabooten aus Gründen der sportlichen Fairness stets ausweichen und uns so weit entfernt halten, dass wir sie mit unseren Segeln nicht abdecken.

Wegerechtregeln

Begegnung von Booten
- Bei Booten mit **Wind von entgegengesetzter Seite** muss sich dasjenige mit Wind von Bb von dem mit Wind von Stb freihalten.
- Bei Booten mit **Wind von der gleichen Seite**, die **überlappen**, muss sich ein Luvboot von einem Leeboot freihalten.

Überlappen sie **nicht**, muss sich ein Boot klar achteraus von einem Boot klar voraus freihalten.

Ein Boot ist **klar achteraus**, wenn es das voraus segelnde Boot nicht überlappt. Und es überlappt nicht, wenn sich sein Rumpf (einschließlich Ausrüstung in normaler Lage) hinter einer Linie befindet, die querab zum achterlichsten Punkt eines anderen Bootes verläuft. Das vordere Boot liegt dann **klar voraus.**
Boote überlappen, wenn keines klar achteraus liegt oder wenn, obwohl es klar achteraus liegt, ein dazwischen liegendes Boot beide überlappt.

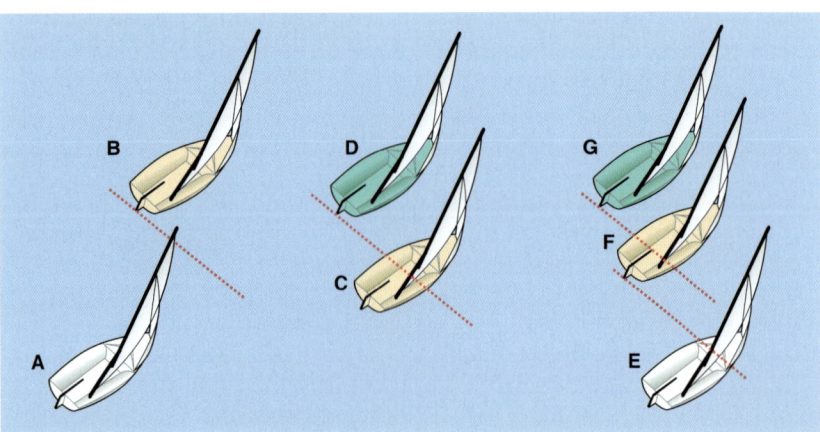

Klar voraus – Klar achteraus – Überlappen
Boot B liegt **klar voraus** vor Boot A,
Boot A liegt **klar achteraus** zu Boot B.
Boot C **überlappt** Boot D.
Boot E **überlappt** Boot F **und** Boot G.

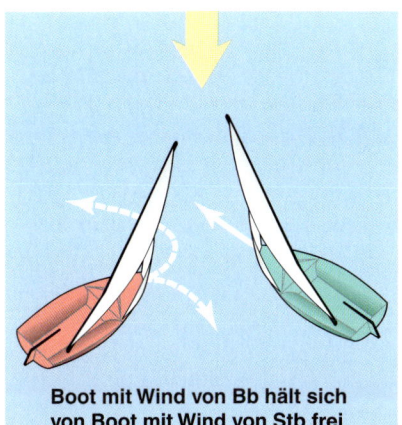

**Boot mit Wind von Bb hält sich
von Boot mit Wind von Stb frei**

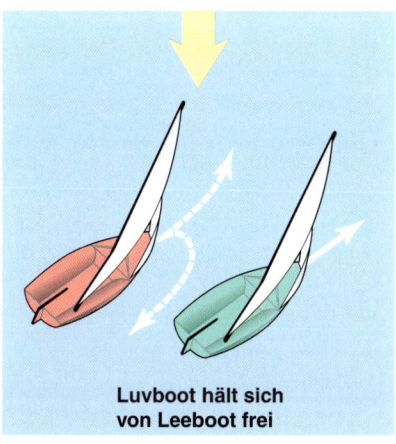

**Luvboot hält sich
von Leeboot frei**

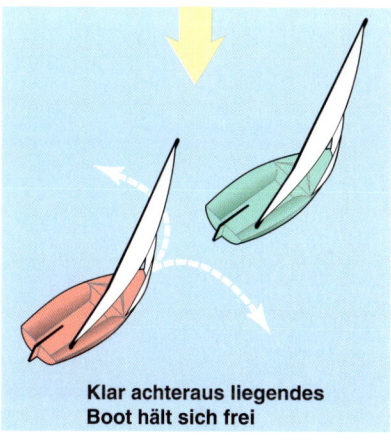

**Klar achteraus liegendes
Boot hält sich frei**

• Überholen in Luv
Das überholende Boot muss sich seit der Überlappung freihalten, da es Luvboot ist.

Das überholende Luvboot darf das Leeboot also nicht von seinem Kurs abdrängen. Andererseits muss das Leeboot auch bei einer Kursänderung dem Luvboot genügend Raum zum Freihalten geben.

• Überholen in Lee
Sobald das in Lee überholende Boot überlappt, wird das voraussegelnde Boot Luvboot und muss sich freihalten.
Das überholende Leeboot darf aber während der Überlappung und innerhalb eines Abstandes von zwei Bootslängen nicht über seinen richtigen Kurs hinaus anluven.

Ausweichregeln
Wind von entgegengesetzter Seite*: Ein Boot mit Wind von Backbord muss sich von einem Boot mit Wind von Steuerbord freihalten.*
Wind von gleicher Seite mit Überlappung*: Ein Luvboot muss sich von einem Leeboot freihalten.*
Wind von gleicher Seite ohne Überlappung*: Ein Boot klar achteraus muss sich von einem Boot klar voraus freihalten.*

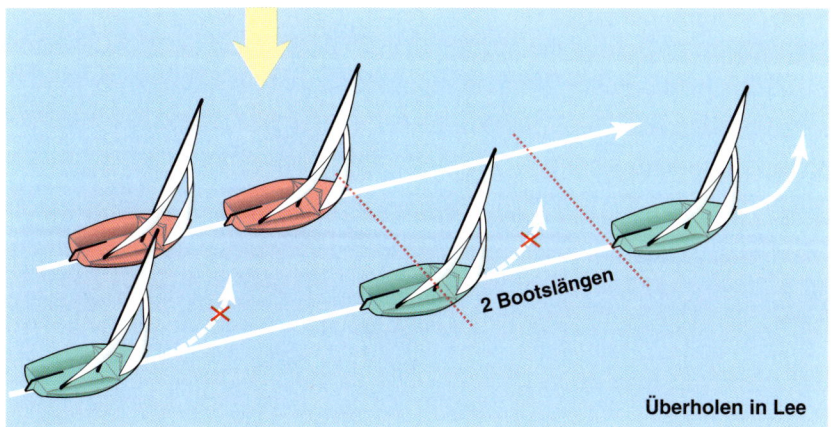

2 Bootslängen

Überholen in Lee

Überholen in Lee
Mit der Überlappung wird das voraus segelnde Boot Luvboot und muss sich freihalten.
Das überholende Leeboot darf aber nicht – solange es nicht zwei Bootslängen vor dem Luvboot ist – über seinen richtigen Kurs hinaus anluven.
Richtiger Kurs *ist der Kurs, den ein Boot in Abwesenheit anderer Boote segeln würde, um so schnell wie möglich durchs Ziel zu gehen.*

Runden von Bahnmarken

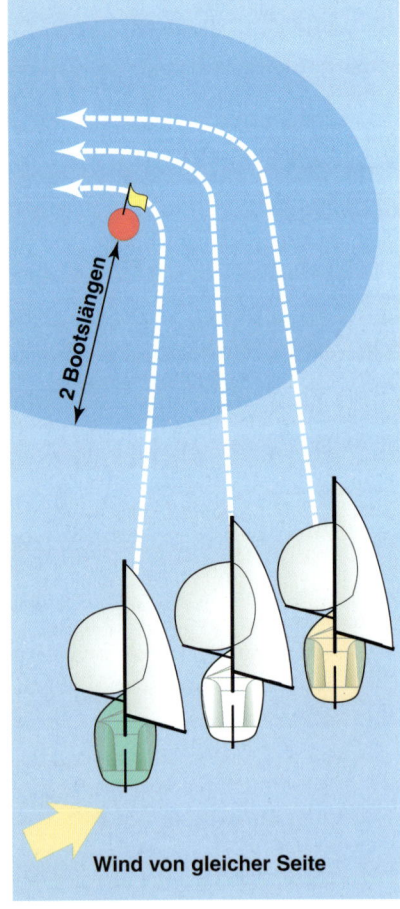

Wind von gleicher Seite

Runden einer Bahnmarke auf gleichem Kurs
Alle drei Boote liegen auf gleichem Kurs und überlappen. Sobald sie den Kreis von 2 Bootslängen erreicht haben, müssen die außen liegenden Boote dem innen liegenden grünen Boot Raum geben.

Beim Runden von Bahnmarken gilt:

• **Mit Wind von der gleichen Seite**
Wollen mehrere Boote mit Wind von der gleichen Seite mit Überlappung eine Bahnmarke runden, so muss das außen liegende Boot allen innen liegenden, mit denen es überlappt, Raum geben – vorausgesetzt, dass zwei Bootslängen vor der Bahnmarke eine Überlappung hergestellt wurde.

• **Mit Wind von der entgegengesetzten Seite**
Nähern sich zwei Boote mit Wind von der entgegengesetzten Seite einer Bahnmarke, so gilt die bekannte Regel: Ein Boot mit Wind von Bb muss sich von einem Boot mit Wind von Stb freihalten.

Regelverstöße

Ein Boot, das gegen die WR **verstoßen** hat, sollte so fair sein und **aufgeben**. Es kann aber seinen Fehler wieder gutmachen, indem es frei von allen anderen Booten unverzüglich zwei Drehungen in der gleichen Richtung einschließlich zweier Wenden und zweier Halsen macht (**Zwei-Drehungen-Strafe**). **Bahnmarken** müssen auf der richtigen Seite gerundet und **dürfen nicht berührt** werden. Ein Boot, das gegen die entsprechende Regel verstoßen hat, kann eine Strafe annehmen, indem es frei von allen übrigen Booten eine **Drehung mit einer Wende und einer Halse** macht.

Protest

Gegen ein Boot, das eine Wettfahrtregel verletzt hat und weitersegelt, ohne

die Eine-Drehung- oder Zwei-Drehungen-Strafe angenommen zu haben, kann jeder Regattateilnehmer **Protest einlegen**. Das protestierende Boot muss dem anderen Boot zurufen, dass es protestieren wird (»Protest!«) und – bei Booten über 6 m Länge – deutlich sichtbar eine rote Flagge bis zum Ende der Wettfahrt führen.
Der Protest wird anschließend von einem Schiedsgericht verhandelt und entschieden. Er kann zum Ausschluss des gegnerischen Bootes führen.

Hilfeleistung

Ein in der Wettfahrt befindliches Boot darf keine Hilfeleistung von außen annehmen. Dies gilt auch im Fall einer Kenterung: Die Crew darf sich beim Aufrichten des Bootes nicht von Dritten helfen lassen.
Befindet sich aber eine Person oder ein Fahrzeug in Gefahr, so muss natürlich jede denkbare Hilfe geleistet werden.

Wind von entgegengesetzter Seite

Runden einer Bahnmarke auf verschiedenen Kursen
Es gilt die allgemeine Regel: Das Boot mit Wind von Bb muss sich vom Boot mit Wind von Stb freihalten. Das grüne Boot hat also Wegerecht.

Schifffahrtsrecht

Wo gilt welche Verordnung?

Fragen 1, 2, 4, 13–15, 21–28, 31

Küstengewässer

Im deutschen Küstenbereich gibt es zwei Verkehrsordnungen: die Kollisionsverhütungsregeln und die Seeschifffahrtsstraßen-Ordnung.

- Die internationalen **Kollisionsverhütungsregeln (KVR)** gelten auf Hoher See und auf den mit dieser zusammenhängenden, von Seeschiffen befahrbaren Gewässern.
- **Die Seeschifffahrtsstraßen-Ordnung (SeeSchStrO)** ist eine deutsche Vorschrift, die nur auf den Seeschifffahrtsstraßen der Bundesrepublik Deutschland gilt.

Im Mündungsgebiet der Ems und auf der Leda gilt die **Schifffahrtsordnung Emsmündung** (EmsSchO) anstelle der SeeSchStrO.
Die Seeschifffahrtsstraßen umfassen einen Teil des deutschen Küstenmeeres (= 12-Seemeilen-Zone), nämlich alle Fahrwasser sowie die Wasserflächen zwischen der Küstenlinie oder der seewärtigen Begrenzung der Binnenwasserstraßen und einer Linie von 3 Seemeilen Abstand seewärts davon.
Die SeeSchStrO ist eine ergänzende und in manchen Bereichen von den KVR abweichende Spezialregelung.

Grundsätzlich gelten beide Vorschriften nebeneinander. Erst wenn sie sich in einem Punkte widersprechen, ist die SeeSchStrO anzuwenden.

Binnengewässer

Bei den Binnengewässern unterscheiden wir Bundeswasserstraßen und Landesgewässer. Zu den Bundeswasserstraßen gehören neben den Seeschifffahrtsstraßen die **Binnenschifffahrtsstraßen**. Dies sind der Rhein, die Mosel, die Donau und die übrigen Binnenschifffahrtsstraßen. Hier gelten formal verschiedene, inhaltlich aber weitgehend übereinstimmende Verkehrsregelungen, nämlich die

- **Binnenschifffahrtsstraßen-Ordnung** (BinSchStrO)
- **Rheinschifffahrtspolizei-verordnung** (RheinSchPVO)
- **Moselschifffahrtspolizei-verordnung** (MoselSchPVO)
- **Donauschifffahrtspolizei-verordnung** (DonauSchPVO)

Außerdem gelten auf den Binnenschifffahrtsstraßen

- die **Wasserskiverordnung** und
- die **Wassermotorräder-Verordnung**.

Auf den übrigen Binnengewässern (Landeswasserstraßen sowie kommunale und private Gewässer) gelten Gesetze und Verordnungen der einzelnen Bundesländer oder Landes- bzw. Kommunalbehörden. So z. B. in Bayern (ohne Bodensee) *die Verordnung für die Schifffahrt auf den bayerischen Gewässern (BaySchO)* oder auf dem Steinhuder Meer *die Verordnung über den Verkehr auf dem Steinhuder Meer*.

Vor dem Befahren solcher Gewässer ist gegebenenfalls die Genehmigung des Eigentümers einzuholen und die jeweilige Befahrensordnung zu beachten.
Eine gewisse Sonderstellung nimmt der **Bodensee** ein, wo für alle Anliegerstaaten die internationale *Bodensee-Schifffahrtsordnung* gilt.

Auf den folgenden Seiten werden zunächst die für die Sportschifffahrt wesentlichen Vorschriften der BinSchStrO dargestellt; sie sind im **Teil I der BinSchStrO** zu finden. Im **Teil II der BinSchStrO** sind zusätzliche Bestimmungen für einzelne Binnenschifffahrtsstraßen und ihre Grenzen aufgeführt. Anschließend werden die für die Sportschifffahrt wichtigsten Vorschriften für den Bodensee und die bayerischen und Berliner Gewässer behandelt (S. 158 f.).

Informationspflicht des Schiffsführers

Vor dem Befahren eines unbekannten Reviers ist der Schiffsführer verpflichtet, sich über die dort geltenden Vorschriften, Fahrwasserbezeichnungen und Sonderregelungen zu informieren und erforderliches Kartenmaterial zu beschaffen. Solche Informationen erhält man bei den Dienststellen der Wasser- und Schifffahrtsverwaltung (über das Internet unter *www.elwis.de*) und der Wasserschutzpolizei. Die Wasserschutzpolizei und die Wasser- und Schifffahrtsverwaltung überwachen die Befolgung der schifffahrtspolizeilichen Vorschriften.

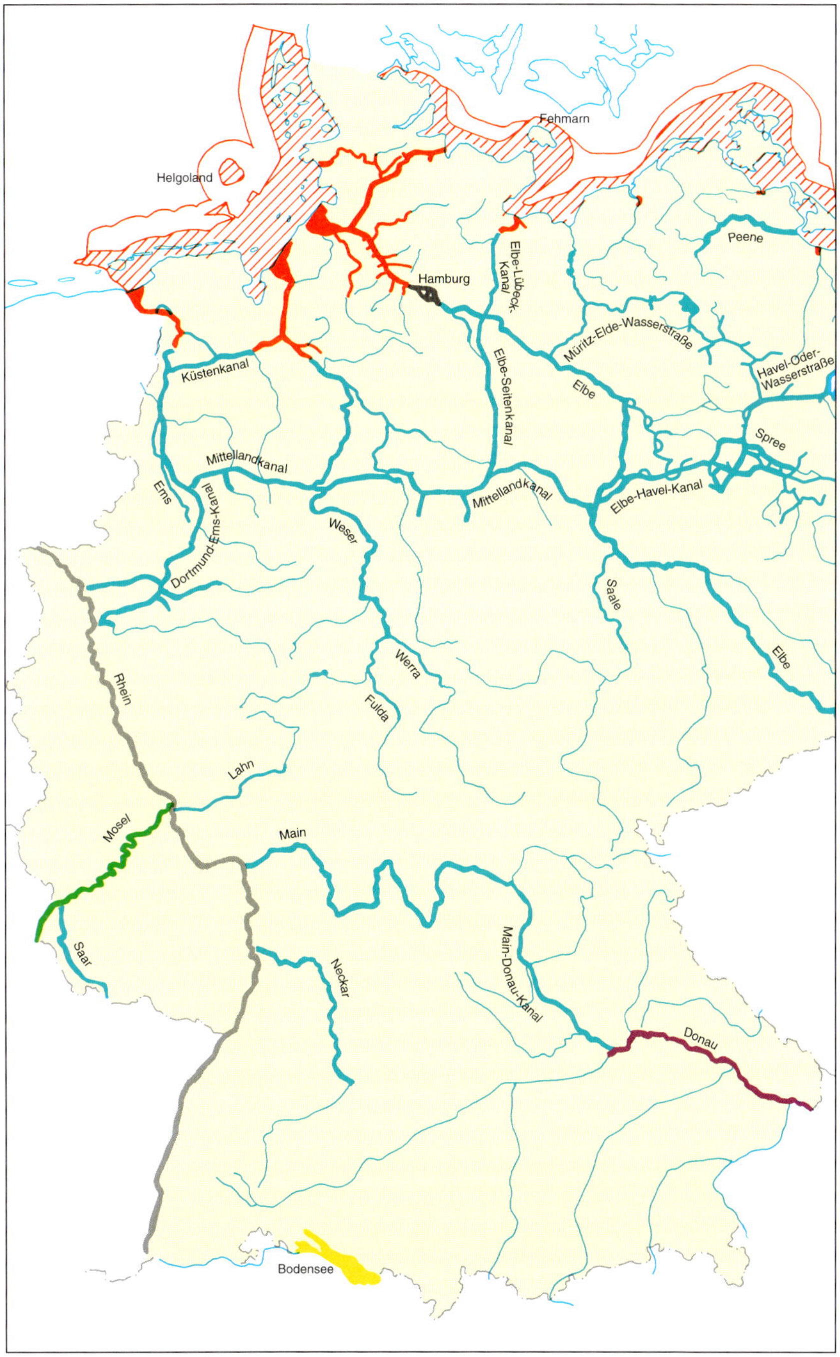

Führerscheine für Sportboote auf den Binnenschifffahrtsstraßen

Auf den Binnenschifffahrtsstraßen benötigt der Führer eines Sportbootes mit einer Antriebsleistung von mehr als 3,68 kW (5 PS) und weniger als 15 m Länge (ohne Ruder und Bugspriet) den **Sportbootführerschein Binnen** oder einen gleichwertigen Befähigungsnachweis.
Auf bestimmten Binnenschifffahrtsstraßen im **Großraum Berlin** ist er auch für Segelfahrzeuge und für Segelsurfbretter mit mehr als 3 m² Segelfläche vorgeschrieben.

Für Sportboote mit einer Länge von 15 bis 25 m (ohne Ruder und Bugspriet) benötigt man auf den Binnenschifffahrtsstraßen das **Sportschifferzeugnis** oder ein anderes vom Bundesministerium für Verkehr, Bau und Stadtentwicklung (BMVBS) anerkanntes Befähigungszeugnis.
Auf dem Rhein ist stattdessen das **Sportpatent** vorgeschrieben. Es gilt auch auf den übrigen Binnenschifffahrtsstraßen.

Geltungsbereiche der einzelnen Verordnungen:

- SeeSchStrO
- BinSchStrO
- RheinSchPVO
- MoselSchPVO
- DonauSchPVO
- BodenseeSchO
- Hamburger Hafengesetz

BinSchStrO: Allgemeines

Fragen 5–12, 16–20, 58, 105–108, 135, 136, 145–149, 157, 181, 182, 244

Allgemeine Sorgfaltspflicht

Jeder Verkehrsteilnehmer auf den Binnenschifffahrtsstraßen hat alle Vorsichtsmaßnahmen zu treffen, die zur Vermeidung der Gefährdung von Menschenleben, von Beschädigungen an Fahrzeugen, Anlagen oder Ufern, von Behinderungen der Schifffahrt und jeder anderen vermeidbaren Beeinträchtigung der Umwelt nötig sind.

Besondere Umstände

Bei unmittelbar drohender Gefahr für sich und andere muss der Schiffsführer alle Maßnahmen treffen, die die Umstände gebieten, auch wenn er dadurch gezwungen ist, von den geltenden Bestimmungen über das Verhalten im Verkehr auf den Binnenschifffahrtsstraßen abzuweichen.

Wichtige Begriffe

- **Fahrzeuge** sind Binnenschiffe einschließlich Kleinfahrzeuge und Fähren sowie schwimmende Geräte und Seeschiffe.
- **Fahrzeuge mit Maschinenantrieb** sind Fahrzeuge mit eigener in Tätigkeit gesetzter Antriebsmaschine.
- **Kleinfahrzeuge** sind Fahrzeuge von weniger als 20 m Länge (ohne Ruder und Bugspriet) sowie **Segelsurfbretter. Nicht** dazu zählen

Fähren, schwimmende Geräte, Schubleichter, Fahrgastschiffe zur Beförderung von mehr als 12 Fahrgästen sowie Fahrzeuge zum Schieben und Schleppen anderer Fahrzeuge, die nicht Kleinfahrzeuge sind.

- **Fahrzeuge unter Segel** sind Fahrzeuge, die nur unter Segel fahren. Ein Fahrzeug, das unter Segel fährt und gleichzeitig eine Antriebsmaschine benutzt, gilt als Fahrzeug mit Maschinenantrieb.
- Ein **Sportfahrzeug** ist ein Fahrzeug, das für Sport- und Erholungszwecke verwendet wird und kein Fahrgastschiff ist.
- **Fahrend** oder in **Fahrt befindlich** sind Fahrzeuge, die weder vor Anker liegen, am Ufer festgemacht oder festgefahren sind.
- **Stillliegende** Fahrzeuge liegen vor Anker oder sind am Ufer festgemacht.
- **Unsichtiges Wetter** herrscht bei Sichteinschränkung durch Nebel, Schneefall, heftige Regengüsse oder ähnliche Ursachen.
- **Nacht** ist der Zeitraum zwischen Sonnenuntergang und Sonnenaufgang. **Tag** ist der Zeitraum zwischen Sonnenaufgang und Sonnenuntergang.
- Ein **kurzer Ton** hat eine Dauer von etwa 1 Sekunde, ein **langer Ton** von etwa 4 Sekunden.

Schiffsführer – Rudergänger

Der **Schiffsführer** ist für die Befolgung schifffahrtspolizeilicher Vorschriften und die Sicherheit der an Bord befindlichen Personen verantwortlich. Die **Besatzung** und alle übrigen an Bord befindlichen Personen haben deshalb seinen Anweisungen Folge zu leisten.

Der Schiffsführer eines Sportbootes unter 15 m Länge muss

- körperlich, geistig und fachlich geeignet und
- mindestens 16 Jahre alt sein und
- den Sportbootführerschein Binnen oder ein gleichwertiges Befähigungszeugnis besitzen, wenn ein Motor von mehr als 3,68 kW (5 PS) vorhanden ist.

Steht vor Antritt der Fahrt nicht fest, wer Schiffsführer ist, und sind mehrere Personen zum Führen eines Fahrzeugs berechtigt, so müssen sie vor Fahrtantritt bestimmen, wer der verantwortliche Schiffsführer sein soll. Der Schiffsführer darf nicht durch Übermüdung, Einwirkung von Alkohol, Medikamenten oder Drogen beeinträchtigt sein. Bei einer Blutalkoholkonzentration von **0,5 oder mehr Promille** darf er das Fahrzeug nicht führen.

Der Schiffsführer muss das Ruder nicht selbst bedienen. Er kann hiermit einen körperlich, geistig und fachlich geeigneten **Rudergänger** beauftragen, der nicht Inhaber des vorgeschriebenen Führerscheins sein muss. Hierdurch wird die Verantwortlichkeit des Schiffsführers aber nicht berührt; er ist also auch dann für die Einhaltung der Verkehrsvorschriften verantwortlich, wenn er das Ruder nicht führt. Der Rudergänger muss mindestens 16 Jahre alt sein; dies gilt nicht für Kleinfahrzeuge ohne Maschinenantrieb.

Der Rudergänger muss in der Lage sein, alle Informationen und Weisungen zu empfangen und zu geben. Insbesondere muss er die Schallzeichen wahrnehmen können und nach allen Seiten genügend freie Sicht haben.

Bezeichnung der Fahrzeuge

Fragen 143, 144, 151

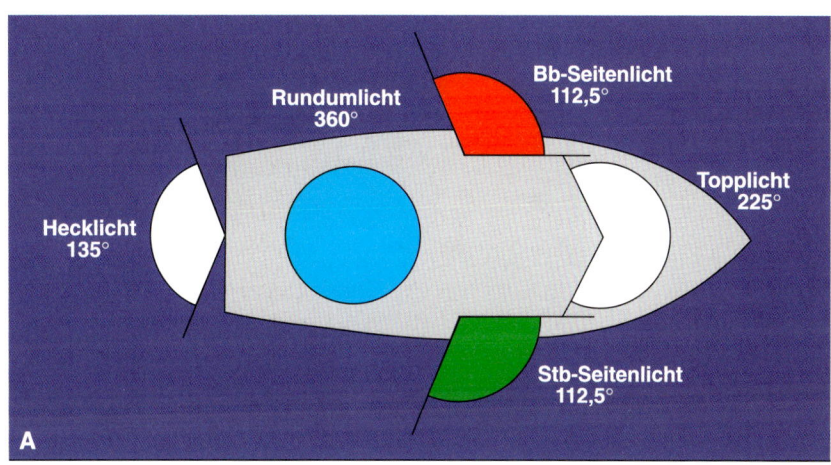

Fahrzeuge führen nachts und bei unsichtigem Wetter auch am Tage bestimmte Lichter und tagsüber teilweise Signalkörper (Zylinder, Bälle, Kegel) oder Flaggen, deren Bedeutung wir kennen müssen. Auch für Kleinfahrzeuge sind bestimmte Lichter und Signalkörper vorgeschrieben (vgl. S. 138).
Es dürfen nur Lichter verwendet werden, deren Baumuster vom Bundesamt für Seeschifffahrt und Hydrographie (BSH) bzw. dessen Vorgänger, dem Deutschen Hydrographischen Institut (DHI), zur Verwendung auf Binnen- oder Seeschifffahrtsstraßen zugelassen sind.

Lichter (Abb. A)

Soweit die BinSchStrO nichts anderes bestimmt, müssen die vorgeschriebenen Lichter von allen Seiten sichtbar sein und ein gleichmäßiges, ununterbrochenes Licht werfen.
Die BinSchStrO unterscheidet folgende Lichter:

- **Rundumlicht**
Es ist über den ganzen Horizontbogen sichtbar, überstrahlt also einen Vollkreis von 360°.

- **Topplicht**
Es scheint unbehindert über einen Horizontbogen von 225°, und zwar nach jeder Seite von recht voraus bis 22,5° achterlicher als querab. Es ist meistens weiß.

- **Seitenlichter**
Sie strahlen unbehindert über einen Horizontbogen von jeweils 112,5°, und zwar entweder nach Stb oder nach Bb von recht voraus bis 22,5° achterlicher als querab. Beide Seitenlichter gemeinsam überstrahlen also den Sektor des Topplichtes.
Das Stb-Seitenlicht ist immer grün,

das Bb-Seitenlicht immer rot.
Auf Kleinfahrzeugen dürfen beide Seitenlichter in einer **Zweifarbenlaterne** zusammengefasst sein, auf Kleinfahrzeugen unter Segel die Seitenlichter und das Hecklicht in einer im Topp zu führenden **Dreifarbenlaterne**.

- **Hecklicht**
Dies ist ein so nah wie möglich am Heck angebrachtes Licht, das unbehindert über einen Horizontbogen von 135° scheint, und zwar 67,5° von recht achteraus nach jeder Seite. Topplicht und Hecklicht gemeinsam überstrahlen also einen Vollkreis von 360°.

- **Funkellicht**
Dies ist ein über den ganzen Horizontbogen sichtbares Licht mit einer Taktkennung von 40 bis 60 Lichterscheinungen je Minute.
Andere Lampen oder Scheinwerfer dürfen wir nicht so gebrauchen, dass sie mit den vorgeschriebenen Lichtern verwechselt werden können oder dass sie blenden und dadurch den übrigen Verkehr gefährden oder behindern.

Kleinfahrzeuge

Fragen 32–35, 137–142, 150,
152–154, 156, 214,
223–225

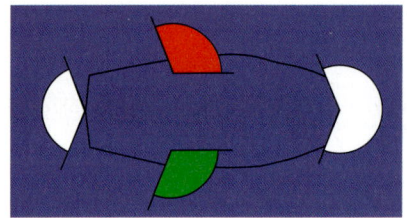

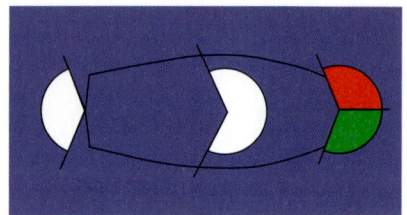

Kennzeichnung der Kleinfahrzeuge

Auf den Binnenschifffahrtsstraßen ist für alle Wasserfahrzeuge mit weniger als 20 m Länge entweder das amtliche oder das amtlich anerkannte Kennzeichen vorgeschrieben, ausgenommen Motorboote mit nicht mehr als 2,21 kW (3 PS) Antriebsleistung und Segelboote bis 5,50 m Länge. Solche Fahrzeuge brauchen nur mit ihrem Namen sowie mit Name und Anschrift des Eigentümers versehen zu sein.

Amtliche Kennzeichen sind insbesondere solche, die von den Wasser- und Schifffahrtsämtern ausgegeben werden (ähnlich wie Autokennzeichen), ferner u. a. die Binnenschiffsregisternummer und das Vermietungskennzeichen.

Das amtlich anerkannte Kennzeichen besteht aus der Nummer des Internationalen Bootsscheins (IBS – s. S. 161), gefolgt vom Kennbuchstaben der ausstellenden Organisation. Hierbei steht der Buchstabe »S« für den Deutschen Segler-Verband (DSV), »M« für den Deutschen Motoryachtverband (DMYV) und »A« für den ADAC. Der IBS muss an Bord mitgeführt werden.

Das Kennzeichen muss außen an beiden Bugseiten oder am Spiegelheck deutlich lesbar und in heller Farbe auf dunklem Grund oder umgekehrt in mindestens 10 cm großen Buchstaben oder Ziffern angebracht sein.

Kleinfahrzeuge sind Fahrzeuge mit einer Höchstlänge des Schiffskörpers (ohne Ruder und Bugspriet) von weniger als 20 m.
Dazu zählen auch **Segelsurfbretter**.

Kleinfahrzeuge mit Maschinenantrieb führen

- ein Topplicht (weiß) in gleicher Höhe wie die Seitenlichter und mindestens 1 m vor den Seitenlichtern,
- Seitenlichter (rot, grün),
- Hecklicht (weiß).

Sie können stattdessen führen

- ein Topplicht (weiß) mindestens 1 m über den Seitenlichtern,
- davor oder unmittelbar darunter (nie dahinter!) Seitenlichter in einer **Zweifarbenlaterne** (rot, grün),
- Hecklicht (weiß).

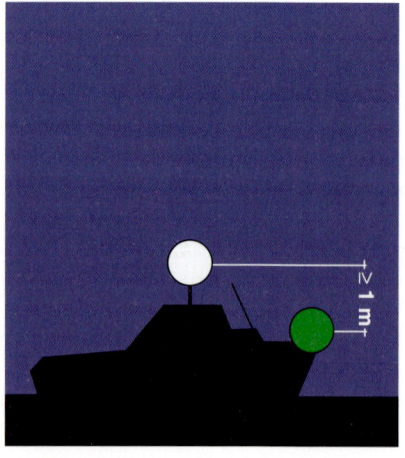

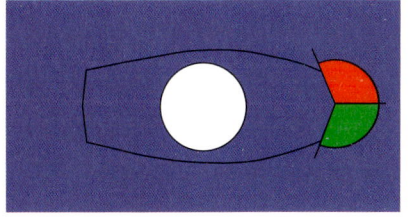 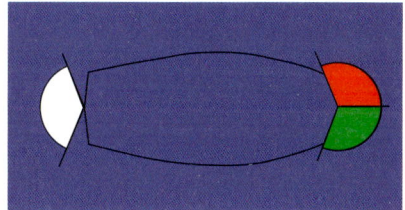 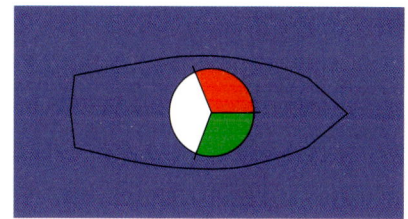

Sie können aber auch führen

- ein Rundumlicht (weiß) anstelle des Topplichtes,
- Seitenlichter in einer **Zweifarbenlaterne** (rot, grün).

Kleinfahrzeuge unter Segel mit Maschinenantrieb führen

- nachts die Lichter eines maschinengetriebenen Kleinfahrzeuges,
- tagsüber einen **schwarzen Kegel** – Spitze unten – dort, wo er am besten gesehen werden kann.

Kleinfahrzeuge unter Segel führen entweder

- Seitenlichter in einer **Zweifarbenlaterne** (rot, grün),
- Hecklicht (weiß);

oder

- ein von allen Seiten sichtbares Rundumlicht (weiß);
- **bei Annäherung** anderer Fahrzeuge wird außerdem ein weißes Licht gezeigt (am besten leuchtet man mit einer Handlampe das eigene Segel an);

oder

- die Seitenlichter und das Hecklicht zusammengefasst in einer **Dreifarbenlaterne** im Topp.

Fahrzeuge unter Segel, die keine Kleinfahrzeuge sind (also 20 Länge und mehr), führen

- Seitenlichter (rot, grün),
- Hecklicht (weiß).

Kleinfahrzeuge, die weder mit Maschinenantrieb noch unter Segel fahren, führen

- ein Rundumlicht (weiß).

  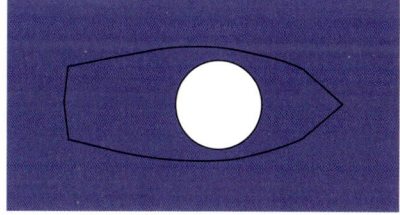

Maschinenfahrzeuge

Fragen 109, 110

Diese Lichterführung gilt nicht für Kleinfahrzeuge!

Fähren

Fragen 122, 123, 134

Nicht frei fahrende Fähre

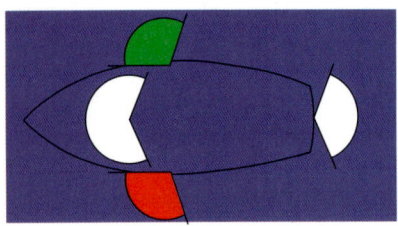

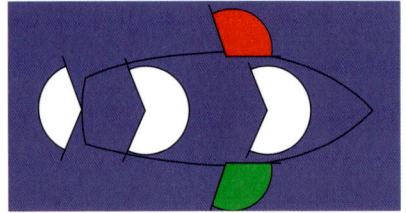

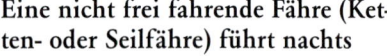

Einzeln fahrende Fahrzeuge mit Maschinenantrieb führen

- ein Topplicht (weiß) im vorderen Teil,
- Seitenlichter (rot, grün),
- Hecklicht (weiß).

Ist das Maschinenfahrzeug **länger als 110 m**, so führt es zusätzlich
- ein zweites Topplicht (weiß) achterlicher und höher als das vordere.

Eine nicht frei fahrende Fähre (Ketten- oder Seilfähre) führt nachts

- ein grünes Rundumlicht über einem weißen Rundumlicht.

Schwimmende Geräte

Fragen 163–172

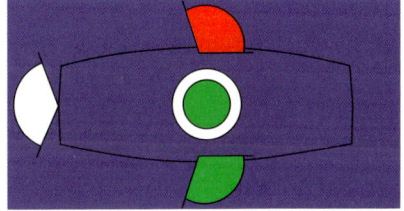

Schwimmende Geräte bei der Arbeit führen **nachts**
- an der Durchfahrtsseite: zwei grüne Rundumlichter,
- an der gesperrten Seite: ein rotes Rundumlicht.

Tagsüber führen sie
- an der Durchfahrtsseite: eine grün-weiß-grün senkrecht gestreifte Tafel oder zwei grüne Doppelkegel übereinander,
- an der gesperrten Seite: eine rot-weiß-rot waagerecht gestreifte Tafel oder einen roten Ball.

Schwimmende Geräte bei der Arbeit, die **gegen Sog und Wellenschlag geschützt** werden müssen, und **gesunkene und festgefahrene Fahrzeuge** führen **nachts**
- an der Durchfahrtsseite: ein rotes über einem weißen Rundumlicht,
- an der gesperrten Seite: ein rotes Rundumlicht.

Tagsüber führen sie
- an der Durchfahrtsseite: eine rot-weiß waagerecht gestreifte Flagge oder eine rote über einer weißen Flagge,
- an der gesperrten Seite: eine rote Flagge.

Eine frei fahrende Fähre führt nachts

- ein grünes Rundumlicht über einem weißen Rundumlicht,
- Seitenlichter (rot, grün),
- Hecklicht (weiß).

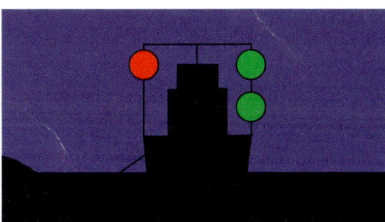

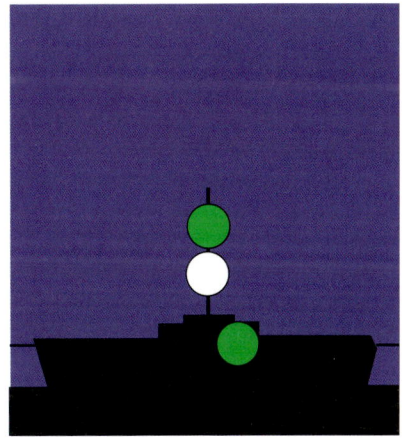

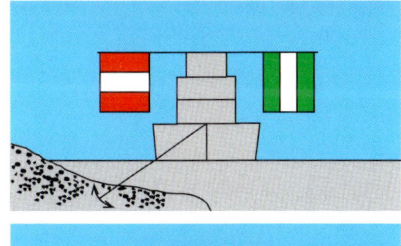

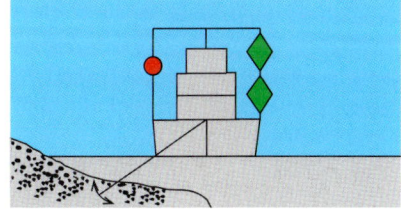

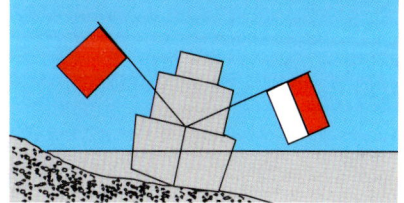

Schleppverband

Fragen 111–116, 142, 214

Unter einem **Verband** versteht man einen Schleppverband, einen Schubverband oder gekuppelte Fahrzeuge.

Beim **Überholen und Begegnen** eines **Schleppverbandes** ist zu beachten:
- ausreichenden Abstand halten
- eingeschränkte Manövrierfähigkeit beachten
- Ausmaße des Verbandes berücksichtigen
- nicht in die Räume zwischen den Fahrzeugen hineinfahren

Geschleppte oder längsseits gekuppelte Kleinfahrzeuge führen bei Nacht ein weißes Rundumlicht.

Kleinfahrzeuge, die nur Kleinfahrzeuge schleppen oder längsseits gekuppelt fahren, müssen bei Nacht die Lichter von Kleinfahrzeugen mit Maschinenantrieb führen.

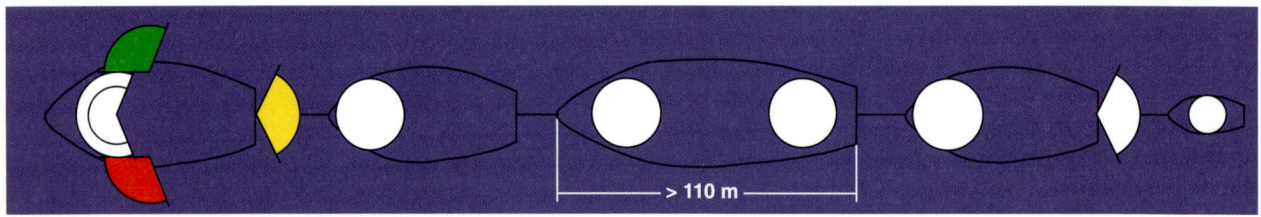

Nachts führt das schleppende Fahrzeug
- ein Topplicht (weiß),
- darunter ein zweites Topplicht (weiß),
- Seitenlichter (rot, grün),
- **gelbes** Hecklicht.

Jedes geschleppte Fahrzeug führt
- ein Rundumlicht (weiß).

Ist ein geschlepptes Fahrzeug **länger als 110 m**, so führt es zusätzlich
- ein zweites Rundumlicht (weiß) auf dem Achterschiff.

Das letzte geschleppte Fahrzeug führt
- ein Rundumlicht (weiß),
- Hecklicht (weiß).

Ist das letzte geschleppte Fahrzeug ein Kleinfahrzeug, führt es ein weißes Rundumlicht.

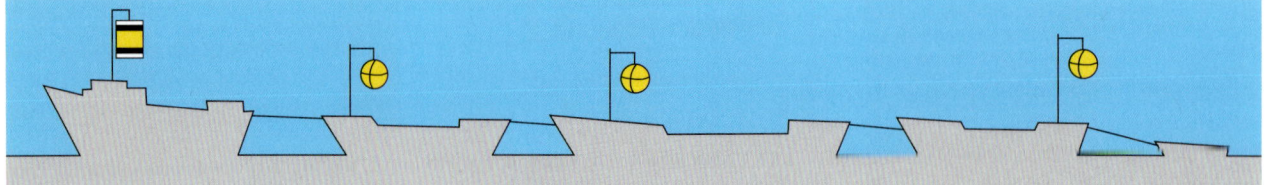

Tagsüber führt das schleppende Fahrzeug
- einen gelben Zylinder mit je einem schwarzen und weißen Streifen oben und unten.

Tagsüber führt jedes geschleppte Fahrzeug
- einen gelben Ball.

Ist das letzte geschleppte Fahrzeug ein Kleinfahrzeug, so braucht es den Ball nicht zu führen.

Schubverband

Fragen 117–121

Beim **Überholen und Begegnen** eines **Schubverbandes** ist zu beachten:
- ausreichenden Abstand halten
- eingeschränkte Manövrierfähigkeit beachten
- toten Winkel vor dem Verband meiden
- Abmessungen des Schubverbandes berücksichtigen

Ein Schubverband in Fahrt führt nachts
- drei Topplichter in Form eines gleichseitigen Dreiecks (weiß),
- je ein Topplicht zusätzlich auf jedem Päckchen, dessen ganze Breite von vorn zu sehen ist,
- Seitenlichter (rot, grün),
- drei Hecklichter (weiß) waagerecht nebeneinander.

Ist der Schubverband bis 110 m lang, führt er die Lichter eines Maschinenfahrzeugs bis 110 m Länge.
Ein **geschleppter** Schubverband führt drei **gelbe** Hecklichter.

Vorrangfahrzeug

Fragen 132, 133

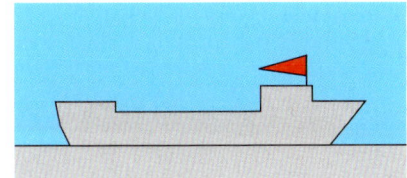

Ein **Vorrangfahrzeug** führt
- tags einen roten Wimpel.

Vorrangfahrzeuge können sein: Fahrgastschiffe des öffentlichen Dienstes oder mit festem Fahrplan, Baufahrzeuge oder Fahrzeuge, die anderen Fahrzeugen zur Hilfe kommen. Sie haben **an Engstellen und in Schleusen** Vorrang gegenüber anderen Fahrzeugen.

Verhalten bei unsichtigem Wetter

Fragen 244–248

Unter **unsichtigem Wetter** versteht man Sichteinschränkung durch Nebel, Schneefall, starken Regen oder ähnliche, die Sicht beeinträchtigende Umstände.
Unter einer **Radarfahrt** versteht man eine Fahrt bei unsichtigem Wetter mit Radar.

Bei unsichtigem Wetter darf ein Fahrzeug nur fahren, wenn es
- mit einer für die Binnenschifffahrt zugelassenen, funktionsfähigen **Radaranlage** und mit einer **Sprechfunkanlage** für den Binnenschifffahrtsfunk ausgerüstet ist und
- der Schiffsführer im Besitz des **Radarpatents** und eines gültigen **Sprechfunkzeugnisses** ist.

Hierbei handelt es sich um das UKW-Sprechfunkzeugnis für den Binnenschifffahrtsfunk (UBI).

Wird ein Fahrzeug **ohne Radar und Sprechfunk** während der Fahrt von unsichtigem Wetter überrascht, so muss es
- seine Fahrt unverzüglich einstellen und einen Hafen oder Liegeplatz aufsuchen,
- die Geschwindigkeit den Sichtverhältnissen anpassen und
- die vorgeschriebenen Lichter einschalten.

Zu den **Schallzeichen** bei unsichtigem Wetter s. S. 147!

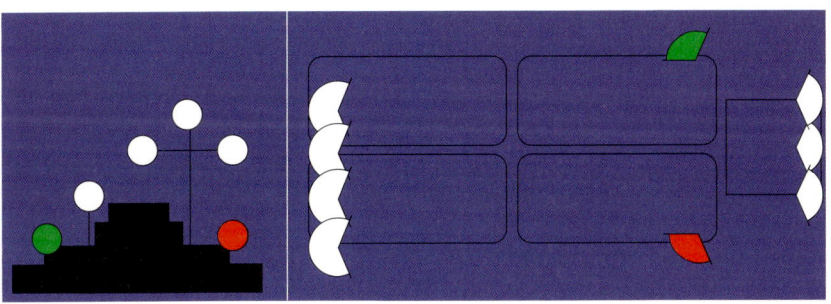

Überwachungs-
behörden etc.

Fragen 124, 125

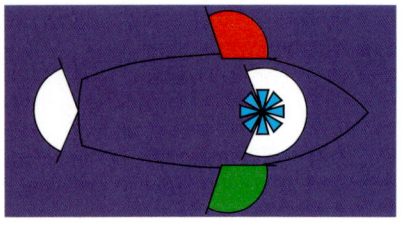

**Fahrzeuge der Überwachungsbehör-
den sowie Feuerlöschboote und
Wasserrettungsfahrzeuge im Einsatz sowie Zollboote und Fahrzeuge
der Bundespolizei** können tags und
nachts zusätzlich
• ein blaues Funkellicht zeigen.
Ein Kleinfahrzeug muss diesen Fahrzeugen beim Begegnen, Kreuzen und
Überholen rechtzeitig nach Stb ausweichen. Ist dies aus nautischen Gründen nicht möglich, muss es rechtzeitig und unmissverständlich durch
geeignete Manöver zeigen, wie es ausweichen will.

Stillliegen
Gefährlicher Anker

Fragen 60–63

**Fahrzeuge beim Stillliegen führen
nachts**
• ein weißes Rundumlicht auf der
Fahrwasserseite.

**Stillliegende Fahrzeuge, deren
Anker die Schifffahrt gefährden
können, führen**
• darunter ein zweites weißes Rundumlicht.

**Außerdem muss der Anker gekenn-
zeichnet werden**
• durch einen gelben Döpper mit
Radarreflektor.

Schutzbedürftiges
Fahrzeug
Schutzbedürftige
Anlage

Fragen 173–175, 228, 230, 231

**Ein schutzbedürftiges Fahrzeug
oder eine schutzbedürftige Anlage**
(= Fahrzeuge, Schwimmkörper und
schwimmende Anlagen, die schwer
beschädigt sind oder sich an Ret-
tungsmanövern beteiligen, sowie
manövrierunfähige Fahrzeuge) ist
gekennzeichnet
• tags mit einer rot-weißen Flagge,
• nachts mit einem roten über einem
weißen Rundumlicht.
Hier gilt:
• Geschwindigkeit vermindern!
• Vorbeifahrt in möglichst
weitem Abstand.
• Sog und Wellenschlag
vermeiden!
Eine **schwimmende Anlage** ist eine
schwimmende Einrichtung, die nicht
zur Fortbewegung bestimmt ist (z. B.
Dock, Landebrücke, Bootshaus).

Gefährliche Güter

Fragen 69, 126–131

Außer beim Überholen, Begegnen oder Vorbeifahren ist es verboten, näher als 50 m an Fahrzeuge mit zwei oder drei blauen Lichtern bzw. Kegeln heranzufahren.

Liegestelle für Fahrzeuge mit 1, 2 oder 3 blauen Kegeln bzw. Lichtern

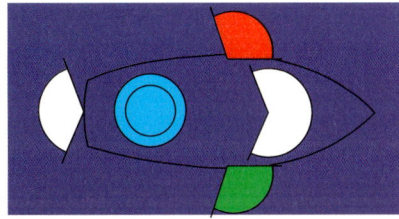

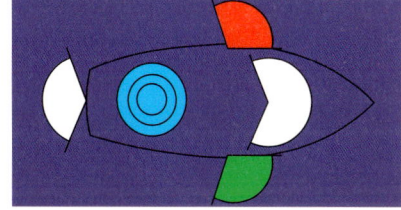

Fahrzeuge, die bestimmte entzündbare (feuergefährliche) Stoffe befördern, führen zusätzlich zu den sonst vorgeschriebenen Lichtern
• ein blaues Rundumlicht auf dem Achterschiff.

Fahrzeuge, die bestimmte gesundheitsschädliche Stoffe (z. B. Ammoniak) befördern, führen zusätzlich zu den sonst vorgeschriebenen Lichtern
• zwei blaue Rundumlichter übereinander auf dem Achterschiff.

Fahrzeuge, die bestimmte explosive Stoffe befördern, führen zusätzlich zu den sonst vorgeschriebenen Lichtern
• drei blaue Rundumlichter übereinander auf dem Achterschiff.

Tagsüber führen sie
• einen blauen Kegel – Spitze unten.

Tagsüber führen sie
• zwei blaue Kegel übereinander – Spitzen unten.

Tagsüber führen sie
• drei blaue Kegel übereinander – Spitzen unten.

Mindestabstand beim Stillliegen 10 m

Mindestabstand beim Stillliegen 50 m

Mindestabstand beim Stillliegen 100 m

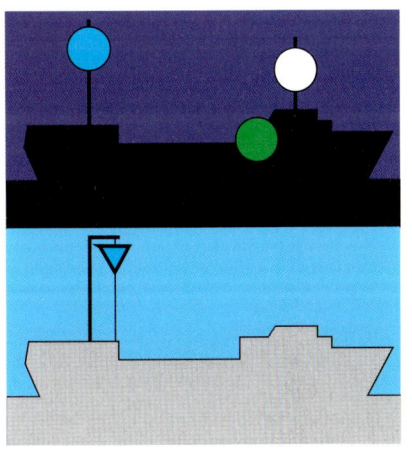

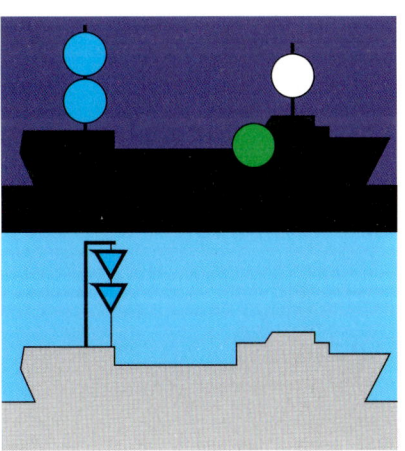

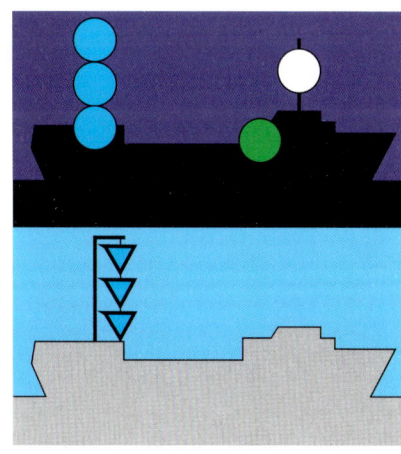

Manövrierunfähig

Fragen 198, 199

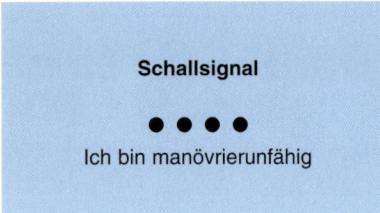

Schallsignal

● ● ● ●

Ich bin manövrierunfähig

Ein manövrierunfähiges Fahrzeug in Fahrt zeigt nachts zusätzlich zu den sonst vorgeschriebenen Lichtern

- ein rotes Licht, das im unteren Halbkreis geschwenkt wird.

Tagsüber zeigt es

- eine rote Flagge, die im unteren Halbkreis geschwenkt wird.

Zusätzlich kann das Schallsignal 4 kurze Töne (● ● ● ●) hintereinander gegeben werden.

Notzeichen

Fragen 287–292, 295–297

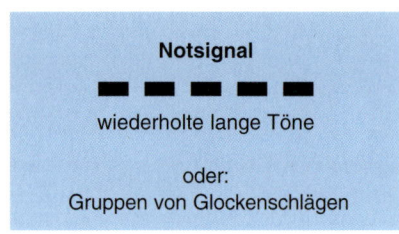

Notsignal

■ ■ ■ ■ ■

wiederholte lange Töne

oder:

Gruppen von Glockenschlägen

Ein Fahrzeug in Not, das Hilfe herbeirufen will, zeigt

- nachts: ein Licht, das im Kreis geschwenkt wird,
- tags: eine (rote) Flagge oder einen sonstigen Gegenstand, der im Kreis geschwenkt wird;
- als Schallsignal gibt es wiederholte lange Töne (z. B. mit einer Pfeife) oder Gruppen von Glockenschlägen. Diese oder ähnliche Signale dürfen nur gegeben werden, wenn Not und die Notwendigkeit der Hilfe vorliegen.

Rettung und Hilfeleistung

Droht bei einem Unfall Gefahr für die Sicherheit der an Bord befindlichen Personen, so muss der Schiffsführer alle Maßnahmen treffen, die die Umstände zur Abwendung der Gefahr erfordern.

Bei Unfällen, die sich in der Nähe ereignen, ist jeder Schiffsführer verpflichtet, unverzüglich Hilfe zu leisten, soweit dies mit der Sicherheit des eigenen Fahrzeugs zu vereinbaren ist.

Nach einem Schiffsunfall muss sich jeder Beteiligte über die Unfallfolgen vergewissern und die Feststellung seiner Person, seines Fahrzeugs und der Art seiner Beteiligung am Unfall ermöglichen. Beteiligt an einem Schiffsunfall ist jeder, dessen Verhalten nach den Umständen zum Unfall beigetragen haben kann.

Internationales Notsignal
Langsames Heben und Senken der seitlich ausgestreckten Arme.

Schallzeichen

Fragen 181–197

Allgemeine Schallzeichen

Die vorgeschriebenen Schallzeichen *müssen* von allen Fahrzeugen gegeben werden – außer von Kleinfahrzeugen. Diese *dürfen* die Schallzeichen geben. Ein kurzer Ton (•) dauert etwa 1 Sekunde, ein langer Ton (▬) etwa 4 Sekunden und eine Gruppe von Glockenschlägen ebenfalls etwa 4 Sekunden. Die Pausen zwischen zwei aufeinander folgenden Tönen sind etwa 1 Sekunde lang.
Unter einer Folge sehr kurzer Töne versteht man eine Folge von mindestens 6 Tönen von je $1/4$ Sekunde Dauer mit entsprechend kurzen Pausen. Fahrzeuge der Großschifffahrt geben zusätzlich und synchron zu den meisten Schallzeichen gelbe, von allen Seiten sichtbare Lichtzeichen.

Allgemeine Zeichen	
▬	Achtung!
•	Ich richte meinen Kurs nach Stb!
• •	Ich richte meinen Kurs nach Bb!
• • •	Meine Maschine geht rückwärts!
• • • •	Ich bin manövrierunfähig!
• • • • • (Folge sehr kurzer Töne)	Gefahr eines Zusammenstoßes
▬ ▬ ▬ (wiederholte lange Töne)	Notsignal
🔔······🔔 🔔···🔔 🔔··· (Gruppen von Glockenschlägen)	Notsignal

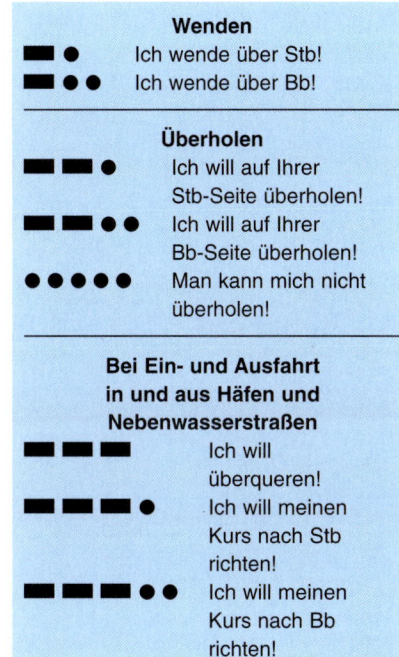

Wenden	
▬ •	Ich wende über Stb!
▬ • •	Ich wende über Bb!

Überholen	
▬ ▬ ▬ •	Ich will auf Ihrer Stb-Seite überholen!
▬ ▬ ▬ • •	Ich will auf Ihrer Bb-Seite überholen!
• • • • •	Man kann mich nicht überholen!

Bei Ein- und Ausfahrt in und aus Häfen und Nebenwasserstraßen	
▬ ▬ ▬	Ich will überqueren!
▬ ▬ ▬ •	Ich will meinen Kurs nach Stb richten!
▬ ▬ ▬ • •	Ich will meinen Kurs nach Bb richten!

Bleib-weg-Signal

Werden bei einem Unfall gefährliche Güter oder radioaktive Stoffe frei oder drohen frei zu werden oder besteht Explosionsgefahr, so wird das Bleib-weg-Signal gegeben. Es besteht aus einer mindestens 15 Minuten langen Folge eines kurzen und eines langen Tones.
Wegen Explosions- oder Katastrophengefahr müssen wir den Gefahrenbereich sofort verlassen. Feuer und Zündfunken vermeiden!

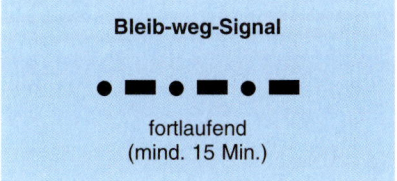

Bleib-weg-Signal
• ▬ • ▬ • ▬
fortlaufend (mind. 15 Min.)

Schallzeichen bei unsichtigem Wetter

Bei unsichtigem Wetter (Nebel, Schneefall, starker Regen) sind die unten zusammengestellten Schallzeichen zu geben. Kleinfahrzeuge brauchen allerdings keine Schallzeichen zu geben.

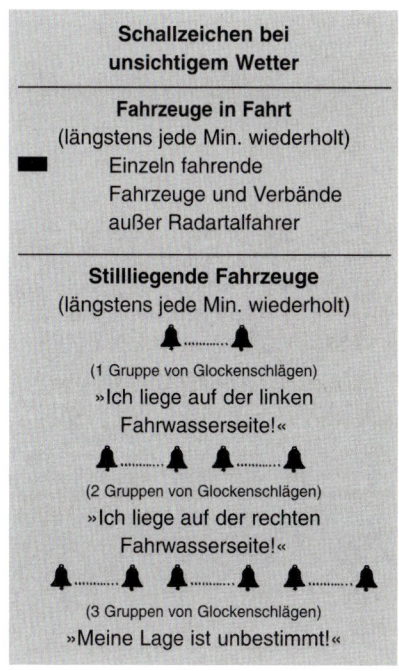

Schallzeichen bei unsichtigem Wetter
Fahrzeuge in Fahrt (längstens jede Min. wiederholt)
▬ Einzeln fahrende Fahrzeuge und Verbände außer Radartalfahrer
Stillliegende Fahrzeuge (längstens jede Min. wiederholt)
🔔······🔔 (1 Gruppe von Glockenschlägen) »Ich liege auf der linken Fahrwasserseite!«
🔔 🔔 🔔 (2 Gruppen von Glockenschlägen) »Ich liege auf der rechten Fahrwasserseite!«
🔔 🔔 🔔 🔔 🔔 🔔 (3 Gruppen von Glockenschlägen) »Meine Lage ist unbestimmt!«

Ausweichregeln für Kleinfahrzeuge

Fragen 155, 158, 159, 162, 210–213, 215–227, 567–575

Grundregeln

- Alle Ausweichmanöver müssen rechtzeitig, klar erkennbar und entschlossen durchgeführt werden.
- Die Gefahr eines Zusammenstoßes besteht, wenn sich zwei Fahrzeuge so nähern, dass sich die Peilung beider Fahrzeuge zueinander nicht ändert.

Kleinfahrzeuge und andere Fahrzeuge untereinander
- **Abb. A**: *Kleinfahrzeuge (Fahrzeuge von weniger als 20 m Länge) – egal, ob unter Segel oder Motor – müssen allen übrigen Fahrzeugen den für ihren Kurs und zum Manövrieren notwendigen Raum lassen; sie können nicht verlangen, dass diese ihnen ausweichen.*

Verschiedene Kleinfahrzeuge untereinander
- **Abb. B: Kleinfahrzeuge mit Maschinenantrieb** müssen Kleinfahrzeugen ohne Maschinenantrieb ausweichen.

- **Abb. C: Kleinfahrzeuge, die ohne Antriebsmaschine und nicht unter Segel fahren**, müssen Kleinfahrzeugen unter Segeln ausweichen.

Muss ein Fahrzeug aufgrund dieser Regeln ausweichen, so muss es seinen **Kurs rechtzeitig nach Stb richten**; ist dies aus nautischen Gründen nicht möglich, so muss es rechtzeitig und unmissverständlich durch geeignete Manöver zeigen, wie es ausweichen will – eventuell auch durch Kursänderungssignale.
- **Abb. D**: *Ein Segler am Wind darf nicht so kreuzen, dass er ein anderes Kleinfahrzeug, das das Ufer an seiner Stb-Seite anhält, zum Ausweichen zwingt.*

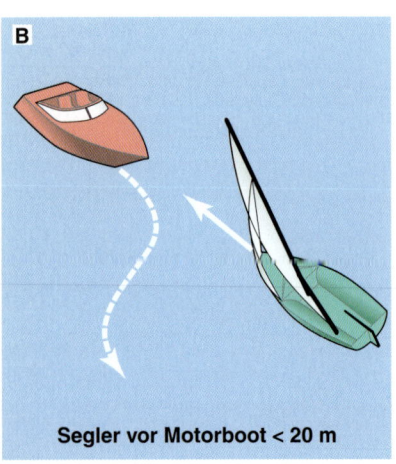

Segler vor Motorboot < 20 m

Segler vor Ruderfahrzeug

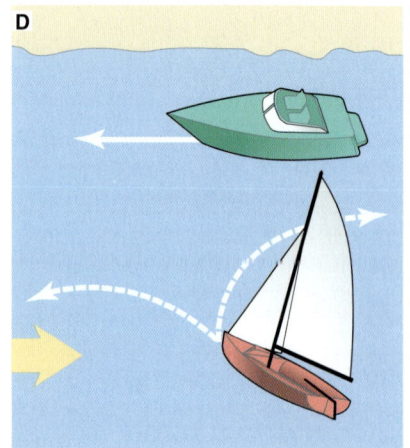

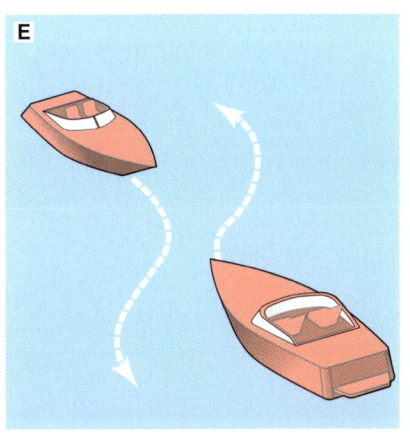

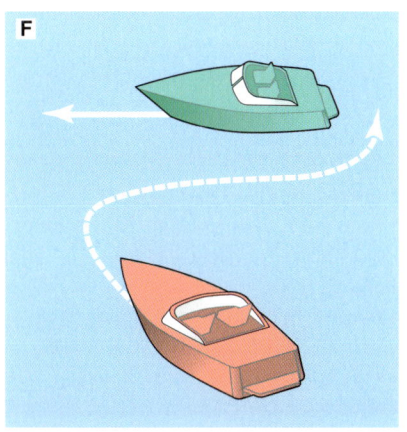

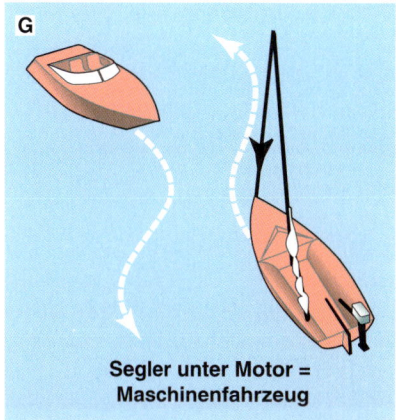

**Segler unter Motor =
Maschinenfahrzeug**

Maschinengetriebene Kleinfahrzeuge untereinander
- **Abb. E**: *Begegnen sie sich auf entgegengesetzten oder fast **entgegengesetzten Kursen**, so müssen beide nach Stb ausweichen, sodass sie einander an Bb passieren.*

- **Abb. F**: *Begegnen sie sich auf **kreuzenden Kursen**, muss das Boot ausweichen, das das andere an seiner Stb-Seite hat (»rechts vor links«). Diese Regeln gelten auch für Kleinfahrzeuge ohne Maschinenantrieb, die nicht unter Segel fahren.*

- **Abb. G: Ein Segelboot mit laufender Antriebsmaschine** *gilt als maschinengetriebenes Kleinfahrzeug und muss entsprechend ausweichen.*

Segelnde Kleinfahrzeuge untereinander
- **Abb. H**: *Haben sie den **Wind von verschiedenen Seiten**, muss das Fahrzeug, das den Wind von Bb hat, dem anderen ausweichen.*

- **Abb. I**: *Haben sie den **Wind von derselben Seite**, muss das luvwärtige Fahrzeug dem leewärtigen ausweichen.*
- **Abb. K**: *Ein Segler mit Wind von Bb muss ausweichen, wenn er nicht klar ausmachen kann,*

von welcher Seite ein luvwärtiges Boot den Wind hat.
- **Segler überholen einander in Luv.** *Luvseite im Sinn dieser Regeln ist diejenige Seite, die dem gesetzten Großsegel gegenüber liegt.*

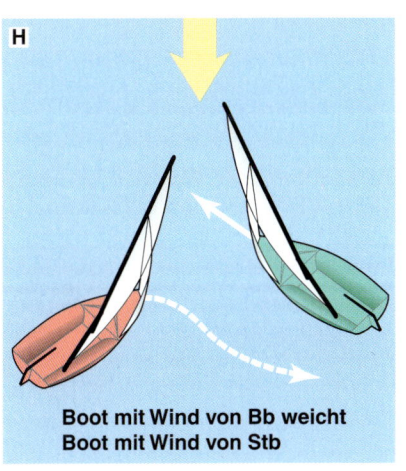

**Boot mit Wind von Bb weicht
Boot mit Wind von Stb**

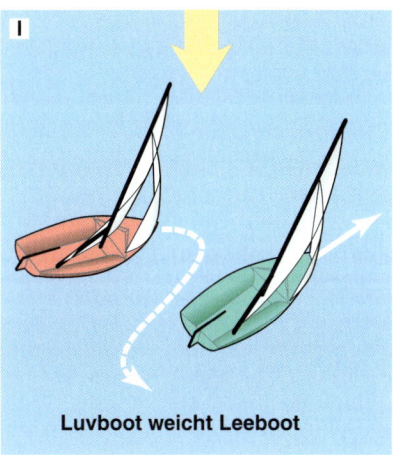

Luvboot weicht Leeboot

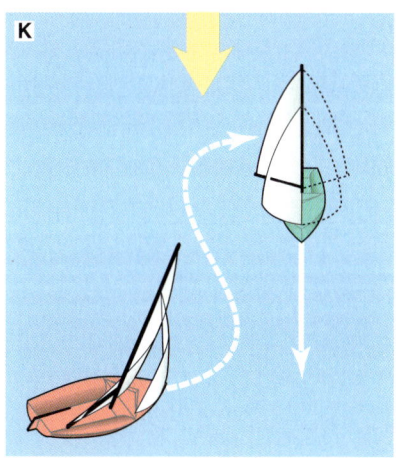

Fahrregeln

*Fragen 59, 64–70, 72, 96,
200–209, 228–243,
458–467*

Begegnen und Überholen

Da kleine Sportboote Berufsfahrzeugen stets ausweichen müssen und sie bei ihren Manövern nicht behindern dürfen, sollten wir auch einige Regeln kennen, die nur für die Berufsschiffe gelten. Denn dann können wir besser erkennen, was sie vorhaben.

Beim **Begegnen** muss der Bergfahrer dem Talfahrer den notwendigen Raum lassen. In der Regel fahren beide rechts, sodass sie einander an Bb passieren. Will der Bergfahrer aber den Talfahrer ausnahmsweise **an Steuerbord passieren** lassen, so zeigt er an seiner Stb-Seite (vgl. Abb.):

- tags eine hellblaue Flagge oder Tafel mit weißem Funkellicht
- nachts ein weißes Funkellicht

Kleine Sportboote müssen sich hierauf einstellen und

- klaren Kurs zeigen,
- den größtmöglichen Passierabstand einhalten und
- nötigenfalls ihre Fahrt verringern.

Der **Überholer** ist ausweichpflichtig. Er muss sich vor dem Manöver vergewissern, dass das Überholen gefahrlos möglich ist. Es gilt:

- zügig überholen (Geschwindigkeit anpassen)
- beteiligte Fahrzeuge nicht behindern
- Verkehrslage und eventuelle Schallzeichen (s. S. 147) beachten
- ausreichenden Raum geben
- vom Ufer und anderen Fahrzeugen genügend Abstand halten

Kreuzen sich die Kurse zweier Fahrzeuge der Großschifffahrt, so muss das Fahrzeug ausweichen, das das andere an Steuerbord hat.

Mit einem **kleinen Sportboot** sollten wir grundsätzlich nicht zu dicht an ein großes, in Fahrt befindliches Fahrzeug heranfahren. Denn es kann durch dessen Sog mit dem Fahrzeug kollidieren, durch dessen Bug- bzw. Heckwelle kentern oder in dessen toten Winkel geraten. Einem Segelboot kann durch die Abdeckung durch das große Fahrzeug plötzlich der für die Fahrt erforderliche Wind genommen werden.

Fahrgeschwindigkeit

Unsere Fahrgeschwindigkeit müssen wir stets der Verkehrslage sowie den Fahrwasser-, Witterungs- und Sichtverhältnissen anpassen.

Geschwindigkeitsbeschränkungen werden mit entsprechenden Tafeln angezeigt. Informationen zu Geschwindigkeitsbeschränkungen auf den einzelnen Binnenschifffahrtsstraßen erhalten wir bei der Wasser- und Schifffahrtsverwaltung und der Wasserschutzpolizei. Wir finden sie auch in der BinSchStrO (Zweiter Teil).

Die Tafel bzw. Lichter **Sog und Wellenschlag vermeiden** (Rot über Weiß, vgl. S. 144) bedeuten, dass wir unsere Fahrgeschwindigkeit so weit vermindern müssen, dass keine Heckwelle mehr entsteht; die sichere Steuerfähigkeit muss jedoch erhalten bleiben. Sog und Wellenschlag müssen wir aber immer vermeiden

- vor Hafenmündungen und Häfen,
- an Lade- und Löschplätzen,
- an den üblichen Liegestellen,
- in der Nähe von nicht frei fahrenden Fähren,
- auf gekennzeichneten Strecken,
- an Badezonen und Zeltplätzen,
- in der Nähe von schwimmenden Geräten bei der Arbeit (s. S. 141).

Stillliegen, Ankern, Festmachen

Das Liegeverbot umfasst das Anker- und das Festmacheverbot. Stillliegen ist stets verboten

- in der Fahrrinne,
- auf Schifffahrts- und Schleusenkanälen,
- unter Brücken und Hochspannungsleitungen,
- in Fahrwasserengen und Hafeneinfahrten,
- an Abzweigungen und Einmündungen von Nebenwasserstraßen,
- in der Fahrrinne von Fähren,
- im Kurs, den Fahrzeuge beim An- und Ablegen an Landebrücken benutzen,
- auf Wendestellen,
- in Wasserski-, Wassermotorrad- oder Kitesurfstrecken.

In den Kanälen ist das Ankern verboten, um eine Beschädigung des Kanalbettes zu vermeiden.

Wasserski und Wassermotorrad

Wasserski- und Wassermotorradfahren sind nur erlaubt

- auf den mit entsprechenden Tafeln gekennzeichneten Wasserflächen,
- von Sonnenaufgang bis Sonnenuntergang und für Wassermotorräder nur zwischen 07.00 und 20.00 Uhr,
- bei Sicht von mehr als 1000 m, sofern es keine weiteren Beschränkungen z. B. durch Zusatztafeln und oder Sondervorschriften gibt.

Außerhalb der ausgewiesenen Strecken und Wasserflächen dürfen Wassermotorräder für Touren und Wanderfahrten oder zum Erreichen der nächstgelegenen Strecke/Wasserfläche fahren. Hierbei müssen sie einen klar erkennbaren Geradeauskurs einhalten.

Wasserskifahrer müssen sich im Kielwasser des Zugbootes halten. Das Zugboot muss mit mindestens zwei Personen besetzt sein, dem Schiffsführer und einer geeigneten Person, die den Wasserskiläufer ständig beobachtet und den Schiffsführer informiert.

Zugboot und Wasserskiläufer dürfen durch Sog und Wellenschlag

- andere Verkehrsteilnehmer und Badende nicht gefährden oder mehr als nach den Umständen unvermeidbar belästigen sowie
- Ufer, Regelungsbauwerke, schwimmende oder feste Anlagen oder Schifffahrtszeichen nicht beschädigen.

Falls erforderlich muss der Schiffsführer die Geschwindigkeit vermindern und bei der Vorbeifahrt einen Abstand von mindestens 10 m einhalten.

Schleusen, Brücken und Wehre, Sperrungen

Fragen 56, 81–95, 97–104, 176–180

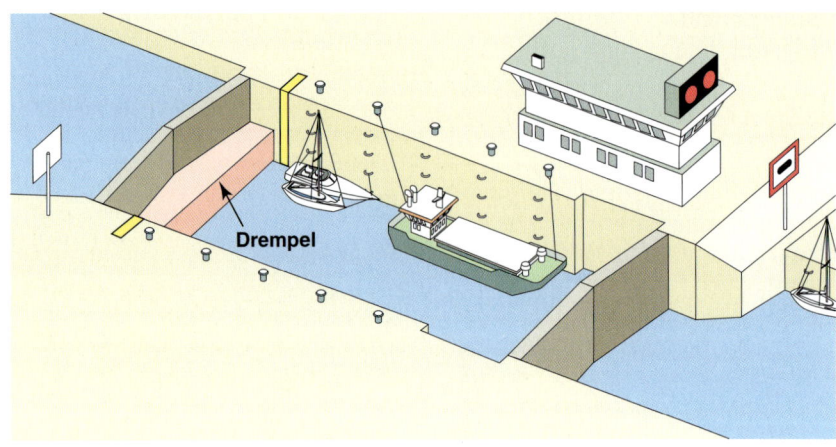

Drempel

Drempel

*Unmittelbar hinter dem Obertor liegt der Drempel. Seine Lage ist an der Schleusenwand **gelb markiert**. Beim Abschleusen müssen wir darauf achten, dass unsere Yacht nicht auf den Drempel aufsetzt.*

Schleusen

Im Schleusenbereich dürfen wir **nur unter Motor** und mit mäßiger Geschwindigkeit fahren. Haben wir keinen Motor, müssen wir uns von einem anderen Fahrzeug schleppen lassen.

Nähern wir uns einer Schleuse, müssen wir zunächst an den markierten Stellen **vor der Einfahrt** in die Schleusenkammer – spätestens vor dem Haltezeichen – **festmachen**. Schon hier müssen **Leinen, Fender** und **Bootshaken** bereitgelegt werden. **Autoreifen** dürfen nicht als Fender benutzt werden, da sie nicht schwimmen und in der Schleusenkammer

erhebliche Störungen (bis zum Betriebsausfall) verursachen können. Die **Anmeldung** zur Schleusung erfolgt über Sprechfunk oder Telefon bei der Schleusenaufsicht oder durch ein Schallsignal. Oft ist der UKW-Kanal, über den die Schleusenaufsicht erreicht werden kann, auf einer blauen Tafel angegeben.

Die **Einfahrt** in die Schleusenkammer und die Ausfahrt werden über **Lautsprecheranweisungen** oder durch **Lichtsignale** geregelt, die neben der Schleusenkammer stehen (siehe Abb. unten). Gibt es mehrere Schleusenkammern, so geben zwei weiße Blinklichter die zu benutzende Schleusenkammer an.

Kleinfahrzeuge haben in der Regel keinen Anspruch auf Einzelschleusung. Sie werden meist in einer Gruppe oder zusammen mit Fahrzeugen der Berufsschifffahrt geschleust. Dann müssen sie **hinter den Fahrzeugen der gewerblichen Schifffahrt** in die Schleusenkammer **einfahren**, es sei denn, das Schleusenpersonal gibt andere **Anweisungen**.

Wenn wir zusammen mit der gewerblichen Schifffahrt schleusen, müssen wir beim Einfahren und Ausfahren besonders auf das **Schraubenwasser** der voraus fahrenden Fahrzeuge achten. Sicherheitsabstand halten! Vor dem Ausfahren dürfen wir deshalb die Leinen nicht zu früh loswerfen.

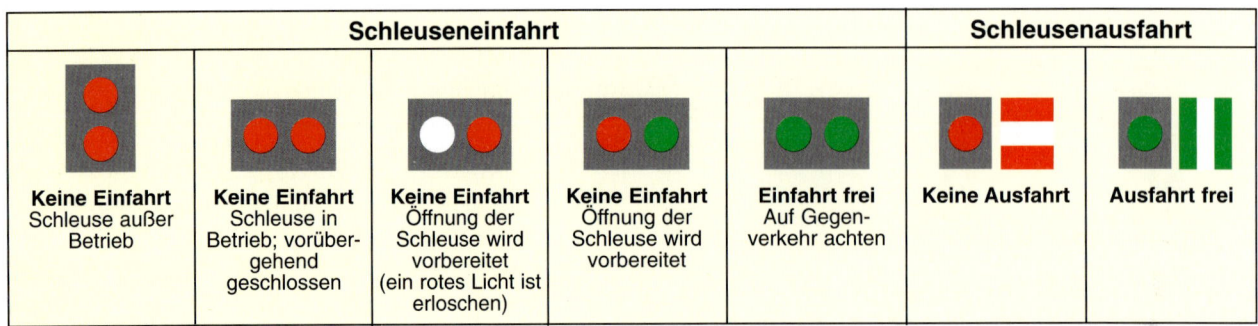

Schleuseneinfahrt					Schleusenausfahrt	
Keine Einfahrt Schleuse außer Betrieb	**Keine Einfahrt** Schleuse in Betrieb; vorübergehend geschlossen	**Keine Einfahrt** Öffnung der Schleuse wird vorbereitet (ein rotes Licht ist erloschen)	**Keine Einfahrt** Öffnung der Schleuse wird vorbereitet	**Einfahrt frei** Auf Gegenverkehr achten	**Keine Ausfahrt**	**Ausfahrt frei**

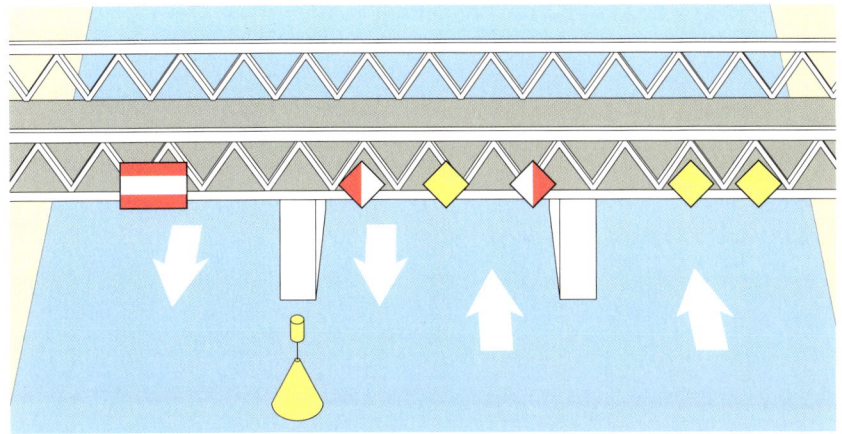

In der Schleuse dürfen wir die **Leinen** nicht fest an der Schleusenwand belegen, sondern müssen sie laufend fieren bzw. dichtholen; im Notfall müssen wir das Boot sofort losmachen können.

Beim Abschleusen müssen wir am Obertor auf den sogenannten **Drempel** (Unterwasserschwelle für das Schleusentor) achten. Er ist meist mit einer **gelben Farbmarkierung** an der Schleusenmauer gekennzeichnet.

Gesperrte Wasserflächen

Gelbe Tonnen (oft mit **rot-weiß-roten Tafeln** als Toppzeichen) kennzeichnen gesperrte Wasserflächen. Die Ein- oder Durchfahrt ist für Fahrzeuge aller Art gesperrt (z. B. vor einem Wehr). Man findet sie auch als Begrenzung von **geschützten Badezonen**. In ihrer Nähe müssen wir die Geschwindigkeit reduzieren und auf Schwimmer achten.

Gesperrte Wasserfläche
für Fahrzeuge aller Art

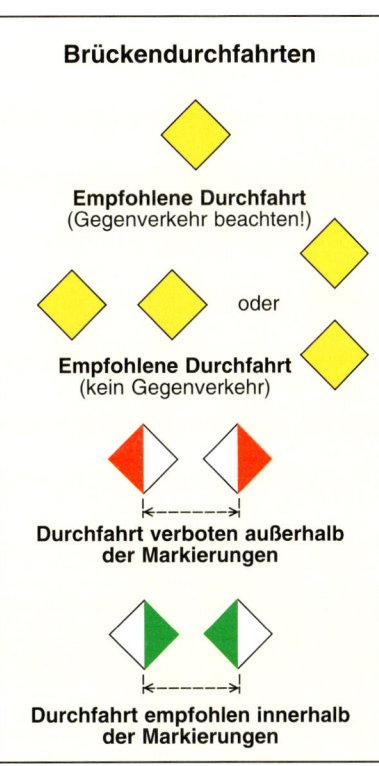

Brückendurchfahrten

Empfohlene Durchfahrt
(Gegenverkehr beachten!)

oder

Empfohlene Durchfahrt
(kein Gegenverkehr)

Durchfahrt verboten außerhalb der Markierungen

Durchfahrt empfohlen innerhalb der Markierungen

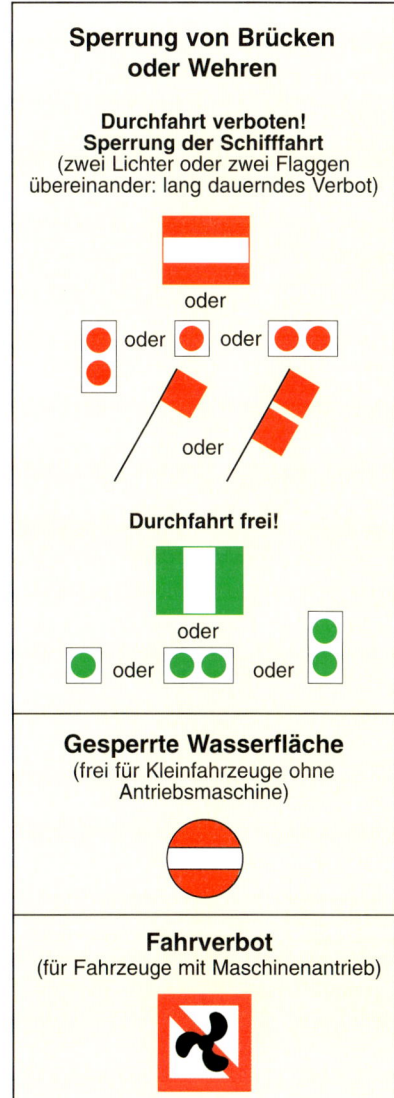

Sperrung von Brücken oder Wehren

Durchfahrt verboten!
Sperrung der Schifffahrt
(zwei Lichter oder zwei Flaggen übereinander: lang dauerndes Verbot)

oder

oder · oder

oder

Durchfahrt frei!

oder · oder

Gesperrte Wasserfläche
(frei für Kleinfahrzeuge ohne Antriebsmaschine)

Fahrverbot
(für Fahrzeuge mit Maschinenantrieb)

Bezeichnung von Wasserstraßen

Fragen 29, 30, 37–55, 57, 298, 587

Fahrwasser – Fahrrinne

Ein **Fahrwasser** ist der **Teil der Wasserstraße**, der den örtlichen Umständen nach vom durchgehenden Schiffsverkehr benutzt wird.

Eine **Fahrrinne** ist der **Teil des Fahrwassers**, in dem für den durchgehenden Schiffsverkehr bestimmte Breiten und Tiefen vorgehalten bzw. angestrebt werden.

Fahrwasserseiten

Die **Seiten der Fahrrinne bzw. des Ufers** beziehen sich bei Flüssen immer auf die Richtung von der Quelle zur Mündung (**Talfahrt**): Das **linke Ufer** bzw. die **linke Fahrrinnenseite** hat der Talfahrer an seiner linken Seite und das **rechte Ufer** bzw. die **rechte Fahrrinnenseite** hat er an seiner Steuerbord-Seite.

Beispiel der Bezeichnung einer Wasserstraße

① *linke Seite der Fahrrinne*
② *rechte Seite der Fahrrinne*
③ *Spaltung der Fahrrinne*
④ *Abzweigung: linke Seite der durchgehenden Fahrrinne und rechte Seite der abzweigenden bzw. einmündenden Fahrrinne*
⑤ *Abzweigung: rechte Seite der durchgehenden Fahrrinne und linke Seite der abzweigenden bzw. einmündenden Fahrrinne*
⑥ *linke Seite der Wasserstraße (feste Zeichen)*
⑦ *rechte Seite der Wasserstraße (feste Zeichen)*
⑧ *Hindernis linke Seite der Wasserstraße (schwimmende Zeichen)*
⑨ *Hindernis rechte Seite der Wasserstraße (schwimmende Zeichen)*

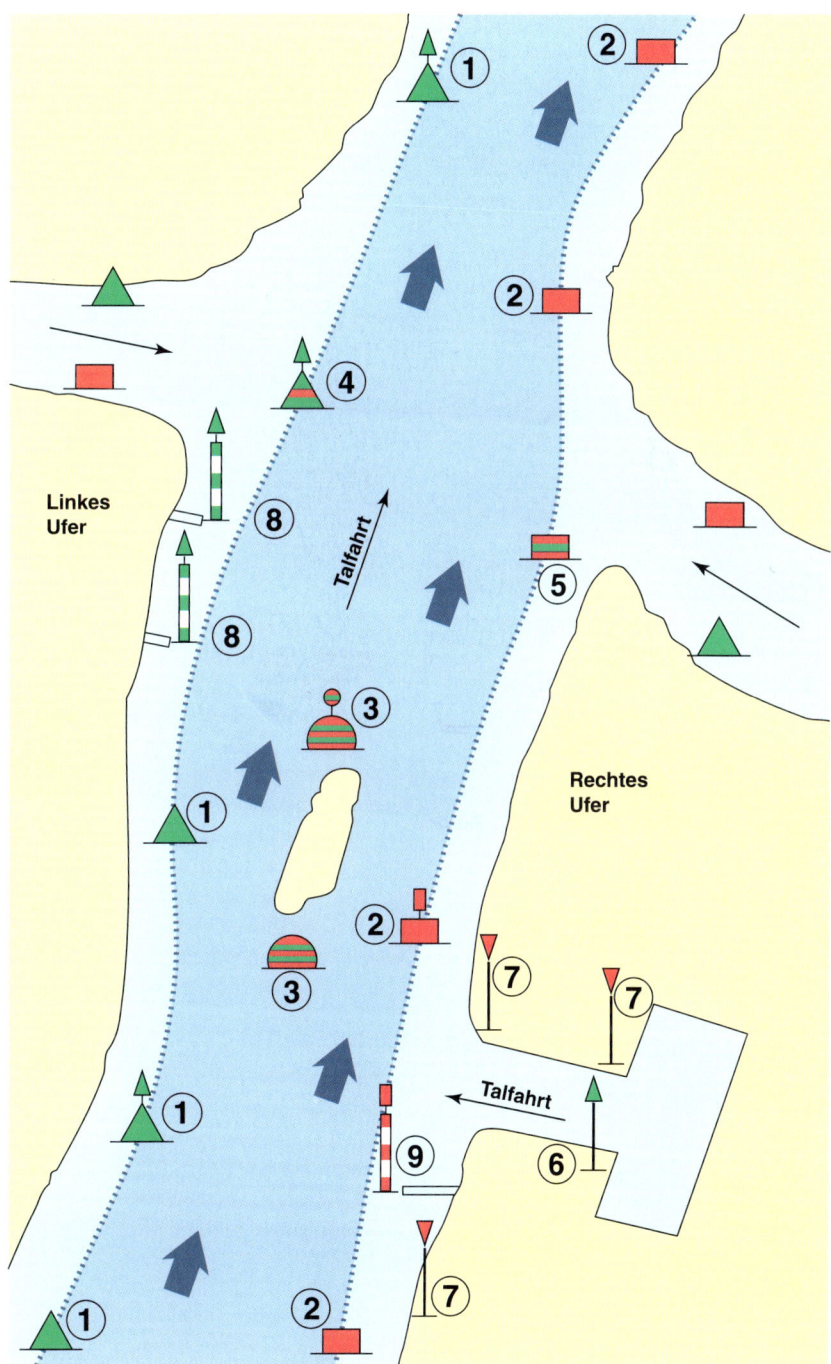

Talfahrt bzw. »zu Tal« bedeutet auf Flüssen also die Fahrt in Richtung Mündung und **Bergfahrt** bzw. »zu Berg« die Fahrt in Richtung Quelle. (Auf Kanälen ist die Richtung »Bergfahrt« in der BinSchStrO, Zweiter Teil, festgelegt.)

Bezeichnung der Fahrrinne

Die Fahrrinne ist häufig durch Tonnen oder Schwimmstangen begrenzt und markiert. Man findet
- an der **rechten Fahrrinnenseite rote** Stumpftonnen oder Schwimmstangen (eventuell mit rotem Zylinder als Toppzeichen),
- an der **linken Fahrrinnenseite grüne** Spitztonnen oder Schwimmstangen (eventuell mit grünem Kegel als Toppzeichen, Spitze oben),
- an einer **Fahrrinnenspaltung rot-grün** waagerecht gestreifte Tonnen oder Schwimmstangen.

Bezeichnung von Hindernissen

Hindernisse (Buhnen, Kribben) werden bezeichnet
- an der **rechten Seite** der Wasserstraße durch feste Stangen mit rotem Kegel als Toppzeichen (Spitze unten) oder **mit rot-weiß gestreiften** Schwimmstangen oder Tonnen mit rotem Zylinder als Toppzeichen.

- an der **linken Seite** der Wasserstraße durch feste Stangen oder **grün-weiß gestreifte** Schwimmstangen oder Tonnen mit grünem Kegel als Toppzeichen (Spitze oben).

Von allen ausgelegten Tonnen muss ein ausreichender **Sicherheitsabstand** eingehalten werden, weil sie ihre Lage durch Wasserstandsschwankungen sowie durch Wind- oder Strömungseinwirkung ändern können.

Hochwasser

Es gibt zwei Hochwassermarken:
- **Hochwassermarke I** bedeutet Fahrtbeschränkungen.
- **Hochwassermarke II** bedeutet Einstellung der Schifffahrt. Dann ist die Fahrt sofort einzustellen.

Die Wasserstände und Hochwassermarken kann man an den **Pegeln** und ausgewiesenen **Hochwassermarken** ablesen. Sie werden aber auch durch die Wasser- und Schifffahrtsverwaltung über die **Medien** (Rundfunk, Fernsehen, Internet, Nautischer Info-Funk) verbreitet.

Bei Hochwasser müssen wir
- die Geschwindigkeit anpassen,
- so weit wie möglich in der Fahrwassermitte bleiben und
- besondere Geschwindigkeitsbeschränkungen und Fahrtbeschränkungen beachten.

Grundberührung in der Fahrrinne

Wenn wir innerhalb der Fahrrinne ein **Unterwasserhindernis** feststellen oder gar eine **Grundberührung** haben, so müssen wir dies mit genauer Angabe der Hindernisstelle der Wasserschutzpolizei oder der Wasser- und Schifffahrtsverwaltung melden, damit sie das Hindernis kennzeichnen oder beseitigen kann.

Manövrierunfähig in der Fahrrinne

Wenn sich der Motor unseres Sportbootes **bei Flaute in der Fahrrinne** nicht starten lässt, sind wir **manövrierunfähig.** Wir müssen dann
- die Fahrrinne mit Paddeln oder Schlepphilfe frei machen,
- den Anker klar machen und
- die Signale eines manövrierunfähigen Fahrzeuges zeigen (rote Flagge bzw. rotes Licht im unteren Halbkreis schwenken, s. S. 146).

Verhalten nach einem Zusammenstoß

Nach einem Zusammenstoß müssen wir
- Erste Hilfe leisten,
- unser Fahrzeug aus der Fahrrinne bringen und
- die Wasser- und Schifffahrtsverwaltung oder Wasserschutzpolizei verständigen.

Linke Seite

Form und Farbe: grüne Spitz- oder Leuchttonne oder Schwimmstange
Toppzeichen (wenn vorhanden): grüner Kegel – Spitze oben – (meist als Radarreflektor)
Feuer (wenn vorhanden): grünes Taktfeuer

Fahrrinne Spaltung

Form und Farbe: rot-grün waagerecht gestreifte Kugel- oder Leuchttonne oder Schwimmstange
Toppzeichen (wenn vorhanden): rot-grün waagerecht gestreifter Ball (meist als Radarreflektor)
Feuer (wenn vorhanden): weißes Funkel- oder Gleichtaktfeuer: Fkl. oder Glt.

Rechte Seite

Form und Farbe: rote Stumpf- oder Leuchttonne oder Schwimmstange
Toppzeichen (wenn vorhanden): roter Zylinder (meist als Radarreflektor)
Feuer (wenn vorhanden): rotes Taktfeuer

Abzweigung, Einmündung, Hafeneinfahrt

Linke Seite der durchgehenden und rechte Seite der abzweigenden oder einmündenden Fahrrinne

Form und Farbe: wie oben, aber mit einem waagerechten roten Streifen
Toppzeichen (wenn vorhanden): wie oben
Feuer (wenn vorhanden): grünes Blitzfeuer: Blz. (2+1)

Rechte Seite der durchgehenden und linke Seite der abzweigenden oder einmündenden Fahrrinne

Form und Farbe: wie oben, aber mit einem waagerechten grünen Streifen
Toppzeichen (wenn vorhanden): wie oben
Feuer (wenn vorhanden): rotes Blitzfeuer: Blz. (2+1)

Hindernisse in oder an der Wasserstraße

Linke Seite

Form und Farbe: grün-weiß waagerecht gestreifte Spieren- oder Leuchttonne oder Schwimmstange oder feste schwarze Stange
Toppzeichen: grüner Kegel – Spitze oben – (meist als Radarreflektor)
Feuer (wenn vorhanden): grünes Taktfeuer

Spaltung

Form und Farbe: feste schwarze Stange
Toppzeichen: stundenglasförmiger Doppelkegel, oberer Kegel rot, unterer Kegel grün (meist als Radarreflektor)
Feuer (wenn vorhanden): weißes Funkel- oder Gleichtaktfeuer: Fkl. oder Glt.

Rechte Seite

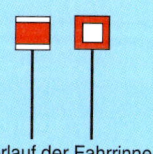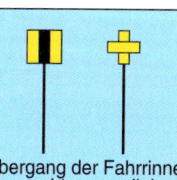

Form und Farbe: rot-weiß waagerecht gestreifte Spieren- oder Leuchttonne oder Schwimmstange oder feste schwarze Stange
Toppzeichen: roter Zylinder (bei schwimmenden Zeichen), roter Kegel – Spitze unten – (bei festen Zeichen), meist als Radarreflektor
Feuer (wenn vorhanden): rotes Taktfeuer

Die festen schwarzen Stangen bezeichnen die Wasserstraße sowie Hindernisse in bzw. an der Wasserstraße.

Lage der Fahrrinne zum Ufer und Übergang von einem zum anderen Ufer

Verlauf der Fahrrinne am linken Ufer

Übergang der Fahrrinne vom linken zum rechten Ufer

Linke Seite grün/weiße Tafel oder grüner Lattenrahmen; gelbe Tafel auf der Spitze stehend mit schwarzem Mittelstreifen oder gelbes liegendes Kreuz

Rechte Seite rote Tafel mit weißem Streifen oben und unten oder roter Lattenrahmen; gelbe Tafel mit schwarzem Mittelstreifen oder gelbes stehendes Kreuz

Verlauf der Fahrrinne am rechten Ufer

Übergang der Fahrrinne vom rechten zum linken Ufer

Bodensee

Auf dem Bodensee gilt für alle drei Anliegerstaaten die Bodensee-Schifffahrtsordnung (BodenseeSchO).

Ausweichregeln

Alle Fahrzeuge müssen ausweichen:
- **Vorrangfahrzeugen** (= Fahrgastschiffe im Linienverkehr), die tags mit einem grünen Ball, nachts mit einem grünen Rundumlicht 1 m über dem Topplicht gekennzeichnet sind
- **Schleppverbänden**
- **Berufsfischern** beim Fang, die einen **weißen Ball** mindestens 1 m über dem Rumpf führen (führen sie eine weiße Flagge, so fischen sie mit Schleppangeln und haben keine Vorfahrt)

Diesen Fahrzeugen gegenüber muss ein **Mindestabstand von 50 m** eingehalten werden. 200 m beträgt der Abstand hinter Berufsfischern.
- **Aus einem Hafen auslaufende Fahrzeuge haben Vorfahrt** gegenüber Fahrzeugen, die in den Hafen einlaufen. (Hiervon ausgenommen sind einlaufende Vorrangschiffe, Schleppverbände und Schiffe in Not, die dann drei lange Töne geben müssen.)

Abweichend von der BinSchStrO dürfen Segler **auch in Lee überholen**. Im Übrigen gelten die Ausweichregeln der BinSchStrO.

Höchstgeschwindigkeit

Folgende Geschwindigkeiten dürfen nicht überschritten werden:
- Ober- und Untersee 40 km/h
- Alter Rhein und Seerhein 10 km/h
- Hochrhein 20 km/h bei Talfahrt, 10 km/h bei Bergfahrt

Uferschutz

Fahrzeuge mit Motor müssen einen Mindestabstand von 300 m vom Ufer und dem ihm vorgelagerten Schilfgürtel einhalten – außer beim An- und Ablegen und Stillliegen. Beim An- und Abfahren muss der kürzeste Weg gewählt werden und darf nicht schneller als 10 km/h gefahren werden.

Lichterführung

Maschinengetriebene Fahrzeuge in Fahrt führen nachts:
- ein Topplicht (weiß/4 km)
- Seitenlichter (rot, grün/3 km)
- Hecklicht (weiß/4 km)

Sportboote mit Motor führen die gleichen Lichter; sie brauchen aber nur 2 km bzw. 1,5 km (Seitenlichter) weit zu tragen. Die Seitenlichter können in einer Zweifarbenlaterne, die Seitenlichter und das Hecklicht in

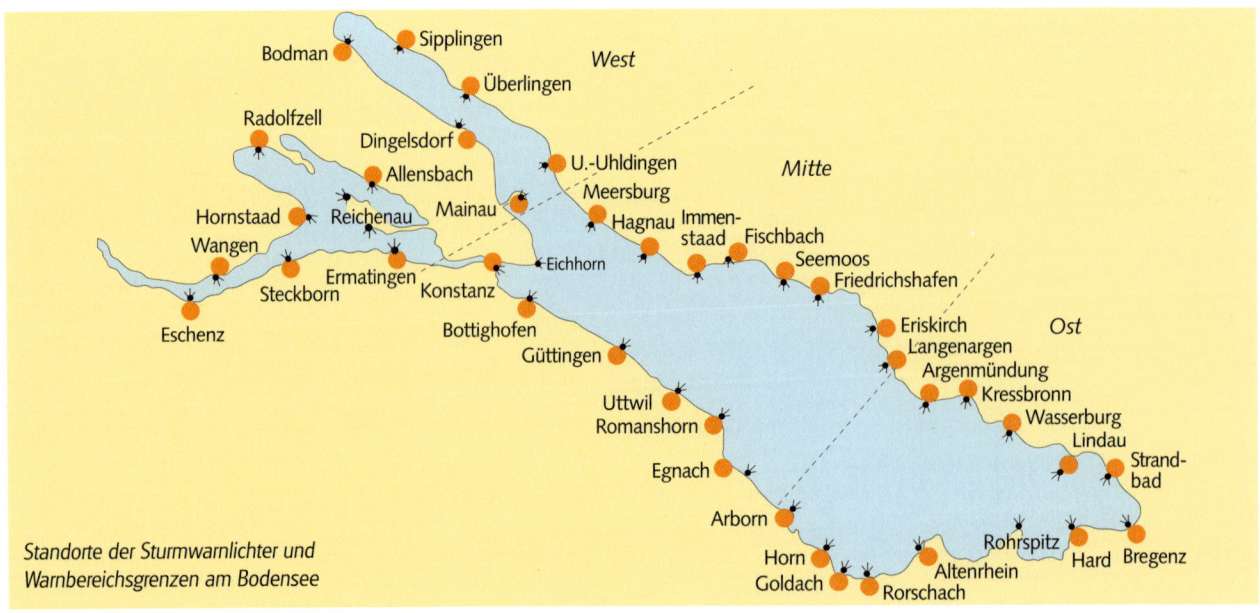

Standorte der Sturmwarnlichter und Warnbereichsgrenzen am Bodensee

einer Dreifarbenlaterne zusammengefasst sein.

Segler und Sportboote mit einem
Motor von weniger als 4,4 kW (6 PS)
brauchen nur ein weißes Rundumlicht (2 km) zu führen. Dies gilt auch
für Berufsfischer mit einem Motor
unter 4,4 kW.

Schallsignale

Die Schallsignale stimmen weitgehend
mit denen der BinSchStrO überein.
Zusätzlich gibt es:

Achtung, ich behalte meinen Kurs bei!
oder
Nebelsignal
(nicht für Vorrangschiffe)
oder
Brückendurchfahrtssignal

(1 x pro Minute)
Nebelsignal der Vorrangschiffe

**Hafeneinfahrtssignal der Vorrangschiffe,
Schleppverbände und Fahrzeuge in Not**

● ●

(3 x pro Minute oder anhaltendes
Glockenläuten)
**Nebelsignal der Häfen, Landestellen
und Nebelwarnanlagen**

Fahrzeuge, die keine Nebelsignale
geben können, dürfen bei unsichtigem Wetter nicht auslaufen bzw.
müssen den nächsten Hafen anlaufen.

Sturmwarndienst

Rund um den Bodensee sind zur
Sturmwarnung 43 orangefarbene
Blinkscheinwerfer installiert (vgl.
S. 158). Es werden zwei Arten von
Warnungen gegeben:

- **Starkwindwarnung:**
ca. 40 orangefarbige Blitze in der
Minute. Diese Warnung ist eine
unmittelbare Windwarnung; mit
Böen zwischen 25 und 33 Knoten
(ab Bft 6) ist zu rechnen.
Die Starkwindwarnung kann in
eine Sturmwarnung erweitert und
auch wieder zurückgeschaltet werden.
- **Sturmwarnung:**
ca. 90 orangefarbige Blitze in der
Minute. Die Sturmwarnung kündigt eine unmittelbare Gefahr an
mit dem Auftreten von Böen von
34 Knoten und mehr (ab Bft 8).

Bodenseeschifferpatent

Für Boote mit mehr als 4,4 kW (6 PS)
braucht man das **Patent A,** für Segelboote mit mehr als 12 m^2 Segelfläche
das **Patent D**. Alles Weitere siehe unter
»Bodenseeschifferpatent« S. 160.

Kennzeichnungspflicht

Auf dem Bodensee muss jedes zulas-
sungs- und registrierpflichtige Boot
ein amtliches Kennzeichen führen.
Ausgenommen sind Boote ohne
Motor unter 2,50 m Länge. Das Kennzeichen kann auch von einer Behörde
außerhalb des Bodensees stammen.

Zulassung

Motor- und Segelboote mit Wohn-,
Koch- oder sanitären Einrichtungen
müssen zugelassen sein. Die Zulassung gilt für drei Jahre.
Im Übrigen sind nur typgeprüfte
Motoren zugelassen, die den Abgas-
vorschriften für den Bodensee entsprechen.

Bayerische und Berliner Gewässer

Bayerische Gewässer

Auf den bayerischen Gewässern ohne
Bodensee (BodenseeSchO), Donau ab
Kehlheim (DonauSchPVO) und
Main-Donau-Kanal (BinSchStrO) gilt
die Landesverordnung für die Schiff-
fahrt auf den bayerischen Gewässern
(SchO).

- Motorboote und Segelboote mit
eingebauter Wohn-, Koch- oder
sanitärer Einrichtung oder mit
einem Hilfsmotor über 4 kW brauchen eine **Genehmigung, Zulassung und TÜV-Untersuchung**.
- Segelboote mit einem Hilfsmotor
unter 3,68 kW brauchen nur die
Zulassung; Segelboote ohne Hilfsmotor und ohne die oben genannten Einrichtungen, die länger als
9,20 m sind, brauchen eine Genehmigung.
- **Hilfsmotoren** dürfen nur bei
Gefahr und für Hafenmanöver
benutzt werden.

Berliner Wasserstraßen

Hier gilt die BinSchStrO.
Der **Sportbootführerschein Binnen**
ist auf den innerstädtischen Wasser-
straßen Berlins auch für Sportboote
vorgeschrieben, die mit einer Antriebsmaschine von 3,68 kW (5 PS) und
weniger ausgerüstet sind, und für Segelboote mit mehr als 3 m^2 Segelfläche.
Kleinfahrzeuge mit mehr als 2,21 kW
(3 PS) und Segelboote über 5,50 m
Länge müssen ein amtliches oder amtlich anerkanntes Kennzeichen führen.

Führerscheine

Fragen 1–4, 10, 11, 21–23

Amtliche Pflichtführerscheine

Der **Sportbootführerschein Binnen** ist durch die *Sportbootführerscheinverordnung Binnen* auf den Binnenschifffahrtsstraßen für Sportboote mit mehr als 3,68 kW (5 PS) Antriebsleistung und weniger als 15 m Länge (ohne Ruder und Bugspriet) vorgeschrieben. Dies gilt auch, wenn die Antriebsmaschine nicht benutzt wird. In **Berlin** ist der Sportbootführerschein Binnen für alle motorisierten Sportboote und für unmotorisierte Segelboote und Segelsurfbretter mit mehr als 3 m² Segelfläche vorgeschrieben.

Der Sportbootführerschein Binnen kann **entzogen** werden, wenn der Inhaber nicht mehr tauglich ist oder sich durch sein Verhalten im Verkehr als unzuverlässig erwiesen hat.

Der Führer eines Sportbootes mit Antriebsmaschine muss mindestens 16 Jahre, der Führer eines Sportbootes ohne Antriebsmaschine mindestens 14 Jahre alt sein.

Für Sportboote mit einer Länge von 15 bis 25 m (ohne Ruder und Bug-spriet) benötigt man auf den Binnenschifffahrtsstraßen das **Sportschifferzeugnis** oder ein anderes vom Bundesministerium für Verkehr, Bau und Stadtentwicklung (BMVBS) anerkanntes Befähigungszeugnis.

Auf dem Rhein ist stattdessen das **Sportpatent** vorgeschrieben. Es gilt auch auf den übrigen Binnenschifffahrtstraßen.

Der **Sportbootführerschein See** ist auf den deutschen Seeschifffahrtsstraßen für Sportboote mit Antriebsmaschine vorgeschrieben, deren an der Propellerwelle abgegebene Leistung 3,68 kW (5 PS) übersteigt.

Freiwillige amtliche Führerscheine

Der **Sportküstenschifferschein (SKS)** gilt auf den Küstengewässern aller Meere bis 12 sm Abstand von der Festlandsküste. Voraussetzung für den Erwerb des SKS ist der Sportbootführerschein See.

Der **Sportseeschifferschein (SSS)** gilt in den küstennahen Seegewässern aller Meere bis zu 30 sm Abstand von der Festlandsküste sowie in den Seegebieten der Ost- und Nordsee, des Englischen Kanals, des Bristolkanals, der Irischen und Schottischen See, des Mittelmeeres und des Schwarzen Meeres.

Der **Sporthochseeschifferschein (SHS)** gilt weltweit.

Verbandführerscheine des DSV

Der **Sportsegelschein des DSV** gilt für das Segeln in Binnenrevieren und auf küstennahen Wasserflächen, die auf Sicht befahren werden können, sowie als Befähigungsnachweis für Regatten, soweit kein amtlicher Führerschein vorgeschrieben ist. Mindestalter: 14 Jahre. Der Sportsegelschein wird nur durch DSV-Vereine geprüft und erteilt.

Die **ehemaligen Verbandsführerscheine** des DSV A (Binnenfahrt), R (Revierfahrt), BR (Küstenfahrt), BK (Große Küstenfahrt) und C (Seefahrt) werden nicht mehr erteilt. Bereits erteilte Führerscheine bleiben weiterhin gültig.

Daneben gibt es den **Jüngstensegelschein** (Mindestalter 7 Jahre) und den **Segelsurfschein**.

Bodenseeschifferpatent

Auf dem Bodensee benötigt man ein Bodenseeschifferpatent. Es gibt
- das **Patent A** für maschienengetriebene Fahrzeuge über 4,4 kW (6 PS) Leistung (Mindestalter: 18 Jahre) und
- das **Patent D** für Segelfahrzeuge mit mehr als 12 m² Segelfläche (Mindestalter 14 Jahre).

Für Segelfahrzeuge mit Hilfsmotor (mehr als 4,4 kW) braucht man beide Patente. Der Sportbootführerschein Binnen wird nicht anerkannt, ersetzt aber den praktischen Teil der Prüfung.

Für die Dauer eines Monats innerhalb eines Jahres werden Sportbootführerschein Binnen, Sportbootführerschein See und Sportküstenschifferschein als **Ferienpatent** anerkannt. Der formlose Antrag mit Kopie des Befähigungsnachweises ist an eines der Landratsämter Konstanz, Lindau oder Bodenseekreis Friedrichshafen zu richten.

Schiffspapiere
Flaggenführung
Schiffsregister
Sprechfunk

Frage 36

Schiffspapiere

Der **Internationale Bootsschein (IBS) für Wassersportfahrzeuge** enthält eine genaue Beschreibung und die Vermessungsdaten des Bootes und Motors sowie Angaben über den Heimathafen und den Wohnsitz des Eigentümers. Er erleichtert den Verkehr mit den Behörden, vor allem grenzüberschreitend, und beinhaltet das für Sportboote unter 20 m Länge auf den deutschen Binnenschifffahrtsstraßen vorgeschriebene Kennzeichen (vgl. S. 138). Er ist zwei Jahre lang gültig. Ausgestellt wird der IBS vom Deutschen Segler-Verband (DSV), dem Deutschen Motoryachtverband (DMYV) und dem ADAC. Er wird von allen europäischen Ländern anerkannt.

Der von einem DSV-Verbandsverein nur für Mitglieder ausgestellte **Standerschein** berechtigt zum Führen des Vereinsstanders. Er enthält die Maße der Yacht, führt aber im Behördenverkehr keinen Eigentumsnachweis. Auf Regatten benötigen wir für unsere Yacht einen **Messbrief**, der sicherstellen soll, dass die für die entsprechende Bootsklasse vorgeschriebenen Maße auch eingehalten werden. Er wird vom DSV ausgestellt. Wer den Internationalen Bootsschein für Wassersportfahrzeuge besitzt, braucht bei vielen Regatten keinen zusätzlichen Messbrief mehr.

Flaggenführung

Anders als auf Binnengewässern müssen Seeschiffe im Hafen, vor Anker und in Fahrt die Nationalflagge führen – ein deutsches Schiff also die Bundesflagge. Ein Verstoß hiergegen kann als Ordnungswidrigkeit mit Bußgeld geahndet werden. Zu den Seeschiffen zählen sicher nicht offene Jollen, wohl aber bereits kleinere Küstenkreuzer.

Die **Nationalflagge** wird am Heck geführt, auf einer Ketsch oder Yawl in Fahrt im Topp des Besanmastes. In den Sommermonaten weht sie von 8 Uhr bis Sonnenuntergang, spätestens bis 21 Uhr. In Regatten wird die Nationalflagge nicht geführt.

Die **Europaflagge** darf nur so gefahren werden, dass Zweifel an der Bundesflagge als alleiniger Nationalflagge ausgeschlossen sind – z. B. unter der Saling.

Der **Vereinsstander** wird tags und nachts meist im Großtopp gefahren. In ausländischen Küstengewässern setzen wir zusätzlich unter der Steuerbordsaling die **Gastlandflagge**.

Die **Verbandsflagge** des DSV oder die Flagge der Kreuzer-Abteilung wird in deutschen Gewässern unter der Steuerbordsaling, in ausländischen Gewässern unter der Backbordsaling gefahren. Auch diese Flaggen werden wie die Nationale nur tagsüber gesetzt.

Schiffsregister

Boote auf Binnengewässern mit mehr als 10 m³ Wasserverdrängung müssen, solche ab 5 m³ können nach der *Schiffsregisterordnung* in das **Binnenschiffsregister** eingetragen werden.

Yachten auf See mit einer Rumpflänge über 15 m müssen ins **Seeschiffsregister** eingetragen werden. Binnenschiffsregister und Seeschiffsregister werden getrennt von den Amtsgerichten geführt.

Sprechfunk

Zum Betreiben einer Sprechfunkanlage an Bord müssen folgende Voraussetzungen erfüllt sein:
- Die Anlage muss zugelassen sein. Um die Zulassung kümmert sich in der Regel der Hersteller. Zugelassene Anlagen erkennt man am amtlichen Zulassungszeichen.
- Die Bundesnetzagentur (BNetzA) muss der Anlage (auf Antrag) eine Frequenz zugeteilt haben. Hierbei wird auch das Rufzeichen erteilt.
- Das Gerät darf nur bedient werden, wenn der Schiffsführer das *UKW-Sprechfunkzeugnis für den Binnenschifffahrtsfunk - UBI* besitzt.

Zur Führerscheinprüfung

Die Prüfung

Die Prüfung besteht aus einem theoretischen und einem praktischen Teil und erstreckt sich auf den im Fragenkatalog enthaltenen Wissensstoff. Die **theoretische Prüfung** wird schriftlich durchgeführt und kann mündlich ergänzt werden.

Die schriftliche Prüfung besteht aus 22 Fragen des Teils A (Allgemeiner Teil), 8 Fragen des Teils B (Antriebsmaschine) und 15 Fragen des Teils C (Segeln) des Fragenkatalogs. Insgesamt sind 90 Punkte erreichbar. Wer 72 und mehr Punkte erreicht, hat die theoretische Prüfung bestanden; die mündliche Prüfung entfällt. Mit 60 bis 71 Punkten ist eine mündliche Prüfung erforderlich. Mit weniger als 60 Punkten ist man durchgefallen.

In der mündlichen Prüfung werden keine Fragen gestellt, die in der schriftlichen Prüfung nicht richtig beantwortet wurden.

In der **praktischen Prüfung** soll der Kandidat zeigen, dass er die zur sicheren Führung eines Segel- bzw. Motorbootes erforderlichen Kenntnisse und Fähigkeiten besitzt, insbesondere:

- Segel klarmachen, setzen und bergen, reffen und ausreffen
- Manövrieren: ab- und anlegen, festmachen, wenden, halsen, Mensch-über-Bord, ankern, fahren im Strom und im Schlepp
- Steuern nach Schifffahrtszeichen und anderen Objekten oder Kompass
- Seemännische Knoten: Achtknoten, zwei halbe Schläge, Kreuzknoten, einfacher und doppelter Schotstek, Palstek, Stopperstek, Webeleinstek, Belegen auf einer Klampe mit Kopfschlag

Ist die Prüfung **nicht bestanden**, kann man sie frühestens nach Ablauf eines Monats wiederholen. Bestandene Prüfungsteile können anerkannt werden und brauchen nicht wiederholt zu werden, wenn die Prüfung innerhalb von 12 Monaten wiederholt wird.

Mit der Abnahme der Prüfung hat das Bundesministerium für Verkehr, Bau und Stadtentwicklung (BMVBS) den Deutschen Segler-Verband (DSV) und den Deutschen Motoryachtverband (DMYV) beauftragt.

Anschriften und Telefonnummern der zuständigen Prüfungsausschüsse findet man im Internet unter den Adressen *www.dsv.org* und *www.dmyv.de*. Dort kann man die angesetzten Prüfungstermine erfragen.

Zulassung zur Prüfung

Der Kandidat muss mindestens 16 Jahre alt sein; wird die Prüfung nur für den Teil Segeln oder Surfen abgelegt, genügt ein Mindestalter von 14 Jahren. Die Zulassung zur Prüfung erfolgt frühestens 3 Monate vor Erreichen des jeweiligen Mindestalters. Die Zulassung zur Prüfung muss auf einem Formblatt bei dem ausgewählten Prüfungsausschuss mit folgenden Unterlagen beantragt werden:

- Lichtbild (38 x 45 mm)
- ärztliches Tauglichkeitszeugnis gemäß Vordruck, aus dem hervorgeht, dass der Bewerber über ausreichendes Sehvermögen (Sehschärfe und Farbunterscheidungsvermögen) und Hörvermögen verfügt und körperlich und geistig zur Führung eines Sportbootes tauglich ist. Die Sehschärfe gilt als ausreichend, wenn sie mit oder ohne Augengläser mindestens auf dem einen Auge 0,7 und auf dem anderen Auge 0,5 beträgt. Dabei muss auf dem schlechteren Auge ausreichendes Orientierungsvermögen gegeben sein. Werden diese Werte nicht erreicht, so muss die Sehschärfe auf einem Auge mit oder ohne Sehhilfe mindestens 1,0 betragen. Wer den Sportbootführerschein See während der letzten 12 Monate erworben hat, braucht kein ärztliches Zeugnis vorzulegen.
- Kopie des Kfz-Führerscheins oder ein amtliches Führungszeugnis. Voraussetzung für die Führerschein-Erteilung ist eine Zuverlässigkeitsprüfung. Zweifel an der Zuverlässigkeit können sich ergeben, wenn eine rechtskräftige Bestrafung wegen Gefährdung des Schiffsverkehrs oder wegen Verstoßes gegen Verkehrsstraftatbestände oder wiederholte mit Geldbuße geahndete erhebliche Zuwiderhandlungen gegen verkehrsrechtliche Vorschriften vorliegen.
- Erklärung, ob ein Sportbootführerschein bereits einmal entzogen worden ist.
- Nachweis über bezahlte Prüfungsgebühren.

Der amtliche Fragenkatalog

Auf den folgenden Seiten wird der vom Deutschen Segler-Verband und Deutschen Motoryachtverband im Auftrag des Bundesministeriums für Verkehr, Bau und Stadtentwicklung (BMVBS) erarbeitete **amtliche Fragenkatalog** zum Sportbootführerschein Binnen vollständig wiedergegeben. Die entsprechenden Antworten sind **Modellantworten der mit der Prüfungsdurchführung beauftragten Verbände.** In der Prüfung kommt es nicht auf eine wörtliche Übernahme der Musterantworten an; **entscheidend ist vielmehr die sinngemäß richtige Beantwortung** der Fragen.

Der Fragenkatalog besteht aus drei Teilen:
Teil A »Allgemeiner Teil« (Fragen 1–333)
Teil B Sonderteil »Antriebsmaschine« (Fragen 400–467)
Teil C Sonderteil »Segeln« (Fragen 500–593)

Je nach Schwierigkeitsgrad sind die Fragen für die Prüfungsbewertung mit 1, 2 oder 3 Punkten gewichtet.
Die Seitenzahl bzw. Seitenzahlen neben der jeweiligen Frage verweisen auf die Seite bzw. Seiten dieses Lehrbuches, wo auf die Frage im Einzelnen eingegangen wird.
Der amtliche Fragenkatalog mit Musterantworten findet sich auch im **Internet:** *www.elwis.de*

A Allgemeiner Teil

I. Schifffahrtsrecht

1. Geltungsbereich des Sportbootführerscheins-Binnen

1 ●●●
Für welche Sportboote ist der Sportbootführerschein-Binnen vorgeschrieben?

Seiten 135, 160

Für Sportboote von mehr als 3,68 kW (5 PS) Motorleistung und weniger als 15 m Länge. Auf bestimmten Binnenschifffahrtsstraßen im Großraum Berlin auch für Segelfahrzeuge und Segelsurfbretter mit mehr als 3 m² Segelfläche.

2 ●
Auf welchen Gewässern gilt der Sportbootführerschein-Binnen?

Seiten 135, 160

Auf den Binnenschifffahrtsstraßen.

3 ●●
Aus welchen Gründen kann der Sportbootführerschein-Binnen entzogen werden?

Seite 160

Bei fehlender Tauglichkeit oder fehlender Zuverlässigkeit.

4 ●
Auf welchen Gewässern ist die Fahrerlaubnis für Sportboote unter Segel erforderlich?

Seiten 135, 160

Auf bestimmten Binnenschifffahrtsstraßen im Großraum Berlin.

2. Grundregeln für das Verhalten im Verkehr

5 ●●●
Was beinhaltet die allgemeine Sorgfaltspflicht?

Seite 136

Es ist alles zu tun, was zur Vermeidung der Gefährdung von Menschenleben, von Beschädigungen an Fahrzeugen, Anlagen oder Ufern, Behinderungen der Schifffahrt und der Beeinträchtigung der Umwelt nötig ist.

6 ●●●
Unter welchen Umständen muss ggf. von den geltenden Bestimmungen über das Verhalten im Verkehr auf den Binnenschifffahrtsstraßen abgewichen werden?

Seite 136

Bei unmittelbar drohender Gefahr für sich oder andere.

7 ●
Was ist zu unternehmen, wenn vor Antritt der Fahrt nicht feststeht, wer Schiffsführer ist?

Seite 136

Es ist ein Schiffsführer zu bestimmen.

8 ●●
Unter welchen Umständen darf ein Schiffsführer ein Fahrzeug nicht führen?

Seite 136

Bei Übermüdung, Beeinträchtigung durch Alkohol, Medikamente oder Drogen.

3. Pflichten des Fahrzeugführers/Rudergängers

9 ●●
Welche Anforderungen muss der Führer eines Segelboots (ohne Antriebsmaschine) auf den Binnenschifffahrtsstraßen (Ausnahme Großraum Berlin) erfüllen?

Seite 136

Er muss körperlich, geistig und fachlich geeignet sein.

10 ●●
Welche Voraussetzungen muss der Führer eines Sportbootes mit einer Antriebsleistung von mehr als 3,68 kW (5 PS) und weniger als 15 m Länge auf Binnenschifffahrtsstraßen erfüllen?

Seiten 136, 160

Er muss im Besitz des Sportbootführerscheins-Binnen oder eines gleichgestellten Befähigungszeugnisses sein.

11 ●●
Welche Anforderungen neben der körperlichen und geistigen und fachlichen Eignung muss der Führer eines Sportbootes unter 15 m Länge erfüllen,
1. **wenn ein Motor von 3,68 kW oder weniger vorhanden ist,**
2. **wenn ein Motor von mehr als 3,68 kW vorhanden ist?**

Seiten 136, 160

1. Mindestalter 16 Jahre.
2. Besitz eines Sportbootführerscheins-Binnen oder eines gleichgestellten Befähigungszeugnisses.

12 ●●
Welche Anforderungen muss der Rudergänger eines Sportbootes mit Antriebsmaschine erfüllen?

Seite 136

Er muss mindestens 16 Jahre alt und körperlich, geistig und fachlich geeignet sein.

13 ●●
Welche Verpflichtungen bestehen, wenn ein unbekanntes Revier befahren wird?

Seite 134

Informationen über die dort geltenden Vorschriften, Fahrwasserbezeichnungen, Sonderregelungen einholen und erforderliches Kartenmaterial beschaffen.

14 ●
Weshalb muss sich der Schiffsführer vor dem Befahren fremder Gewässer über die dort geltenden Vorschriften informieren?

Seite 134

Weil abweichende Regelungen möglich sind.

15 ●●
Wo oder bei wem kann man Auskünfte über Verkehrsbeschränkungen und aktuelle Informationen über Binnenschifffahrtsstraßen erhalten?

Seite 134

Wasser- und Schifffahrtsverwaltung (z. B. Internet www.elwis.de) und Wasserschutzpolizei.

16 ●●
Welche besonderen Pflichten hat der Schiffsführer zu beachten?

Seite 136

Der Schiffsführer ist für die Befolgung schifffahrtspolizeilicher Vorschriften verantwortlich und muss die Sicherheit der an Bord befindlichen Personen gewährleisten.

17 ●●
Ab welcher Blutalkoholkonzentration besteht Fahrverbot?

Seite 136

Ab 0,5 oder mehr Promille, bei einem geringeren Alkoholgehalt auch bei Ausfallserscheinungen.

18 ●●
Wem darf der Schiffsführer das Ruder eines motorisierten Sportbootes überlassen?

Seite 136

Einer Person, die mindestens 16 Jahre alt und die körperlich sowie geistig geeignet ist.

19 ●●●
Welche besondere Verpflichtung hat der Rudergänger eines Sportbootes?

Seite 136

Er muss in der Lage sein, alle Informationen und Weisungen zu empfangen und zu geben. Insbesondere muss er die Schallzeichen wahrnehmen können und nach allen Seiten genügend freie Sicht haben.

20 ●
Welche besonderen Pflichten haben weitere an Bord eines Sportbootes befindliche Personen?

Seite 136

Alle haben den Anweisungen des Schiffsführers Folge zu leisten.

21 ●
Bis zu welcher Schiffslänge berechtigt der Sportbootführerschein-Binnen zum Führen eines Sportbootes auf Binnenschifffahrtsstraßen?

Seiten 135, 160

Bis zu einer Länge von weniger als 15 m (ohne Ruder und Bugspriet).

22 ●
Welcher Befähigungsnachweis berechtigt zum Führen eines Sportbootes mit einer Länge von 15 bis 25 m (ohne Ruder und Bugspriet) auf dem Rhein?

Seiten 135, 160

Das Sportpatent.

23 ●●
Welcher Befähigungsnachweis berechtigt zum Führen eines Sportbootes mit einer Länge von 15 bis 25 m (ohne Ruder und Bugspriet) auf den Binnenschifffahrtsstraßen?

Seiten 135, 160

Das Sportschifferzeugnis, das Sportpatent oder ein anderes vom BMVBS anerkanntes Befähigungszeugnis.

4. Schifffahrtspolizeivorschriften und sonstige Vorschriften/Kennzeichnung

24 ●●
Welche gesetzlichen Bestimmungen regeln den Verkehr allgemein auf den Binnenschifffahrtsstraßen und dem Rhein?

Seite 134

Binnenschifffahrtsstraßen-Ordnung, Rheinschifffahrtspolizeiverordnung.

25 ●●
Welche gesetzlichen Bestimmungen regeln den Verkehr auf der Mosel und der Donau?

Seite 134

Moselschifffahrtspolizeiverordnung, Donauschifffahrtspolizeiverordnung.

26 ●●
Welche gesetzlichen Bestimmungen regeln den Verkehr von Wassermotorrädern und das Wasserskilaufen?

Seite 134

Wassermotorräderverordnung, Wasserskiverordnung.

27 ●
Wo sind umfangreiche Hinweise auf die Binnenschifffahrtsstraßen und deren Grenzen zu finden?

Seite 134

Im Teil II der Binnenschifffahrtsstraßen-Ordnung.

28 ●●
Was ist bei der Ausübung des Wassersports auf Gewässern außerhalb der Bundeswasserstraßen (Landeswasserstraßen, kommunale und private Gewässer) zu beachten?

Seite 134

Es ist ggf. die Genehmigung des Eigentümers des Gewässers einzuholen sowie die jeweilige Befahrensordnung zu beachten.

29 ●
Welche Maßnahmen sind zu treffen, wenn das Fahrzeug innerhalb des Fahrwassers Grundberührung hat?

Seite 156

Die Wasserschutzpolizei oder die Wasser- und Schifffahrtsverwaltung ist mit genauer Angabe der Hindernisstelle zu benachrichtigen.

30 ●
Warum muss ein im Fahrwasser festgestelltes Unterwasserhindernis gemeldet werden?

Seite 156

Damit das Hindernis gekennzeichnet oder beseitigt wird.

31 ●●
Wer überwacht die Befolgung der schifffahrtspolizeilichen Vorschriften?

Seite 134

Die Wasserschutzpolizei und die Wasser- und Schifffahrtsverwaltung.

32 ●●
Welche Kennzeichnungsarten für Sportboote gibt es?

Seite 138

Amtliche Kennzeichen und amtlich anerkannte Kennzeichen.

33 ●
Welche Stelle ist für die Zuteilung eines amtlichen Kennzeichens für Sportboote zuständig?

Seite 138

Jedes Wasser- und Schifffahrtsamt.

34 ●●
Woraus bestehen die amtlich anerkannten Kennzeichen?

Seite 138

Nummer des Internationalen Bootsscheins, gefolgt vom Kennbuchstaben für die ausstellende Organisation.

35 ●●
Wie muss das Kennzeichen an einem Sportboot angebracht werden?

Seite 138

Beiderseits des Bugs oder am Heck, 10 cm hohe Schrift (lateinische Buchstaben, arabische Ziffern) in dunkler Farbe auf hellem Grund oder in heller Farbe auf dunklem Grund.

36 •   Seite 161
Wann muss ein Wassersportfahrzeug in das Binnenschiffsregister eingetragen werden?

Ab 10 m³ Wasserverdrängung.

5. Fahrwasser, Fahrrinne und Hochwasser

37 •   Seite 155
Was versteht man unter »Fahrwasser«?

Es ist der Teil der Wasserstraße, der den örtlichen Umständen nach vom durchgehenden Schiffsverkehr benutzt wird.

38 •   Seite 155
Was versteht man unter »Fahrrinne«?

Es ist der Teil des Fahrwassers, in dem für den durchgehenden Schiffsverkehr bestimmte Breiten und Tiefen vorgehalten bzw. angestrebt werden.

39 •••   Seite 156
Wie hat sich ein Schiffsführer bei Hochwasser zu verhalten?

Er muss die Geschwindigkeit anpassen und so weit wie möglich in der Fahrwassermitte bleiben, ggf. besondere Geschwindigkeitsbegrenzungen und Fahrtbeschränkungen beachten.

40 •   Seite 156
Durch wen und in welcher Form wird die Schifffahrt vom Erreichen bestimmter Wasserstände und Hochwassermarken informiert?

Durch die Wasser- und Schifffahrtsverwaltung (durch Nachrichten im Rundfunk und im Fernsehen, Internet, Nautischen Informationsfunk).

41 ••   Seite 156
Wo kann der Sportbootfahrer vor Ort das Erreichen bestimmter Wasserstände und Hochwassermarken feststellen?

An den Pegeln und ausgewiesenen Hochwassermarken.

42 ••   Seite 156
Welche Hochwassermarken gibt es und welche generellen Auswirkungen hat das Erreichen der Hochwassermarken auf die Schifffahrt?

Hochwassermarke I: Fahrtbeschränkungen.
Hochwassermarke II: Einstellung der Schifffahrt.

43 •   Seite 156
Wie hat sich ein Schiffsführer bei Erreichen der Hochwassermarke II zu verhalten?

Die Fahrt ist unverzüglich einzustellen.

44 •   Seite 156
In welche Richtung werden bei Flüssen die Uferseiten als rechtes bzw. linkes Ufer bezeichnet?

Von der Quelle zur Mündung (Talfahrt).

45 •   Seite 156
Was bedeutet »zu Berg« oder »Bergfahrt« auf Flüssen?

Die Fahrt in Richtung Quelle.

46 •   Seite 156
Was bedeutet »zu Berg« oder »Bergfahrt« auf Kanälen?

Die Fahrt in die Richtung, die in Teil II der Binnenschifffahrtsstraßen-Ordnung bezeichnet ist.

47 ••   Seite 156
Welche Zeichen begrenzen die Fahrrinne zum rechten Ufer?

Rote Stumpftonnen oder Schwimmstangen (evtl. mit rotem Zylinder als Toppzeichen).

48 ••   Seite 156
Welche Zeichen begrenzen die Fahrrinne zum linken Ufer?

Grüne Spitztonnen oder Schwimmstangen (evtl. mit grünem Kegel als Toppzeichen, Spitze nach oben).

49 ••   Seite 156
Welche Fahrrinnenseite eines strömenden Gewässers hat ein Bergfahrer an seiner Steuerbordseite und wie ist diese gekennzeichnet?

Die linke Fahrrinnenseite, gekennzeichnet durch grüne Spitztonnen oder Schwimmstangen (evtl. mit grünem Kegel als Toppzeichen, Spitze nach oben).

50 ••   Seite 156
Ein Fahrzeug fährt zu Tal. Voraus liegt eine rote, stumpfe Tonne.
1. Auf welcher Fahrrinnenseite befindet sich diese Tonne?
2. An welcher Schiffsseite muss diese Tonne passiert werden?

1. Auf der rechten Fahrrinnenseite.
2. An der Steuerbordseite.

51 ••   Seite 156
Ein Fahrzeug fährt zu Berg. Voraus liegt eine rote, stumpfe Tonne.
1. Auf welcher Fahrrinnenseite befindet sich diese Tonne?
2. An welcher Schiffsseite muss diese Tonne passiert werden?

1. Auf der rechten Fahrrinnenseite.
2. An der Backbordseite.

52 ••   Seite 156
Ein Fahrzeug fährt in der Fahrrinne gegen den Strom. Voraus liegt eine grüne Spitztonne.
1. Auf welcher Fahrrinnenseite befindet sich diese Tonne?
2. An welcher Schiffsseite muss diese Tonne passiert werden?

1. Auf der linken Fahrrinnenseite.
2. An der Steuerbordseite.

53 ••   Seite 156
Was bedeutet eine rot-grün gestreifte Tonne oder Schwimmstange und was ist zu beachten?

Fahrrinnenspaltung. Vorbeifahrt an beiden Seiten möglich.

54 •••   Seite 156
Mit welchen Zeichen werden Hindernisse (Buhnen/Kribben etc.) an der rechten Seite der Wasserstraße bezeichnet?

Feste Stangen mit Toppzeichen: roter Kegel, Spitze nach unten, oder rot-weiß gestreifte Schwimmstangen mit rotem Zylinder, oder rot-weiß gestreifte Tonnen mit rotem Zylinder.

55 ●
An welcher Seite der Wasserstraße befindet sich eine grün-weiß gestreifte Stange mit grünem Kegel, Spitze nach oben, oder eine grüne Tonne mit grün-weiß gestreiftem Aufsatz?

Seite 156
An der linken Seite der Wasserstraße.

56 ●
Welche Funktion haben gelbe Tonnen mit einem Radarreflektor vor Brückenpfeilern?

Seite 153
Kenntlichmachung der Brückenpfeiler auf dem Radarschirm (zur Vermeidung von Fehlechos).

57 ●
Warum muss von den ausgelegten Tonnen ein ausreichender Sicherheitsabstand eingehalten werden?

Seite 156
Weil die Tonnen durch Wasserstandsschwankungen, Wind- oder Strömungseinwirkung ihre Lage ändern können.

6. Stillliegen, Ankern und Festmachen

58 ●●●
Was bedeutet »stillliegend«?

Seite 136
Ein Fahrzeug, ein Schwimmkörper oder eine schwimmende Anlage, die unmittelbar oder mittelbar vor Anker liegen oder am Ufer festgemacht sind.

59 ●
Warum ist in den Kanälen das Ankern verboten?

Seite 150
Um eine Beschädigung des Kanalbettes zu vermeiden.

60 ●
Welches Licht setzt ein vor Anker liegendes Fahrzeug?

Seite 144
Ein von allen Seiten sichtbares weißes Licht auf der Fahrwasserseite.

61 ●
Welche Bedeutung haben auf einem stillliegenden Fahrzeug zwei weiße Lichter übereinander?

Seite 144
Ein Ankerlieger, dessen Anker die Schifffahrt gefährden kann.

62 ●
Welches Licht setzt ein stillliegendes Fahrzeug?

Seite 144
Ein von allen Seiten sichtbares weißes Licht auf der Fahrwasserseite.

63 ●
Wie sind Anker am Tage bezeichnet, die die Schifffahrt behindern können?

Seite 144
Mit einem gelben Döpper.

64 ●●
Welche Bedeutung hat unten stehende Tafel?

Seite 151
Ankerverbot auf der Seite der Wasserstraße, auf der diese Tafel steht, und zwar von 50 m oberhalb bis 50 m unterhalb der Tafel.

65 ●●
Welche Bedeutung hat unten stehende Tafel?

Seite 151
Festmacheverbot am Ufer auf der Seite der Wasserstraße, auf der die Tafel steht.

66 ●
Welche Bedeutung hat unten stehende Tafel?

Seite 151
Liegeverbot auf der Seite der Wasserstraße, auf der die Tafel steht.

67 ●●
Welche Bedeutung haben unten stehende Tafeln?

Seite 151
Liegeverbot zwischen den Tafeln auf 1000 m auf der Seite der Wasserstraße, auf der die Zeichen stehen.

68 ●
An einer verbreiterten Stelle einer sonst engen Schifffahrtsstraße steht ein blaues Hinweisschild »Empfohlener Wendeplatz«. Was ist hier zugleich verboten?

Seite 151
Stillliegen (Ankern und Festmachen).

69 ●
Welche Bedeutung hat unten stehende Tafel?

Seite 145
Liegestelle für Fahrzeuge mit explosiven Stoffen (für Kleinfahrzeuge verboten).

70 ●●
Welche Bedeutung haben unten stehende Tafeln?

Seite 151
Liegestellen für Fahrzeuge ohne gefährliche Güter (auch für Kleinfahrzeuge).

71 ●
Warum soll möglichst gegen Strom und Wind angelegt werden?

Seite 114
Weil das Fahrzeug sicherer zu manövrieren ist.

72 ●●●   Seite 150
Wo besteht ohne besondere Bezeichnung der Stellen bzw. Strecken ein allgemeines Liegeverbot (6 Beispiele)?

- In der Fahrrinne.
- Auf Schifffahrtskanälen und Schleusenkanälen.
- Unter Brücken und Hochspannungsleitungen.
- In Fahrwasserengen und Hafeneinfahrten.
- An Abzweigungen oder Einmündungen von Nebenwasserstraßen.
- In der Fahrlinie von Fähren.
- Im Kurs, den Fahrzeuge beim An- oder Ablegen an Landebrücken benutzen.
- Auf Wendestellen.
- In Wasserski-, Wassermotorrad- oder Kitesurfstrecken.

73 ●●   Seite 115
Was ist bei der Querung eines Flusses ggf. zu berücksichtigen?

Die Strömung und die durchgehende Schifffahrt.

74 ●   Seite 94
Wozu dient der Fender?

Zum Schutz des Bootskörpers.

75 ●●   Seite 94
Es sind die Leinen einzuzeichnen, mit denen ein Sportboot an der Pier festgemacht wird. Diese Leinen sind fortlaufend vom Bug bis zum Heck zu bezeichnen.

1. Vorleine,
2. Vorspring,
3. Achterspring,
4. Achterleine.

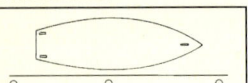
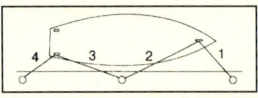

76 ●●   Seite 104
Womit kann die Wassertiefe bestimmt werden?

Mit Handlot, Echolot oder Peilstange.

77 ●   Seiten 35, 105
Wie viel Ankerleine muss zum sicheren Liegen ausgesteckt werden?

Mindestens das Fünffache der Wassertiefe.

78 ●   Seiten 35, 105
Wie viel Ankerkette muss zum sicheren Liegen ausgesteckt werden?

Mindestens das Dreifache der Wassertiefe.

79 ●●●   Seite 104
Wie wird festgestellt, ob der Anker hält?

Durch Peilen von Landmarken oder festen Schifffahrtszeichen, ggf. durch Anfassen der Ankerkette oder -leine.

80 ●●   Seiten 91, 115
Wie wird im Strom an einer Boje angelegt?

Gegen den Strom anfahren, Bugleine festmachen und achteraus treiben lassen.

7. Brückendurchfahrten/Schleusen

81 ●●   Seite 153
Welche Bedeutung hat unten stehende Tafel?

Empfohlene Durchfahrt in beiden Richtungen.

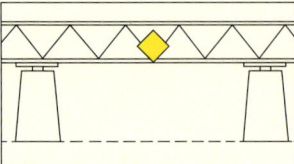

82 ●●   Seite 153
Welche Bedeutung haben unten stehende Tafeln?

Empfohlene Durchfahrt. In der Gegenrichtung gesperrt.

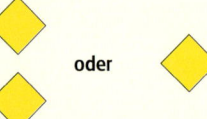

oder

83 ●●   Seite 153
Welche Bedeutung hat an einer Brücke unten stehende Tafel?

Durchfahrt durch diese Brückenöffnung ist für alle Fahrzeuge gesperrt.

84 ●   Seite 153
Welche Bedeutung haben an einer Brücke unten stehende Tafeln?

Die Brückenöffnung darf nur zwischen diesen Tafeln durchfahren werden.

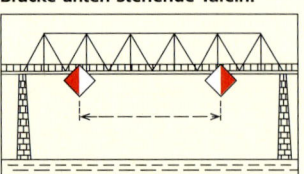

85 ●●   Seite 153
Welche Bedeutung haben diese Tafeln an der unten stehend gekennzeichneten Brücke?

Gelb: empfohlene Durchfahrt mit Gegenverkehr. Rot/weiß: seitliche Begrenzung der erlaubten Brückendurchfahrt.

86 ●●   Seite 153
Was bedeuten diese Tafeln an der
unten stehend gekennzeichneten
Brücke und wo ist die Durchfahrt
erlaubt?

1. Durchfahrt ohne Gegenverkehr.
   Durchfahrt erlaubt bei Zeichen 1.
2. Verbot der Durchfahrt.

87 ●●   Seite 153
Welche Bedeutung haben unten
stehende Zeichen und/oder Tonnen
im Bereich eines Wehres?

Verbot der Durch- oder Einfahrt für
alle Fahrzeuge.

88 ●●   Seite 152
Wie erfolgt die Anmeldung zur Ein-
fahrt in eine Schleuse?

Durch Funk, Telefon oder Schallsignal
bei der Schleusenaufsicht.

89 ●●   Seite 152
Wie erfolgt die Freigabe der Einfahrt
in eine Schleuse?

Durch Sichtzeichen oder über Laut-
sprecher.

90 ●   Seite 152
Was bedeutet ein blaues Schild mit
der Aufschrift UKW 78 vor einer
Schleuse?

Die Schleusenaufsicht kann über
Sprechfunk auf UKW-Kanal 78
erreicht werden.

91 ●●   Seite 152
Warum ist es bei der Schleusen-
durchfahrt verboten, Autoreifen als
Fender zu benutzen?

Autoreifen sind nicht schwimmfähig
und können in den Schleusen zu
erheblichen Störungen (bis hin zum
Betriebsausfall) führen.

92 ●●   Seite 152
Welche Bedeutung haben vor einer
Schleuse unten stehende Lichter?

Schleuse in Betrieb, keine Einfahrt,
Schleuse vorübergehend geschlossen.

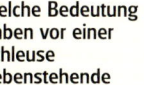

93 ●●   Seite 152
Welche Bedeutung
haben vor einer
Schleuse
nebenstehende
Lichter?

Keine Einfahrt, Schleuse außer
Betrieb.

94 ●●   Seite 152
Welche Bedeutung haben vor
einer Schleuse ein oder zwei grüne
Lichter?

Einfahrt frei, auf Gegenverkehr
achten.

95 ●●   Seite 152
Welche Bedeutung haben vor einer
Schleuse ein rotes oder ein rotes
und ein grünes Licht?

Keine Einfahrt, Öffnung der Schleuse
wird vorbereitet.

96 ●●   Seite 151
Welche Bedeutung hat vor einer
Schleuse unten stehende Tafel?

Vor dieser Tafel anhalten, bis Weiter-
fahrt freigegeben wird.

97 ●   Seite 152
Welche Vorbereitungen sind vor
dem Einlaufen in eine Schleuse zu
treffen?

Leinen, Fender und Bootshaken
bereithalten.

98 ●●   Seite 152
In welcher Reihenfolge laufen Fahr-
zeuge, die nicht Kleinfahrzeuge
sind, und Sportboote in die
Schleuse ein?

Wenn es vom Schleusenpersonal
nicht anders bestimmt wird, fahren
Sportboote hinter den Fahrzeugen,
die nicht Kleinfahrzeuge sind, in die
Schleuse ein.

99 ●●   Seite 152
Ein Sportfahrzeug muss zusammen
mit Fahrzeugen, die nicht Kleinfahrzeuge sind, schleusen.
1. Bei welchem Lichtsignal darf das
   Sportfahrzeug in die Schleuse
   einfahren?
2. In welcher Reihenfolge fahren die
   Fahrzeuge in die Schleuse ein?

1. Zwei grüne Lichter nebeneinander
   oder ein grünes Licht.
2. Die Sportfahrzeuge grundsätzlich
   nach den Fahrzeugen, die nicht
   Kleinfahrzeuge sind, es sei denn,
   der Schleusenwärter gibt eine
   andere Anweisung.

100 ●●   Seite 152
Worauf ist beim Abschleusen
besonders zu achten?

Auf den Drempel (die entsprechende
Begrenzungslinie) und auf sicheres
Fieren der Leinen.

101 ●   Seite 152
Wie ist der Drempel einer Schleuse
gekennzeichnet?

Durch Farbmarkierungen an der
Schleusenmauer.

102 ●●   Seite 153
Warum dürfen in einer Schleuse die
Leinen nicht fest belegt werden?

Damit die Leinen gefiert bzw. durch-
geholt werden können und im Notfall
das Boot sofort losgeworfen werden
kann.

103 ●●   Seite 152
Worauf ist bei der Schleuseneinfahrt
unbedingt zu achten, wenn zusammen mit Fahrzeugen, die nicht
Kleinfahrzeuge sind, geschleust
wird?

Hinter den Fahrzeugen, die nicht
Kleinfahrzeuge sind, einfahren.
Wegen des Schraubenwassers der
vorausfahrenden Fahrzeuge Sicherheitsabstand einhalten.

104 ●●   Seite 152
Worauf ist besonders zu achten, wenn zusammen mit Fahrzeugen, die nicht Kleinfahrzeuge sind, geschleust wird?
1. Während der Schleusung?
2. Bei der Ausfahrt?

1. Leinen laufend durchholen bzw. auffieren, aber nicht belegen.
2. Sicherheitsabstand einhalten wegen des Schraubenwassers der vorausfahrenden Fahrzeuge; Leinen nicht zu früh loswerfen.

8. Fahrzeuge/Kleinfahrzeuge

105 ●●●   Seite 136
Was ist ein »Fahrzeug«?

Ein Binnenschiff, einschließlich Kleinfahrzeug und Fähre, sowie schwimmendes Gerät und ein Seeschiff.

106 ●   Seite 136
Was ist ein »Fahrzeug mit Maschinenantrieb«?

Ein Fahrzeug mit laufender Antriebsmaschine.

107 ●●●   Seite 136
Wann ist ein Fahrzeug »in Fahrt«?

Wenn es weder vor Anker liegt noch am Ufer festgemacht ist oder festgefahren ist.

108 ●●   Seite 136
Wann gilt ein Segelfahrzeug als Maschinenfahrzeug?

Wenn es unter Segel und mit Motor oder nur mit Motor fährt.

109 ●   Seite 140
Welches Fahrzeug bezeichnen unten stehende Lichter?

Einzeln fahrendes Fahrzeug mit Maschinenantrieb in Fahrt von vorn.

110 ●   Seite 140
Welches Fahrzeug bezeichnen unten stehende Lichter?

Einzeln fahrendes Fahrzeug mit Maschinenantrieb in Fahrt von Steuerbordseite.

111 ●●   Seite 142
Was bezeichnet man mit »Verband«?

Einen Schleppverband, einen Schubverband oder gekuppelte Fahrzeuge.

112 ●●   Seite 142
Welches Fahrzeug bezeichnen unten stehende Lichter?

1. Einzeln fahrendes Fahrzeug mit Maschinenantrieb über 110 m Länge.
2. Erstes Fahrzeug eines Schleppverbandes von vorn.

113 ●●   Seite 142
Welche Lichter führt das erste Fahrzeug eines Schleppverbandes bei Nacht?

Zwei weiße Topplichter übereinander, Seitenlichter und gelbes Hecklicht.

114 ●●   Seite 142
Welche Lichter führt das letzte Fahrzeug eines Schleppverbandes bei Nacht?

Ein weißes Rundumlicht und ein weißes Hecklicht.

115 ●●   Seite 142
Was bedeuten unten stehende Sichtzeichen?

1. Erstes Fahrzeug (Schlepper).
2. Fahrzeuge, die geschleppt werden.

116 ●●   Seite 142
Was ist beim Überholen und Begegnen eines Schleppverbandes zu beachten?

- Ausreichenden Abstand halten.
- Eingeschränkte Manövrierfähigkeit beachten.
- Ausmaße des Verbandes berücksichtigen.
- Nicht in die Räume zwischen den Fahrzeugen des Schleppverbandes fahren.

117 ●●●   Seite 143
Welche Lichter führt ein Schubverband?

Drei weiße Topplichter in einem Dreieck angebracht, die Seitenlichter (Backbord rot/Steuerbord grün), drei weiße Hecklichter waagerecht nebeneinander.

118 ●   Seite 143
Welches Fahrzeug bezeichnen unten stehende Lichter?

Schubverband in Fahrt von vorn.

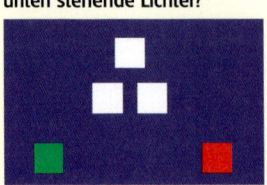

119 ●
Welches Fahrzeug bezeichnen
unten stehende Lichter?

Seite 143

Vorausfahrender Schubverband.

120 ●
Welches Fahrzeug bezeichnen
unten stehende Lichter?

Seite 143

Vorausfahrender Schubverband, der
geschleppt wird.

121 ●●
Was ist beim Überholen und
Begegnen eines Schubverbandes
zu beachten?

Seite 143

• Ausreichenden Abstand halten.
• Eingeschränkte Manövrierfähigkeit
  beachten.
• Toten Winkel vor dem Verband meiden.
• Abmessungen des Schubverbandes
  berücksichtigen.

122 ●
Welches Fahrzeug bezeichnen
unten stehende Lichter?

Seite 140

Eine nicht frei fahrende Fähre.

123 ●
Welches Fahrzeug bezeichnen
unten stehende Lichter?

Seite 141

Eine frei fahrende Fähre von vorn.

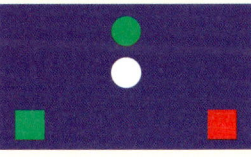

124 ●●
Welche Fahrzeuge führen ein
blaues Funkellicht?

Seite 144

Fahrzeuge der Überwachungsbehör-
den, Feuerlöschboote oder Wasserrettungsfahrzeuge.

125 ●●
Welche Bedeutung hat auf einem
Fahrzeug ein blaues Funkellicht und
was ist zu beachten?

Seite 144

Fahrzeuge der Überwachungsbehör-
den im Einsatz. Besondere Aufmerksamkeit erforderlich; ausweichen und
ggf. Anweisungen befolgen.

126 ●●
Welche Bedeutung hat auf einem
Fahrzeug ein blaues Licht und was
ist zu beachten?

Seite 145

Fahrzeug hat entzündbare Stoffe
geladen. Mindestabstand beim Stillliegen 10 m.

127 ●●
Welche Bedeutung hat unten
stehendes Zeichen?

Seite 145

Fahrzeug hat entzündbare Stoffe
geladen. Mindestabstand beim Stillliegen 10 m.

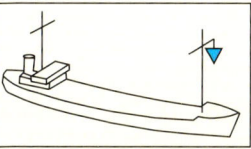

128 ●●
Welche Bedeutung haben auf
einem Fahrzeug zwei blaue Lichter
übereinander?

Seite 145

Fahrzeug hat gesundheitsschädliche
Stoffe geladen. Mindestabstand beim
Stillliegen 50 m.

129 ●●
Welche Bedeutung haben unten
stehende Zeichen?

Seite 145

Fahrzeug hat gesundheitsschädliche
Stoffe geladen. Mindestabstand beim
Stillliegen 50 m.

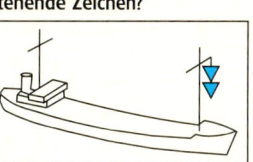

130 ●●
Welche Bedeutung haben auf
einem Fahrzeug drei blaue Lichter
übereinander?

Seite 145

Fahrzeug hat explosive Stoffe geladen. Mindestabstand beim Stillliegen
100 m.

131 ●●
Welche Bedeutung haben unten
stehende Zeichen?

Seite 145

Fahrzeug hat explosive Stoffe geladen. Mindestabstand beim Stillliegen
100 m.

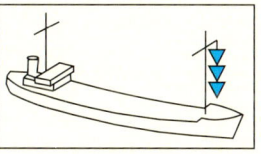

132 ●
Welches Fahrzeug führt am Bug
einen roten Wimpel?

Seite 143

Fahrzeug mit Vorrang, z. B. beim
Schleusen.

133 ●
Welche Bedeutung hat der rote
Wimpel?

Seite 143

Fahrzeug mit Vorrang, z. B. beim
Schleusen.

134 • Seiten 140, 151

Welche Bedeutung hat am Ufer unten stehende Tafel?

Hinweistafel auf eine nicht frei fahrende Fähre.

---

135 • Seite 136

Was bedeutet »Tag«?

Der Zeitraum zwischen Sonnenaufgang und Sonnenuntergang.

---

136 • Seite 136

Was ist der Zeitraum »Nacht«?

Der Zeitraum von Sonnenuntergang bis Sonnenaufgang.

---

137 • Seite 139

Ein Fahrzeug unter Segel fährt bei Tag auf einer Binnenschifffahrtsstraße zu Berg. Wegen zunehmender Strömung entschließt sich der Schiffsführer, den Motor zusätzlich einzusetzen. Welches Zeichen ist zu setzen?

Schwarzer Kegel mit der Spitze nach unten.

---

138 • Seite 139

Ein Kleinfahrzeug unter Segel fährt nachts auf einer Binnenschifffahrtsstraße und führt ein weißes Rundumlicht im Topp. Wie wird zweckmäßigerweise die weiße Handlampe, die bei Annäherung anderer Fahrzeuge gezeigt werden muss, benutzt?

Die eigenen Segel anleuchten.

---

139 • Seite 139

Ein Fahrzeug unter Segel fährt nachts auf einer Binnenschifffahrtsstraße und hat Seitenlichter sowie Hecklicht gesetzt. Welches Licht muss zusätzlich geführt werden, wenn der Motor angeworfen wird?

Topplicht (weiß).

---

140 • Seite 139

Ein Kleinfahrzeug unter Segel fährt nachts auf einer Binnenschifffahrtsstraße und führt das Rundumlicht (weiß) im Topp. Welche zusätzlichen Lichter müssen gesetzt werden, wenn der Motor angeworfen wird?

Seitenlichter unmittelbar nebeneinander oder in einer einzigen Laterne.

---

141 ••• Seite 139

Ein Kleinfahrzeug unter Segel fährt nachts auf einer Binnenschifffahrtsstraße und führt eine Dreifarbenlaterne (grün/weiß/rot) im Topp. Wie muss die Lichterführung geändert werden, wenn der Motor angelassen wird?

Dreifarbenlaterne ausschalten. Seitenlichter unmittelbar nebeneinander oder in einer einzigen Laterne setzen, dazu Topplicht und Hecklicht (oder weißes Rundumlicht im Topp).

---

142 •• Seiten 138, 142

1. Welche Lichter muss ein Kleinfahrzeug unter Motor führen, wenn es ein anderes Kleinfahrzeug ohne Maschinenantrieb schleppt?
2. Welche Lichter muss das geschleppte Kleinfahrzeug führen?

1. Lichter eines Kleinfahrzeugs mit Maschinenantrieb.
2. Weißes Rundumlicht.

---

143 •• Seite 137

Wann müssen die vorgeschriebenen Lichter von Fahrzeugen geführt werden?

Bei Nacht oder bei unsichtigem Wetter.

---

144 • Seite 137

Welche Lichter dürfen auf Sportbooten verwendet werden?

Nur zugelassene Lichter.

---

145 • Seite 136

Wann gilt ein Sportboot auf den Binnenschifffahrtsstraßen nicht mehr als ein Kleinfahrzeug?

Wenn es 20 m oder länger ist.

---

146 •• Seite 136

Bis zu welcher Länge gilt ein Fahrzeug in der Regel als Kleinfahrzeug?

Ein Fahrzeug, dessen Schiffskörper ohne Ruder und Bugspriet eine Höchstlänge von weniger als 20 m aufweist.

---

147. •• Seite 136

Welche Fahrzeuge unter 20 m Länge gehören nicht zu den Kleinfahrzeugen?

Fahrzeuge zum Schieben oder Schleppen anderer Fahrzeuge, die nicht Kleinfahrzeuge sind; Fahrzeuge zur Beförderung von mehr als 12 Fahrgästen; Fähren, Schubleichter und schwimmende Geräte.

---

148 •• Seite 136

Was ist ein »Sportfahrzeug«?

Ein Fahrzeug, das für Sport- oder Erholungszwecke verwendet wird.

---

149 • Seite 136

Was ist ein »Fahrzeug unter Segel«?

Ein Fahrzeug, das nur unter Segel fährt.

150 ●●
          Seite 138

Ein Kleinfahrzeug mit Maschinenantrieb führt ein von allen Seiten sichtbares weißes Licht und die Seitenlichter. Welche zwei weitere Möglichkeiten der Lichterführung gibt es (zeichnerische Darstellung unter Angabe der Farben und Sichtwinkel)?

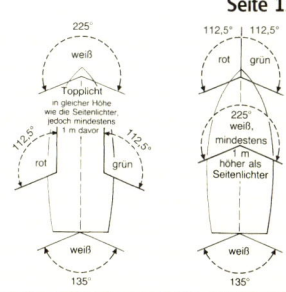

151 ●●
          Seite 137

Welchen Sichtwinkel und welche Farben haben die vorgeschriebenen Lichter an Bord?

- Topplicht: weiß 225°,
- Seitenlichter: Backbord rot 112,5°, Steuerbord grün 112,5°,
- Hecklicht: weiß 135°,
- Rundumlicht: weiß 360°.

152 ●●
          Seite 139

Ein Kleinfahrzeug unter Segel führt ein weißes von allen Seiten sichtbares Licht. Welche zwei weitere Möglichkeiten der Lichterführung gibt es noch?

1. Seitenlichter unmittelbar nebeneinander oder in einer einzigen Laterne und Hecklicht oder
2. Dreifarbenlaterne im Topp.

153 ●
          Seite 139

Welches Licht muss ein Kleinfahrzeug ohne Maschinenantrieb mindestens führen?

Ein von allen Seiten sichtbares weißes Licht.

154 ●
          Seite 139

Was bedeutet auf einem Fahrzeug unter Segel ein schwarzer Kegel, Spitze nach unten?

Das Fahrzeug fährt unter Segel und Motor und gilt als Maschinenfahrzeug.

155 ●●
          Seiten 136, 148

Ein Kleinfahrzeug unter Segel befindet sich auf einer Binnenschifffahrtsstraße auf Kollisionskurs mit einer Motoryacht, die länger als 20 m ist.
1. Zu welcher Fahrzeug-Gruppe gehört diese Yacht nach der Binnenschifffahrtsstraßen-Ordnung?
2. Wer ist ausweichpflichtig?

1. Maschinenfahrzeug, das kein Kleinfahrzeug ist.
2. Das Kleinfahrzeug unter Segel.

156 ●●
          Seiten 139, 148

Ein Kleinfahrzeug unter Segel fährt nachts auf einer Binnenschifffahrtsstraße, hoch am Wind mit Wind von Steuerbord. Voraus kommt ein Fahrzeug in Sicht, von dem das Topplicht über den beiden auseinanderliegenden Seitenlichtern zu sehen ist. Wer ist ausweichpflichtig (Begründung)?

Das Kleinfahrzeug unter Segel, weil das andere Fahrzeug kein Kleinfahrzeug ist.

157 ●
          Seite 136

In welche Fahrzeuggruppe gehören Segelsurfbretter nach der Binnenschifffahrtsstraßen-Ordnung?

Kleinfahrzeuge unter Segel.

158 ●
          Seite 148

Auf einer Binnenschifffahrtsstraße liegen ein Kleinfahrzeug mit Maschinenantrieb und ein Segelsurfer auf Kollisionskurs. Wer ist ausweichpflichtig?

Das Kleinfahrzeug mit Maschinenantrieb.

159 ●●
          Seite 149

Ein Segler segelt mit Wind von Backbord und liegt auf Kollisionskurs mit einer Segelyacht, die den Wind von Steuerbord hat und einen schwarzen Kegel im Vorstag führt. Wer ist ausweichpflichtig und warum?

Die Segelyacht. Sie gilt als Kleinfahrzeug mit Maschinenantrieb und hat einem Kleinfahrzeug unter Segel auszuweichen.

160 ●
          Seite 54

Welche Seite wird als Luvseite bezeichnet?

Die dem Wind zugekehrte Seite.

161 ●
          Seite 54

Welche Seite wird als Leeseite bezeichnet?

Die dem Wind abgekehrte Seite.

162 ●●●
          Seite 149

Wie lauten zwei der drei Grundregeln der Binnenschifffahrtsstraßen-Ordnung, nach denen Kleinfahrzeuge unter Segel einander ausweichen?

- Ein Segelfahrzeug mit Wind von Backbord muss dem mit Wind von Steuerbord ausweichen.
- Haben beide Fahrzeuge den Wind von der gleichen Seite, muss das luvseitige (luvwärtige) dem leeseitigen (leewärtigen) ausweichen.
- Das Fahrzeug mit Wind von Backbord muss dem luvseitigen (luvwärtigen) Fahrzeug ausweichen, wenn nicht mit Sicherheit festgestellt werden kann, ob das andere Fahrzeug Wind von Backbord oder Steuerbord hat.

9. Schutzbedürftige Fahrzeuge und Anlagen

163 ●●
          Seite 141

Was bedeuten im Fahrwasser unten stehende Lichter und was ist zu beachten?

Schwimmendes Gerät bei der Arbeit oder ein festgefahrenes oder gesunkenes Fahrzeug. Vorbeifahrt an jeder Seite gestattet. Sog und Wellenschlag vermeiden.

164 ●●   Seite 141

Was bedeuten im Fahrwasser unten stehende Zeichen und was ist zu beachten?

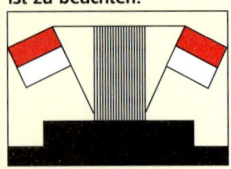

Schwimmendes Gerät bei der Arbeit oder ein festgefahrenes oder gesunkenes Fahrzeug. Vorbeifahrt an jeder Seite gestattet. Sog und Wellenschlag vermeiden.

165 ●●   Seite 141

Was bedeuten im Fahrwasser unten stehende Lichter und was ist zu beachten?

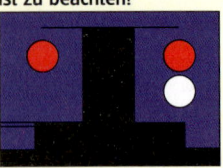

Ein festgefahrenes oder gesunkenes Fahrzeug. Vorbeifahrt nur an der rot-weißen Seite gestattet; rote Seite gesperrt. Sog und Wellenschlag vermeiden.

166 ●●   Seite 141

Was bedeuten im Fahrwasser unten stehende Zeichen und was ist zu beachten?

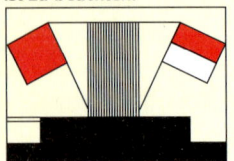

Ein festgefahrenes oder gesunkenes Fahrzeug. Vorbeifahrt nur an der rot-weißen Seite gestattet; rote Seite gesperrt. Sog und Wellenschlag vermeiden.

167 ●●   Seite 141

Was bedeuten im Fahrwasser unten stehende Lichter und was ist zu beachten?

Schwimmendes Gerät bei der Arbeit. Vorbeifahrt nur an den grünen Lichtern gestattet; rote Seite gesperrt.

168 ●●   Seite 141

Was bedeuten im Fahrwasser unten stehende Zeichen und was ist zu beachten?

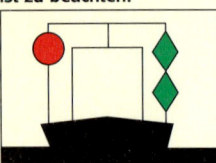

Schwimmendes Gerät bei der Arbeit. Vorbeifahrt nur an den grünen Doppelkegeln gestattet; rote Seite gesperrt.

169 ●●   Seite 141

Was bedeuten im Fahrwasser unten stehende Zeichen und was ist zu beachten?

Schwimmendes Gerät bei der Arbeit. Vorbeifahrt nur an der grün-weiß-grünen Tafel gestattet; rot-weiß-rote Seite gesperrt.

170 ●●   Seite 141

Was bedeuten im Fahrwasser unten stehende Lichter und was ist zu beachten?

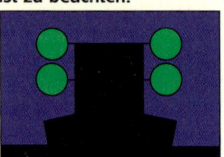

Schwimmendes Gerät bei der Arbeit. Vorbeifahrt an jeder Seite gestattet. (Sog und Wellenschlag vermeiden.)

171 ●●   Seite 141

Was bedeuten im Fahrwasser unten stehende Zeichen und was ist zu beachten?

Schwimmendes Gerät bei der Arbeit. Vorbeifahrt an jeder Seite gestattet. (Sog und Wellenschlag vermeiden.)

172 ●●   Seite 141

Was bedeuten im Fahrwasser unten stehende Zeichen und was ist zu beachten?

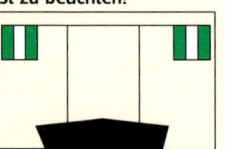

Schwimmendes Gerät bei der Arbeit. Vorbeifahrt an jeder Seite gestattet.

173 ●   Seite 144

Was ist eine »schwimmende Anlage«?

Eine schwimmende Einrichtung, die nicht zur Fortbewegung bestimmt ist (z. B. Dock, Landebrücke, Bootshaus).

174 ●●
Seite 144
Welche Bedeutung hat die Bezeichnung mit einer rot-weißen Flagge und was ist zu beachten?

Schutzbedürftiges Fahrzeug, schutzbedürftige schwimmende Anlage oder schutzbedürftiger Schwimmkörper. Geschwindigkeit vermindern, Sog und Wellenschlag vermeiden.

175 ●●
Seite 144
Welche Bedeutung hat diese Tag- und Nachtbezeichnung und was ist zu beachten?

Schutzbedürftiges Fahrzeug, schutzbedürftige schwimmende Anlage oder schutzbedürftiger Schwimmkörper. Vorbeifahrt in möglichst weitem Abstand, Geschwindigkeit vermindern, Sog und Wellenschlag vermeiden.

10. Gesperrte Wasserflächen/Geschützte Badezonen

176 ●●
Seite 153
Welche Bedeutung hat unten stehende Tafel?

Gesperrte Wasserfläche, jedoch für Kleinfahrzeuge ohne Antriebsmaschine befahrbar.

177 ●●
Seite 153
Welche Bedeutung hat unten stehende Tafel?

Verbot der Durchfahrt für alle Fahrzeuge.

178 ●●
Seite 153
Welche Bedeutung hat an der Einfahrt zu einer Wasserfläche unten stehende Tafel?

Fahrverbot für Fahrzeuge mit Maschinenantrieb.

179 ●
Seite 153
Wie können geschützte Badezonen gekennzeichnet sein?

Durch gelbe Bojen/Tonnen.

180 ●
Seite 153
Was ist in unmittelbarer Nähe von Badezonen zu beachten?

Abstand halten, auf Schwimmer außerhalb der Badezonen achten. Geschwindigkeit herabsetzen.

11. Schallsignale

181 ●
Seite 147
Wie lang ist ein »kurzer Ton«?

Etwa eine Sekunde.

182 ●
Seite 147
Wie lang ist ein »langer Ton«?

Etwa vier Sekunden.

183 ●
Seite 147
Was bedeutet ein langer Ton?

Achtung!

184 ●
Seite 147
Was bedeutet ein kurzer Ton?

Kursänderung nach Steuerbord.

185 ●
Seite 147
Was bedeuten zwei kurze Töne?

Kursänderung nach Backbord.

186 ●
Seite 147
Was bedeuten drei kurze Töne?

Maschine geht rückwärts.

187 ●
Seite 147
Was bedeuten vier kurze Töne?

Fahrzeug ist manövrierunfähig.

188 ●
Seite 147
Was bedeuten fünf kurze Töne?

Überholen nicht möglich.

189 ●
Seite 147
Was bedeutet unten stehendes Schallsignal?

■ ●

Wenden über Steuerbord.

190 ●
Seite 147
Was bedeutet unten stehendes Schallsignal?

■ ● ●

Wenden über Backbord.

191 ●
Seite 147
Was bedeutet unten stehendes Schallsignal?

■ ■ ●

Überholen an der Steuerbordseite des Vorausfahrenden.

192 ●
Seite 147
Was bedeutet unten stehendes Schallsignal?

■ ■ ● ●

Überholen an der Backbordseite des Vorausfahrenden.

193 ●
Was bedeutet unten stehendes Schallsignal?

▬ ▬ ▬ ●

Seite 147

Hafen oder Nebenwasserstraße; Ein- oder Ausfahrt mit Kursänderung nach Steuerbord.

194 ●
Was bedeutet unten stehendes Schallsignal?

▬ ▬ ▬ ● ●

Seite 147

Hafen oder Nebenwasserstraße; Ein- oder Ausfahrt mit Kursänderung nach Backbord.

195 ●●
Was versteht man unter einer »Folge sehr kurzer Töne«?

Seite 147

Eine Folge von mindestens 6 Tönen von je einer viertel Sekunde Dauer mit entsprechend kurzen Pausen.

196 ●
Was bedeutet eine Folge sehr kurzer Töne?

Seite 147

Gefahr eines Zusammenstoßes.

197 ●●●
Was bedeutet eine Reihe von Tönen, abwechselnd kurz-lang-kurz-lang mit entsprechendem Licht-signal?

Seite 147

Bleib-weg-Signal. Gefahr durch gefährliche Güter, sofort Gefahrenbe-reich verlassen. Feuer- und Zündfun-ken vermeiden (Explosions- und Katastrophengefahr).

198 ●●
Welche Schallsignale bzw. Zeichen sind zu geben, wenn das Boot manövrierunfähig geworden ist?

Seite 146

Vier kurze Töne. Bei Tag eine rote Flagge, bei Nacht ein rotes Licht im unteren Halbkreis schwenken.

199 ●●
1. Was bedeuten vier kurze Töne?
2. Welche optischen Zeichen kön-nen hierfür gegeben werden?

Seite 146

1. Fahrzeug ist manövrierunfähig.
2. Rote Flagge oder rotes Licht im unteren Halbkreis schwenken.

12. Begegnen, Überholen, Ausweichen

200 ●●
Ein Fahrzeug zeigt an der Steuer-bordseite seines Ruderhauses eine blaue Tafel mit weißem Funkellicht. Welche Bedeutung hat dieses Zeichen?

Seite 150

Fahrzeuge begegnen sich an Steuer-bord. Dieses Zeichen gilt nicht für Kleinfahrzeuge, verpflichtet aber zu erhöhter Aufmerksamkeit.

201 ●●
Welche Bedeutung hat auf einem entgegenkommenden Fahrzeug über oder nahe dem grünen Seiten-licht ein weißes Funkellicht?

Seite 150

Fahrzeuge begegnen sich an Steuer-bord. Dieses Zeichen gilt nicht für Kleinfahrzeuge, verpflichtet aber zu erhöhter Aufmerksamkeit.

202 ●●
Ein Sportfahrzeug fährt nachts hinter einem Fahrzeug, das nicht Kleinfahrzeug ist, zu Tal, das plötzlich an Steuerbord ein weißes Funkellicht zeigt.
1. Was bedeutet dieses Licht?
2. Wie muss sich der Schiffsführer des Sportfahrzeugs verhalten?

Seite 150

1. Begegnung mit einem Bergfahrer Steuerbord an Steuerbord.
2. Hinter dem Talfahrer bleiben, nicht überholen.

203 ●
Ein Sportfahrzeug fährt hinter einem Fahrzeug, das nicht Kleinfahrzeug ist, in den Schleusenvorhafen ein. Aus der Schleusenkammer kommt ein Schiff, das an Steuerbord eine blaue Tafel mit einem weißen Funkellicht zeigt. Was bedeutet dieses Zeichen?

Seite 150

Das aus- und die einfahrenden Fahr-zeuge passieren sich an der Steuer-bordseite.

204 ●●
Auf den Binnenschifffahrtstraßen bestehen teilweise Geschwindig-keitsbeschränkungen. Wie kann der Wassersportler von bestehenden Beschränkungen Kenntnis erhalten?

Seite 150

In Teil II der Binnenschifffahrts-straßen-Ordnung befinden sich Hin-weise auf Höchstgeschwindigkeiten. Informationen sind auch bei der Wasser- und Schifffahrtsverwaltung und der Wasserschutzpolizei erhältlich.

205 ●●●
Warum soll ein Sportboot nicht dicht an ein großes, fahrendes Fahr-zeug heranfahren?

Seite 150

Es kann durch dessen Sog mit dem Fahrzeug kollidieren, durch dessen Bug- bzw. Heckwelle kentern oder in dessen toten Winkel geraten. Durch die Abdeckung des Fahrzeugs kann schlagartig der für die kontrollierte Fahrt erforderliche Wind genommen werden.

206 ●●●
Was ist beim Begegnen mit ande-ren Fahrzeugen in einem engen Fahrwasser zu beachten?

Seite 150

Klaren Kurs zeigen, größtmöglichen Passierabstand einhalten, nötigenfalls Fahrt vermindern.

207 ●●●
Welche Gefahren können entste-hen, wenn ein größeres Fahrzeug überholt und warum?

Seite 150

Durch den Stau, Sog oder Schwell kann das Fahrzeug aus dem Ruder laufen, quer schlagen oder kentern. Gefahr des Überbordfallens durch Krängung. Durch die Abdeckung des Fahrzeugs kann schlagartig der für die kontrollierte Fahrt erforderliche Wind genommen werden.

208 ●●
Wie ist ein Überholmanöver durchzuführen?

Seite 150

• Zügig überholen.
• Beteiligte Fahrzeuge nicht behin-dern.
• Verkehrslage und eventuelle Schall-zeichen beachten.
• Ausreichenden Abstand halten.

209 ●● **Seite 150**
Was muss beim Überholen beachtet werden?

•Ausreichender Raum,
•genügend Abstand,
•Anpassung der Geschwindigkeit und
•Ausweichpflicht des Überholers.

210 ●● **Seite 148**
Wann besteht die Gefahr eines Zusammenstoßes?

Wenn sich zwei Fahrzeuge einander nähern und sich die Peilung der beiden Schiffe zueinander nicht ändert.

211 ●●● **Seite 148**
Wie müssen Ausweichmanöver durchgeführt werden?

Rechtzeitig, klar erkennbar und entschlossen.

212 ● **Seite 148**
Wie weichen zwei Motorboote aus, die sich auf entgegengesetzten Kursen nähern?

Jeder muss nach Steuerbord ausweichen.

213 ● **Seite 148**
Zwei Motorboote nähern sich auf kreuzenden Kursen. Es besteht die Gefahr eines Zusammenstoßes. Welches Motorboot ist ausweichpflichtig?

Ausweichpflichtig ist das Fahrzeug, welches das andere an seiner Steuerbordseite sieht.

214 ●● **Seiten 139, 142**
Welche Fahrzeuge führen nachts nur ein weißes Licht?

Kleinfahrzeuge ohne Maschinenantrieb und geschleppte Fahrzeuge.

215 ● **Seite 148**
Wie muss sich ein kreuzendes Kleinfahrzeug unter Segel am Wind in der Nähe eines Ufers gegenüber anderen verhalten?

Es darf ein anderes Kleinfahrzeug, das sein steuerbordseitiges Ufer anhält, nicht zum Ausweichen zwingen.

216 ●● **Seite 148**
Wie ist die unten stehende Ausweichsituation zu beurteilen und warum?

Das Segelboot ist ausweichpflichtig. Ein Fahrzeug unter Segel am Wind darf beim Kreuzen andere Fahrzeuge, die ihr steuerbordseitiges Ufer anhalten, nicht zum Ausweichen zwingen.

Ufer

Wind

217 ●● **Seite 148**
Was hat der Schiffsführer eines Kleinfahrzeugs beim Begegnen mit Fahrzeugen, die nicht Kleinfahrzeuge sind, zu beachten?

Kleinfahrzeuge sind gegenüber Fahrzeugen, die nicht Kleinfahrzeuge sind, ausweichpflichtig. Sie müssen den für deren Kurs und zum Manövrieren notwendigen Raum lassen.

218 ●● **Seite 149**
Von Backbord kommend kreuzt ein Fahrzeug unter Segel mit einem schwarzen Kegel, Spitze nach unten, den Kurs eines Motorbootes mit Maschinenantrieb. Wer ist ausweichpflichtig?

Das Segelboot gilt als Fahrzeug mit Maschinenantrieb und ist ausweichpflichtig, weil es das Motorboot an seiner Steuerbordseite hat.

219 ●● **Seite 148**
Einem Motorboot kommt nachts ein Fahrzeug entgegen, das Seitenlichter am Bug, aber kein Topplicht führt.
1. Was ist es für ein Fahrzeug?
2. Wer ist ausweichpflichtig?

1. Das andere Fahrzeug ist ein Kleinfahrzeug unter Segel.
2. Das Motorboot ist ausweichpflichtig.

220 ● **Seite 148**
Ein Kleinfahrzeug unter Segel kreuzt auf einer Binnenschifffahrtsstraße den Kurs eines Motorbootes. Wer ist ausweichpflichtig?

Das Motorboot.

221 ●●● **Seite 149**
Zwei Kleinfahrzeuge unter Segel A und B liegen auf Kollisionskurs (Skizze); A führt einen schwarzen Kegel im Mast.
1. Wer ist ausweichpflichtig (Begründung)?
2. Welchen Kurs muss das ausweichende Fahrzeug in der Skizze fahren (zeichnerische Darstellung und Begründung)?

1. A fährt unter Maschine und ist demzufolge dem Kleinfahrzeug unter Segel ausweichpflichtig.
2. Ausweichpflichtige Kleinfahrzeuge müssen ihren Kurs nach Steuerbord richten.

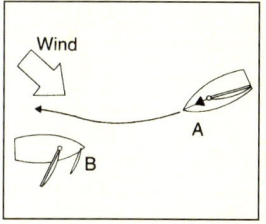

222 ●● **Seite 148**
Ein Segelboot kreuzt eine Binnenschifffahrtsstraße. In Fahrwassermitte kommt ihm eine Motoryacht – ca. 15 m lang – entgegen.
1. Wer ist ausweichpflichtig?
2. Unter welchen Voraussetzungen darf das Segelboot wenden und nochmals das Fahrwasser kreuzen, wenn es nach Lee keinen Raum mehr hat?

1. Die Motoryacht.
2. Die Wende muss so rechtzeitig erfolgen, dass ein ausreichender Sicherheitsabstand gewährleistet ist.

223 ●●   Seiten 138, 148

Ein Kleinfahrzeug unter Segel kreuzt nachts das Fahrwasser. An Backbord tauchen die unten stehenden Lichter eines Fahrzeugs auf, das in spitzem Winkel den Kurs des Kleinfahrzeugs unter Segel kreuzen will.
1. Um welches Fahrzeug handelt es sich?
2. Wer ist ausweichpflichtig?

1. Kleinfahrzeug mit Maschinenantrieb.
2. Das Kleinfahrzeug mit Maschinenantrieb muss dem Kleinfahrzeug unter Segel ausweichen.

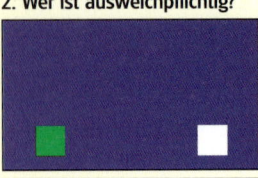

224 ●●   Seiten 139, 148

Ein Kleinfahrzeug unter Segel und mit Maschinenantrieb kreuzt nachts stromauf. Ein Fahrzeug kommt entgegen, das nur ein weißes Licht führt.
1. Was ist das für ein Fahrzeug?
2. Wer ist ausweichpflichtig?

1. Kleinfahrzeug ohne Maschinenantrieb.
2. Das Kleinfahrzeug unter Segel und Motor ist ausweichpflichtig.

225 ●●   Seiten 138, 148

Ein Kleinfahrzeug unter Segel kreuzt nachts im Fahrwasser. Von achtern kommt ein Fahrzeug auf, das eine Zweifarbenlaterne und ein Topplicht führt. Um welches Fahrzeug handelt es sich, und wer muss ausweichen?

Das aufkommende Fahrzeug ist ein Kleinfahrzeug mit Maschinenantrieb. Es muss dem Kleinfahrzeug unter Segel ausweichen.

226 ●●   Seite 148

Ein Kleinfahrzeug segelt auf einer Binnenschifffahrtsstraße und lässt den Motor mitlaufen. Ein Ruderboot kommt ihm auf Kollisionskurs entgegen. Wer ist ausweichpflichtig und warum?

Das Kleinfahrzeug mit Maschinenbetrieb muss ausweichen. Kleinfahrzeuge mit Maschinenantrieb müssen Kleinfahrzeugen ohne Maschinenantrieb ausweichen.

227 ●●   Seite 148

Ein Kleinfahrzeug unter Segel fährt auf einer Binnenschifffahrtsstraße. Ein Ruderboot kommt ihm entgegen. Wer ist ausweichpflichtig?

Das Ruderboot.

13. Regeln für die Fahrt

228 ●   Seite 151

Welche Bedeutung hat unten stehende Tafel?

Sog und Wellenschlag vermeiden.

229 ●●   Seite 150

Was bedeutet »Sog und Wellenschlag vermeiden«?

Die Fahrgeschwindigkeit ist so weit zu vermindern, dass keine Heckwelle mehr entsteht; die sichere Steuerfähigkeit muss erhalten bleiben.

230 ●●   Seiten 144, 151

1. Welche Bedeutung hat die unten stehende Tafel?

2. Welche Lichter haben die gleiche Bedeutung?

1. Sog und Wellenschlag vermeiden.
2. Rotes über weißem Licht.

231 ●●   Seite 144

1. Was bedeuten nachts auf einer Binnenschifffahrtsstraße die unten stehenden Lichter?

2. Wie ist das Tagsignal?

1. Sog und Wellenschlag vermeiden.
2. Rot-weiße Flagge/Tafel oder Tafel mit durchgestrichenen Wellenlinien.

232 ●●●   Seite 150

Wo ist die Geschwindigkeit zu vermindern, um Sog und Wellenschlag zu vermeiden (sechs Beispiele)?

- Vor Hafenmündungen und in Häfen,
- an Lade- und Löschplätzen,
- an den üblichen Liegestellen,
- in der Nähe nicht frei fahrender Fähren,
- auf gekennzeichneten Strecken,
- an Badezonen,
- in der Nähe schwimmender Geräte bei der Arbeit.

233 ●   Seite 151

Welche Bedeutung hat die unten stehende Tafel?

Vorgeschriebene Fahrtrichtung.

234 ●   Seite 151

Welche Bedeutung hat die unten stehende Tafel, wenn das rote Licht brennt?

Verbot der Einfahrt in einen Hafen oder eine Nebenwasserstraße.

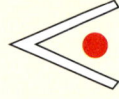

235 ●
Welche Bedeutung hat die unten stehende Tafel?

Seite 151
30 m Mindestabstand vom Standort der Tafel.

236 ●
Welche Bedeutung hat die unten stehende Tafel?

Seite 151
10 km/h Höchstgeschwindigkeit gegenüber dem Ufer.

237 ●
Welche Bedeutung hat die unten stehende Tafel?

Seite 151
Besondere Vorsicht walten lassen.

238 ●●
Welche Bedeutung hat die unten stehende Tafel?

Seite 151
Überholen verboten. Es gilt nicht für Kleinfahrzeuge, verpflichtet aber zu erhöhter Aufmerksamkeit.

239 ●●
Welche Bedeutung hat die unten stehende Tafel?

Seite 151
Begegnen und Überholen verboten. Es gilt nicht für Kleinfahrzeuge, verpflichtet aber zu erhöhter Aufmerksamkeit.

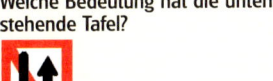

240 ●
Welche Bedeutung hat die unten stehende Tafel?

Seite 151
Wendeverbot.

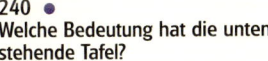

241 ●
Welche Bedeutung hat die unten stehende Tafel?

Seite 151
Ende eines Ge- oder Verbotes bzw. einer Einschränkung in einer Fahrtrichtung.

242 ●●
Welche Bedeutung hat die unten stehende Tafel und was ist zugleich verboten?

Seite 151
Empfohlener Wendeplatz. Stillliegen für alle Fahrzeuge verboten.

243 ●
Was bedeutet unten stehende Tafel?

Seite 151
Wehr.

14. Verhalten bei unsichtigem Wetter

244 ●●
Was bedeutet der Begriff »unsichtiges Wetter«?

Seiten 136, 143
Sichtbeeinträchtigung durch Nebel, Schneefall, starken Regen oder ähnliche, die Sicht beeinträchtigende Umstände.

245 ●●●
Unter welchen Bedingungen darf bei unsichtigem Wetter die Fahrt beibehalten werden?

Seite 143
Das Fahrzeug muss mit einer für die Binnenschifffahrt zugelassenen funktionsfähigen Radaranlage und einer Sprechfunkanlage für den Binnenschifffahrtsfunk ausgerüstet und der Schiffsführer im Besitz eines Radarpatents sowie eines gültigen Sprechfunkzeugnisses sein.

246 ●
Welcher Befähigungsnachweis ist zur Teilnahme am Binnenschifffahrtsfunk erforderlich?

Seite 143
Das UKW-Sprechfunkzeugnis für den Binnenschifffahrtsfunk (UBI).

247 ●●●
Was ist zu veranlassen, wenn während der Fahrt unsichtiges Wetter eintritt?

Seite 143
• Ohne Radar und Sprechfunk die Fahrt unverzüglich einzustellen.
• Lichter einschalten.
• Liegeplatz oder Hafen aufsuchen.
• Geschwindigkeit den Sichtverhältnissen anpassen.

248 ●
Was bedeutet »Radarfahrt«?

Seite 143
Eine Fahrt bei unsichtigem Wetter mit Radar.

II. Seemannschaft

1. Sicherheitsausrüstung

249 ●●● Seite 34
Welches sind die wichtigsten Ausrüstungsgegenstände eines Sportbootes (6 Beispiele)?
Wurfleinen, Feuerlöscher, rote Flagge, Taschenlampe, Kappmesser oder Axt, Bootshaken, Festmacherleinen, Werkzeug, Schleppleine, mind. 1 Anker, 2 Paddel, Rettungswesten, Verbandskasten, Schöpfeimer, Rettungsring.

250 ● Seiten 34, 37
Welche Feuerlöscher sind für den Einsatz an Bord zweckmäßig?
ABC-Pulverlöscher.

251 ● Seiten 34, 37
Welche Feuerlöscher sind für Sportboote geeignet?
Feuerlöscher für die Brandklassen A, B und C.

252 ●● Seiten 34, 37
Wie ist die Einsatzfähigkeit eines Feuerlöschers zu gewährleisten?
Wartungsintervalle einhalten und sich mit der Handhabung des Gerätes vertraut machen.

253 ● Seite 37
Durch welche technische Einrichtung kann auf ein Feuer aufmerksam gemacht werden?
Durch einen Rauchmelder.

254 ●● Seite 37
Wie kann ein an Bord ausgebrochener Brand am wirkungsvollsten bekämpft werden?
Durch den richtigen Einsatz eines Feuerlöschers und/oder einer Löschdecke.

255 ●● Seite 34
Welche Anforderungen müssen CE-gekennzeichnete Rettungswesten erfüllen?
Sie müssen ohnmachtssicher sein, d. h., dass sie den Kopf einer bewusstlosen Person über Wasser nach oben halten und stets die Rückenlage garantieren.

256 ● Seiten 34, 156
Weshalb sollten auf einem kleinen Boot unbedingt Paddel mitgeführt werden?
Damit im Notfall das Boot bewegt, insbesondere die Fahrrinne freigemacht werden kann.

257 ● Seite 34
Welchen Vorteil bietet ein Radarreflektor auf einem Sportboot?
Bessere Erkennbarkeit auf Radarbildschirmen.

258 ● Seite 34
Welche Löschmittelmenge sollte ein Feuerlöscher auf einem Sportboot haben?
Mindestens 2 kg.

259 ● Seiten 34, 37
Woran ist zu erkennen, wann ein Feuerlöscher zu warten ist?
An der Prüfplakette.

2. Technische Einrichtung

260 ●● Seite 36
Was ist bei Installation einer Landstromversorgung an Bord besonders zu beachten?
Die Installation muss von einem zugelassenen Betrieb vorgenommen und vom Bordnetz klar erkennbar getrennt sein.

261 ● Seite 36
Welche Vorkehrungen müssen bei Bord- und Landstromversorgung an Bord gegeben sein?
Es muss eine klare und einwandfreie Erkennbarkeit der unterschiedlichen Stromversorgung an Bord vorhanden sein.

262 ● Seite 36
Welche Vorkehrung muss gegen Stromschlag in der Landstromversorgung unbedingt installiert sein?
Ein Fehlerschutzschalter.

263 ●● Seite 36
Warum ist Flüssiggas (Propan, Butan) an Bord besonders gefährlich?
Beide Gase sind schwerer als Luft und bilden mit Luft ein explosives Gemisch.

264 ●● Seite 36
Was ist bei Flüssiggasanlagen an Bord zu beachten?
Die Anlage muss durch einen zugelassenen Betrieb entsprechend den Richtlinien eingebaut sein. Zur Sicherheit muss die Anlage alle 2 Jahre durch einen zugelassenen Sachkundigen überprüft werden.

265 ●● Seite 36
Was ist zu tun, wenn Flüssiggas in das Innere des Bootes gelangt?
- Gaszuführung absperren,
- für Lüftung sorgen,
- keine elektrischen Schalter betätigen,
- Funk oder Mobiltelefon nicht benutzen.

266 ●● Seite 36
Wo und wie sind Reservegasflaschen (Propan, Butan) aufzubewahren?
Auf Deck festgezurrt an einem gut belüfteten Ort, niemals unter Deck. Sie dürfen Hitze oder Sonneneinstrahlung nicht ausgesetzt sein.

267 ● Seite 36
Welche Unterlagen benötigt man für eine Flüssiggasanlage?
Die Bescheinigung für »Flüssiggasanlagen auf Sportbooten« und den Vermerk der regelmäßigen Wartung.

268 ●● Seite 37
Was ist beim Aufladen von Batterien an Bord zu beachten?
Ausreichende Belüftung unter Deck (Gefahr durch Gase) und fester Anschluss der Ladeleitung.

269 ●●   Seite 37
Wie ist die Batterie eines Bootes zu warten?

- Batterie trocken halten/vor Oxidation schützen,
- Anschlusspole fetten,
- Kabelklemmen fest anziehen,
- Säurestand prüfen.

270 ●●   Seite 37
Was ist wichtig bei der Überwachung und Wartung einer Bordbatterie?

Säurestand kontrollieren und evtl. destilliertes Wasser nachfüllen; Pole stets sauber halten und einfetten.

271 ●   Seite 37
Mit welchem einfachen Gerät kann der Ladezustand der Batterie überprüft werden?

Mit dem Säureheber.

3. Tauwerk/seemännische Knoten

272 ●●   Seite 28
Welche Anforderungen werden an Tauwerk gestellt, das als Festmache-, Anker- und Schleppleine dient?

Hohe Bruchlast, große Elastizität.

273 ●   Seite 28
Welchen Vorzug hat geflochtenes Tauwerk gegenüber geschlagenem?

Geflochtenes Tauwerk ist geschmeidiger.

274 ●●   Seite 28
Wofür ist schwimmfähiges Tauwerk 1. vorteilhaft? 2. ungeeignet?

1. Für Wurfleinen und Sorgleinen an Rettungsringen.
2. Als Ankerleine.

275 ●●   Seite 29
Wozu dient ein Takling, wozu ein Spleiß?

Ein Takling sichert den Tampen vor dem Aufgehen, durch einen Spleiß kann Tauwerk miteinander verbunden werden.

276 ●   Seiten 28, 34
Welche Richtlinien enthalten Informationen über die ausreichende Bemessung der Leinenausrüstung?

Die Sicherheitsrichtlinien des DMYV und des DSV.

277 ●●●   Seite 30
Welche drei Anforderungen müssen seemännische Knoten erfüllen?

Seemännische Knoten müssen
1. sich einfach und schnell stecken lassen,
2. zuverlässig halten,
3. sich im entlasteten Zustand leicht lösen lassen.

278 ●●●   Seiten 32, 33
Wie wird an 1. einer Klampe, 2. einem Pfahl, 3. einem Ring belegt?

Es wird an
1. einer Klampe mit Kreuzschlägen und Kopfschlag,
2. einem Pfahl mit Webeleinenstek oder Palstek,
3. einem Ring mit Roringstek oder mit Rundtörn und zwei halben Schlägen belegt.

279 ●   Seite 30
Wozu dient der Schotstek?

Mit dem Schotstek werden zwei ungleich starke Enden miteinander verbunden.

280 ●   Seite 31
Mit welchem Knoten wird die Vorleine an einer durchlaufenden Schlepptrosse belegt?

Mit dem Stopperstek.

281 ●   Seite 30
Mit welchem Knoten wird das Ausrauschen eines Endes verhindert?

Mit dem Achtknoten.

282 ●   Seite 30
Wozu dient der Kreuzknoten?

Mit dem Kreuzknoten werden zwei gleich starke Enden miteinander verbunden.

283 ●   Seite 33
Wozu dient der Rundtörn mit zwei halben Schlägen?

Zum Festmachen an einem Ring oder einer Stange.

284 ●   Seite 32
Wozu dient der Webeleinenstek?

Der Webeleinenstek wird zum Belegen am Pfahl oder Poller verwendet sowie zum Befestigen der Fender an Reling oder Handlauf (in Verbindung mit einem Slipstek).

285 ●   Seite 32
Wozu dient der Kopfschlag?

Zum Sichern der Leine beim Belegen einer Klampe.

286 ●   Seite 31
Wozu dient ein Palstek?

Zum Schlagen eines sich nicht zuziehenden Auges, zum Festmachen am Poller oder Pfahl und zum Bergen und Sichern von Personen.

4. Notsituationen/Hilfeleistung bei Unfällen

287 ●●   Seite 146
Welche Schallsignale sind zu geben, wenn in einer Notsituation dringend Hilfe gebraucht wird?

Wiederholte lange Töne geben, Gruppen von Glockenschlägen.

288 ●●   **Seite 146**
Am Tage wird auf einem Fahrzeug eine rote Flagge im Kreis geschwenkt.
1. Wie ist das Nachtsignal?
2. Was ist zu veranlassen?

1. Statt der Flagge ein Licht kreisen.
2. Hilfe leisten, soweit das mit der Sicherheit des eigenen Fahrzeuges vereinbar ist, sonst Hilfe holen.

289 ●●   **Seite 146**
Wie kann angezeigt werden, dass eine Notsituation besteht und dringend Hilfe benötigt wird?
1. Am Tag?
2. Durch Schallsignal?

1. Eine rote Flagge oder einen sonstigen Gegenstand im Kreise schwenken.
2. Wiederholte lange Töne oder Gruppen von Glockenschlägen geben.

290 ●●   **Seite 146**
Was ist unverzüglich zu unternehmen, wenn auf dem Wasser ein Mensch in Not geraten ist?

Wenn möglich Hilfe leisten, sonst Hilfe holen.

291 ●●   **Seite 146**
Auf einem Gewässer wird ein Segelsurfer, der auf seinem Surfbrett sitzt, immer weiter abgetrieben. Welche Verpflichtung besteht?

Hilfe leisten, sofern dies ohne eigene Gefährdung möglich ist; sonst sofort Hilfe holen.

292 ●●●   **Seite 146**
Welche Notsignale kann ein Segelsurfer auf Binnenschifffahrtsstraßen geben?

1. Kreisförmiges Schwenken eines Arms oder eines Gegenstandes.
2. Fortgesetzte lange Töne mit einer Pfeife.
3. Langsames Heben und Senken der seitlich ausgestreckten Arme.

293 ●●●   **Seite 37**
Welche Maßnahmen sind zu ergreifen, um einen Brand wirksam zu bekämpfen?

Luftzufuhr vermeiden bzw. unterbinden (Feuerlöschdecke). Feuerlöscher erst am Brandherd in Tätigkeit setzen. Brand von unten bekämpfen.

294 ●●●   **Seite 37**
Was ist zu unternehmen, wenn der Motor brennt?

Brennstoffzufuhr unterbrechen, Getriebe auskuppeln, Vollgas geben, um Leitungen und Vergaser leer zu fahren, Motor bzw. Vergaser abdecken, um Brand zu ersticken, mit Feuerlöscher Brand bekämpfen.

295 ●●●   **Seite 146**
Wozu ist der Schiffsführer jedes Fahrzeuges verpflichtet, wenn sich in seiner Nähe ein Unfall ereignet?

Jeder Schiffsführer ist verpflichtet, unverzüglich Hilfe zu leisten, soweit das mit der Sicherheit des eigenen Fahrzeuges zu vereinbaren ist.

296 ●●●   **Seite 146**
Wozu ist der Schiffsführer verpflichtet, wenn er an einem Unfall beteiligt ist?

Er ist zur Hilfeleistung und als Beteiligter verpflichtet, die Feststellung seiner Person, seines Fahrzeuges und die Art der Beteiligung zu ermöglichen.

297 ●●   **Seite 146**
Wie hat sich der Schiffsführer bei einem Unfall mit drohender Gefahr für die Sicherheit der an Bord befindlichen Personen zu verhalten?

Der Schiffsführer muss alle Maßnahmen treffen, die zur Abwehr der Gefahr erforderlich sind.

298 ●●●   **Seite 156**
Was ist nach einem Zusammenstoß zu unternehmen?

Grundsätzlich Erste Hilfe leisten, Fahrzeug aus dem Fahrwasser bringen, Wasser- und Schifffahrtsverwaltung oder Wasserschutzpolizei verständigen.

299 ●●●   **Seite 103**
Was ist als Schiffsführer eines Sportbootes unter Antriebsmaschine zu unternehmen bzw. zu veranlassen, wenn jemand über Bord gefallen ist?

Auskuppeln, Heck abdrehen, »Mensch über Bord« rufen, Rettungsring werfen, gegen Strom und Wind anfahren, auskuppeln, Person bei stillliegendem Boot bergen.

300 ●●●   **Seite 103**
Was ist als Rudergänger eines Sportbootes mit Maschinenantrieb sofort bei dem Ruf »Mensch über Bord« zu unternehmen und warum?

Auskuppeln und Ruder auf die Seite des Überbordgegangenen legen, um Verletzungen durch den Propeller (Schraube) zu vermeiden.

5. Schleppen

301 ●●   **Seite 106**
Was ist zu beachten, wenn ein Sportboot geschleppt wird?

- Richtiges Befestigen der Schleppleine.
- Darauf achten, dass die Schleppleine nicht in die Schraube kommt.
- Plötzliches, ruckartiges Steifkommen der Schleppleine vermeiden.
- Geschwindigkeit der Rumpfform des geschleppten Bootes anpassen.

302 ●●   **Seiten 16, 106**
Was ist unter Rumpfgeschwindigkeit zu verstehen und wovon ist diese abhängig?

Die Höchstgeschwindigkeit in der Verdrängerfahrt. Sie ist von der Wasserlinienlänge abhängig.

303 ●●   **Seite 106**
Welche Ausrüstungsgegenstände sind bereitzuhalten, wenn ein Fahrzeug geschleppt wird?

Schleppleine, Fender und Bootshaken.

304 ●   Seite 106
Wo sind bei dem geschleppten Fahrzeug die Schlepptrossen zu befestigen?

Möglichst weit vorne am Bug.

6. Umweltschutz und Naturschutz

305 ●   Seite 118
Wie ist mit an Bord angefallenen ölgetränkten Putzlappen zu verfahren?

Ölgetränkte Putzlappen gehören zum Öl- und fetthaltigen Schiffsbetriebsabfall und müssen entsprechend entsorgt werden.

306 ●   Seite 118
Bei Arbeiten an der Maschine und Kontakt mit Öl befinden sich ölgetränkte Putzlappen an Bord. Warum müssen diese Putzlappen bis zur ordnungsgemäßen Entsorgung in einem geschlossenen Metallbehältnis aufbewahrt werden?

Ölgetränkte Putzlappen neigen zur Selbstentzündung. Zur Sicherheit und zur Vermeidung von Brandgefahr sind sie bis zur ordnungsgemäßen Entsorgung entsprechend zu sichern.

307 ●   Seite 118
Welches Merkblatt enthält Hinweise für das Verhalten zum Schutz seltener Tiere und Pflanzen sowie zur Reinhaltung der Gewässer?

Die 10 goldenen Regeln für Wassersportler.

308 ●   Seite 118
Was ist hinsichtlich der Reinhaltung der Gewässer verboten?

Abfälle über Bord zu werfen, Kraftstoffe oder Öle oder Öl-Wasser-Gemische einzubringen.

309 ●   Seite 118
Was ist beim Umgang mit Ölen, Treibstoffen, Farben und anderen umweltschädlichen Stoffen an Bord unbedingt zu beachten?

Sorgsamer Umgang, umweltgerechtes Entsorgen.

310 ●   Seite 118
Was ist mit Abfällen jeglicher Art zu tun, die an Bord anfallen?

Sammeln, in Aufnahmebehältern an Land ordnungsgemäß entsorgen.

311 ●   Seite 118
Weshalb sollte das Anlaufen von Schilf- und Röhrichtzonen unbedingt vermieden werden?

Weil diese Uferzonen vielfach Rast- und Brutplätze besonders schutzbedürftiger Vögel sind.

312 ●   Seite 118
Weshalb sollten seichte Gewässer in dicht bewachsenen Uferzonen gemieden werden?

Weil diese seichten Gewässer vielfach Fischlaichgebiete sind, in denen auch schutzbedürftige Pflanzen vorkommen.

7. Slippen und Trailern/Eigentumssicherung

313 ●●   Seite 44
Was bedeutet der Begriff »Slippen«?

Ein Boot mit einem Transportwagen auf einer schiefen Ebene aus dem Wasser holen oder zu Wasser zu bringen.

314 ●●   Seite 44
Worauf ist beim Slippen eines Sportbootes zu achten?

Auf die Sicherheit der beteiligten Personen und die sichere Befestigung des Bootes.

315 ●●   Seite 44
Welche Gefahren können beim Slippen entstehen?

Verletzungsgefahr der beteiligten Personen, Schaden durch Überlastung der Slipeinrichtung.

316 ●●●   Seite 44
Ein Bootstrailer soll im Straßenverkehr benutzt werden, worauf ist besonders zu achten?

Straßentauglichkeit, Zulassung zum Straßenverkehr, gültige Trailerversicherung.

317 ●●●   Seite 44
Worauf ist bei Trailerbetrieb allgemein zu achten?

- Zulassung des Trailers,
- Versicherungspflicht,
- zulässiges Gesamtgewicht/zulässige Gesamtlänge,
- sichere Befestigung des Bootes,
- zulässige Stützlast,
- zulässige Höchstgeschwindigkeit.

318 ●   Seite 45
Wie weit dürfen beim Trailern Überhänge hinausragen?

1,50 Meter (ab 1 Meter Kenntlichmachung).

319 ●●   Seite 44
Bei wem erhält der Bootseigner Informationen über die Eigentumssicherung von Booten?

Bei den Wassersportverbänden und den örtlichen Beratungsstellen der Polizei.

320 ●●●   Seite 44
Welche Maßnahmen sollte jeder Bootseigner treffen, um einem Diebstahl vorzubeugen?

- Abschließen von Boot, Außenbordmotor und Trailer.
- Installation von Wegfahrsperren.
- Zusatzsicherung gegen unbefugtes Benutzen.
- Kein Liegenlassen wertvoller Gegenstände, die Anreiz zum Diebstahl geben.
- An Bord befindliche Ausrüstungsgegenstände nach Möglichkeit aus dem Sichtfeld wegschließen.

III. Wetterkunde

1. Wetterinformation

321 ●●   Seite 121
Wo sind Informationen über das zu erwartende Wetter abrufbar?

Rundfunk, Fernsehen, örtliche Wetterstationen, Internet, z. B. Online-Dienst des Deutschen Wetterdienstes.

322 ●   Seite 120
Warum sind vor dem Befahren eines fremden Reviers Informationen über die örtlichen Sturmwarnsignale und die diesbezüglichen Vorschriften einzuholen?

Weil sie von Revier zu Revier unterschiedlich sein können (z. B. Auslaufverbot bei Sturmwarnung).

323 ●●   Seite 124
Was ist bei Sturmwarnung vom Schiffsführer eines Sportboots unter Segel auf einem größeren Gewässer zu veranlassen?

Rettungswesten anlegen. Segel reffen oder teilweise bergen. Legerwall meiden und versuchen, einen Hafen oder eine geschützte Bucht anzulaufen.

324 ●●   Seiten 120, 121
Welche Maßeinheiten werden verwendet für
1. Luftdruck?
2. Windgeschwindigkeit?

1. Hektopascal (hPa).
2. m/s, km/h, Knoten (kn).

325 ●   Seite 120
Wie heißen die Linien gleichen Luftdrucks?

Isobaren.

2. Wetterbeobachtung

326 ●   Seite 122
Welche Sichtweiten umfasst der Begriff »diesig«?

Sichtweiten über 4 km bis 10 km.

327 ●●   Seiten 122, 124
Bei sommerlicher Schwüle verdichten sich um die Mittagsstunden Haufenwolken zu Cumulonimbus großen Ausmaßes.
1. Womit muss ein Schiffsführer rechnen?
2. Was ist zu unternehmen?

1. Mit einem Gewitter.
2. Boot und Crew vorbereiten, Hafen oder geschützte Bucht ansteuern.

328 ●   Seite 123
Unter aufgetürmten Gewitterwolken ist ein Böenkragen zu erkennen, der auf das Fahrzeug zukommt. Wann sind die ersten heftigen Böen zu erwarten?

Wenn der Böenkragen annähernd den Standort erreicht hat.

3. Wetterentwicklung

329 ●●   Seite 120
Was ist Wind und wie entsteht er?

Wind ist bewegte Luft. Die Bewegung entsteht durch Druckunterschiede zwischen Hoch- und Tiefdruckgebieten oder Temperaturunterschiede zwischen den Luftschichten.

330 ●●●   Seite 120
Welche Faktoren sind hauptsächlich für das Wettergeschehen, also für Wind und Niederschläge, ausschlaggebend?

Luftdruckänderung, Luftfeuchtigkeit und Temperatur.

331 ●●●   Seite 120
Mit welcher Wetterentwicklung ist bei schnell und stetig fallendem Luftdruck zu rechnen?

Mit schlechtem Wetter, Starkwind oder Sturm.

332 ●●   Seite 122
Wann entstehen besonders starke Gewitter?

Am Ende einer hochsommerlichen Schönwetterperiode im Zusammenhang mit Kaltfronten.

333 ●   Seite 120
Welches Wetter ist zu erwarten, wenn der Luftdruck langsam, aber ständig steigt?

Besseres Wetter.

B Sonderteil »Antriebsmaschine«

1. Rumpfformen

400 ●●●   Seite 17
Welche Rumpfformen finden sich überwiegend bei Motorbooten?

Knickspant, Multiknickspant, Rundspant.

401 ●●●   Seiten 16, 17
Was sind die unterschiedlichen Eigenschaften von Verdränger, Gleiter, Halbgleiter?

Verdränger können durch Form und Gewicht nur Fahrt durch das von ihnen verdrängte Wasser machen. Gleiter können sich bei Fahrt bis auf einen bestimmten Teil über die Wasseroberfläche heben. Halbgleiter vereinen Eigenschaften von Verdränger und Gleiter in sich.

402 ●●   Seiten 17, 51
Ein als Gleitboot konzipiertes Sportboot kommt auch bei Volllast der Maschine nicht ins Gleiten, was kann die mögliche Ursache sein?

Die Maschinenleistung reicht nicht aus, Fehler bei Trimm, Anstellwinkel Schraube/Trimmklappen, Beladung.

403 ●   Seite 16
Welche allgemeinen Probleme können sich bei Verdrängungsfahrt ergeben?

Bei Verdrängungsfahrt besteht die Gefahr eines erhöhten Sog- und Wellenschlages.

2. Antriebsmotoren/Antriebsarten

404 ●●   Seite 46
Welche Verbrennungsmotoren kommen als Bootsantriebe infrage:
1. nach der Kraftstoffart?
2. nach den Arbeitsverfahren?

1. Diesel- und Benzinmotoren.
2. Zwei- und Viertaktmotoren.

405 ●●●   Seiten 48, 50
Welche Motor- und Antriebsarten gibt es bei Motorbooten?

1. Außenbordmotoren.
2. Innenbordmotoren mit Z- oder Strahlantrieb.
3. Innenbordmotoren mit Wendegetriebe und starrer Welle.

406 ●●   Seite 51
Was ist unter einer Quickstop-Einrichtung zu verstehen?

Eine Verbindung zwischen Zündung (Benzinmaschine) oder Einspritzpumpe (Dieselmaschine) und Rudergänger, die bei Trennung den sofortigen Stillstand der Maschine bewirkt.

407 ●   Seite 51
Was bewirkt der Quickstop?

Durch Unterbrechung des Zündkontaktes bzw. der Dieseleinspritzung kommt der Motor zum sofortigen Stillstand.

408 ●   Seite 51
Warum ist ein Quickstop als Sicherheitseinrichtung erforderlich?

Damit bei »Über-Bord-Fallen«, insbesondere bei offenen, schnellen Sportbooten das Boot nicht unbeabsichtigt und unkontrolliert weiterfahren kann.

409 ●   Seite 51
Wie wird bei einem kleinen Boot mit Außenborder bzw. bei einem Wassermotorrad sichergestellt, dass bei »Über-Bord-Fallen« des Schiffsführers der Motor stehen bleibt?

Durch den Quickstop.

3. Getriebe

410 ●●●   Seite 48
Welche Art von Getrieben gibt es im Motorbootbau?

1. Wendegetriebe,
2. Z-Getriebe,
3. V-Getriebe.

411 ●   Seite 48
Warum sind Z-Getriebe besonders empfindlich?

Die Kraft des Motors wird zweimal über Kegelräderpaare umgelenkt.

412 ●   Seite 48
Wann verwendet man vorwiegend V-Getriebe?

Wenn bei größeren Antriebsmotoren der Platz im Schiffsrumpf nicht ausreicht. Der Motor sitzt dann praktisch über der Antriebswelle.

413 ●   Seite 47
Welche Aufgabe hat das Wendegetriebe?

Es ermöglicht Vorwärts- und Rückwärtsfahrt und Leerlauf.

414 ●●   Seite 49
Wie kann beim Tanken verhindert werden, dass Treibstoff in die Bilge gelangt?

Durch Verwendung eines großen Trichters. Treibstofftank nicht bis zum Überlauf füllen.

415 ●●   Seite 49
Was ist zu unternehmen, wenn Treibstoff oder Öl in die Bilge gelangt ist?

Öl oder Treibstoff in der Bilge mit saugfähigen Lappen entfernen und an Land in zugelassenen Behältnissen entsorgen. Räume lüften.

4. Antriebswelle/Propeller

416 ●● Seite 47
Bei einer konventionellen Schraubenwelle dringt Wasser in die Maschinenraumbilge ein. Was kann die Ursache sein und wie kann Abhilfe geschaffen werden?

Die Stopfbuchse ist undicht. Stopfbuchse nachziehen, Packung, evtl. Dichtung erneuern, ggf. Lippdichtung einsetzen.

417 ●● Seite 47
Welche Arten von Stopfbuchsen kommen bei Sportbooten zum Einsatz?

Wasser-, fett- und ölgeschmierte Stopfbuchsen.

418 ●● Seite 47
Was ist die häufigste Fehlerquelle, wenn über die Stopfbuchse Wasser ins Boot eindringt?

Verschlissene Stopfbuchse, mangelhafte Wartung.

419 ●● Seite 112
Was ist unter einem rechtsdrehenden Propeller (Schraube) zu verstehen?

Wenn er sich von achtern gesehen bei der Vorausfahrt im Uhrzeigersinn dreht.

420 ●● Seite 112
Was ist unter einem linksdrehenden Propeller (Schraube) zu verstehen?

Wenn er sich von achtern gesehen bei der Vorausfahrt gegen den Uhrzeigersinn dreht.

421 ●● Seite 112
Was ist unter der Ruderwirkung des Propellers (Schraube) zu verstehen?

Das seitliche Versetzen des Hecks. Seitenschub.

422 ●● Seite 112
Weshalb ist die Kenntnis der Propellerdrehrichtung (Schraubendrehrichtung) für das Manövrieren unter Motor von Bedeutung?

Weil der »Radeffekt« das Heck nach der einen oder anderen Richtung zur Seite versetzt und dieser Umstand beim Manövrieren berücksichtigt werden muss.

423 ●● Seite 112
Warum wird jedes Schiff mit einem Propeller (Schraube) und starrer Welle über Steuerbord und über Backbord verschieden große Drehkreise haben?

Weil der Propellerdrall (Schraubendrall) des Antriebs (Radeffekt) eine Drehrichtung unterstützt, der anderen entgegenwirkt.

424 ●● Seite 112
Welche Wirkung hat ein rechtsdrehender Propeller (Schraube) bei Vorausfahrt?

Er versetzt das Heck nach Steuerbord.

425 ●● Seite 112
Welche Wirkung hat ein rechtsdrehender Propeller (Schraube) bei Rückwärtsfahrt?

Er versetzt das Heck nach Backbord und die Ruderwirkung des Propellers (Schraube) ist besonders stark.

426 ●● Seite 112
Welche Anlegeseite einer Yacht mit linksdrehendem Propeller (Schraube) ist empfehlenswert und warum?

Die Steuerbordseite, weil das Heck beim Abstoppen mit Rückwärtsgang (Radeffekt) an die Pier gezogen wird.

427 ●● Seite 112
Welche Anlegeseite einer Yacht mit rechtsdrehendem Propeller (Schraube) ist empfehlenswert und warum?

Die Backbordseite, weil das Heck beim Abstoppen mit Rückwärtsgang (Radeffekt) an die Pier gezogen wird.

428 ●● Seite 112
Mit welchen Manöverschritten kann man ein Motorboot auf engstem Raum wenden?

Durch mehrfaches, kurzzeitiges Vorwärts- und Rückwärtsschalten, um durch den Radeffekt und entsprechende Ruderlage das Fahrzeug zu wenden.

5. Kraftstoffanlage

429 ●● Seite 49
Welche Sicherheitseinrichtung muss eine eingebaute Tankanlage mit Deckeinfüllstutzen haben?

Entlüftungsrohr und (evtl.) Absperrventil.

430 ●● Seite 49
Welche Maßnahmen müssen vor und während der Treibstoffübernahme getroffen werden?

Motor abstellen. Kein offenes Feuer, keine elektrischen Schalter betätigen, nicht rauchen. Vorbereitungen treffen, dass evtl. übergelaufener Treibstoff sofort aufgefangen werden kann.

431 ●● Seiten 48, 51
Weshalb muss der Tank des Außenbordmotors immer an Land nachgefüllt werden?

Um zu verhindern, dass Treibstoff oder Treibstoffdämpfe in das Bootsinnere oder Treibstoff ins Wasser gelangen.

432 ●● Seite 48
Warum ist verschüttetes Benzin im Boot besonders gefährlich?

Weil die Benzindämpfe schwerer als Luft sind und in der Bilge ein explosives Gemisch bilden.

433 ●●● Seite 49
Was ist zu unternehmen, wenn Benzin in die Bilge gelangt ist?

- Feuer und offenes Licht löschen.
- Keine elektrischen Schalter betätigen.
- Mit Schwamm oder Tüchern aufnehmen.
- Bilge reinigen.
- Umweltschutz beachten.
- Räume lüften.

6. Ruderanlage

434 ●●
Aus welchen Teilen besteht eine Pinnensteuerung?
Seite 13
Ruderblatt, Ruderschaft, Ruderpinne, Ausleger.

435 ●●
Wodurch wird bei einem Außenbordmotor die Ruderwirkung erzielt?
Seite 51
Durch Schraubenstrom und Lage des Motors wird die Ruderwirkung erreicht.

436 ●●
Warum ist bei einem Außenbordmotor im Rückwärtsgang mit einer verstärkten Ruderwirkung zu rechnen?
Seite 51
Die Ruderwirkung wird durch die angestellte Schraube erzielt, die das Heck in die Richtung der Schraubenwirkung zieht.

437 ●●
Unter Maschine setzt bei Aufnahme der Rückwärtsfahrt die Ruderwirkung erst relativ spät ein. Wodurch lässt sich dies erklären?
Seite 112
Erst mit Fahrtaufnahme rückwärts kann eine Ruderwirkung durch den Fahrtstrom erzielt werden.

7. Funktionsprüfung und Wartung

438 ●●
Was ist vor Fahrtantritt allgemein zu veranlassen?
Seite 42
Überprüfung des Allgemeinzustandes des Bootes, der Funktionsfähigkeit, der Sicherheitsausrüstung, der Navigationseinrichtungen und der Maschinenanlage.

439 ●●●
Welche allgemeinen Wartungsarbeiten sind während der laufenden Saison zu erledigen? (Nennung von mindestens 6 Maßnahmen)
Seite 52
Allgemeinzustand des Bootes kontrollieren, Bilge kontrollieren, Überprüfung der Funktionsfähigkeit von Maschine, Getriebe und Ruderanlage, Navigationseinrichtungen.

440 ●●
Welche Filter sorgen für den sicheren Betrieb eines Verbrennungsmotors?
Seite 52
•Wasserfilter,
•Kraftstofffilter,
•Ölfilter,
•Luftfilter.

441 ●●
Was ist vor dem Anlassen des Motors zu beachten?
Seite 52
•Ggf. Maschinenraum lüften.
•Kraftstoffstand prüfen, Kraftstoffhahn öffnen.
•Schraube auskuppeln.
•Ölstand für Motor und Getriebe prüfen.
•Kühlwassersystem klar?

442 ●
Worauf muss beim Starten des Motors geachtet werden, um zu verhindern, dass das Boot unkontrolliert und ruckartig anfährt?
Seite 52
Beim Starten muss die Schaltung auf »neutral« (Leerlauf) stehen, da sonst der Propeller (Schraube) sofort mitdreht.

443 ●●
Warum darf der Propeller (Schraube) beim Starten nicht sofort mitdrehen?
Seite 52
Weil dadurch besonders ein kleineres Boot ruckartig anspringen würde, wodurch Personen über Bord fallen und verletzt werden könnten. Im Wasser befindliche Personen könnten verletzt und Anlagen beschädigt werden.

444 ●●
Was muss unmittelbar nach dem Anlassen des Motors kontrolliert werden?
Seite 52
Kühlwasserdurchfluss, Öldruck und Ladestrom, Schaltbarkeit von Vorwärtsgang, Rückwärtsgang und Leerlauf.

445 ●●
Wo wird unmittelbar nach dem Anlassen einer eingebauten Maschinenanlage kontrolliert, ob diese einwandfrei arbeitet?
Seite 52
•Ladekontrollleuchte,
•Öldruckkontrolle,
•Drehzahlmesser,
•Kühlwasseraustritt.

446 ●●
Während der Fahrt sollte die Maschinenanlage ständig überwacht werden. Worauf muss besonders geachtet werden?
Seite 52
•Kühlwasseraustritt,
•Motortemperatur,
•Öldruck und Ladekontrolle,
•Drehzahlmesser.

447 ●●
Die Temperatur der Antriebsmaschine Ihres Motorbootes überschreitet die zulässigen Grenzwerte, was könnte die mögliche Ursache sein (4 Beispiele)?
Seite 52
•Thermostat defekt,
•Seeventil geschlossen,
•Seewasserfilter verstopft,
•Impellerpumpe defekt,
•Stand des Kühlwassers zu niedrig oder durch Undichtigkeit kein Kühlwasser vorhanden,
•Keilriemen der Wasserpumpe zu lose oder gerissen.

448 ●●●
Die Kontrolllampe der Stromversorgung Ihrer Antriebsmaschine erlischt nach dem Starten nicht. Was könnte die mögliche Ursache sein?
Seite 52
•Lichtmaschine defekt,
•Regler der Lichtmaschine defekt,
•Keilriemen der Lichtmaschine zu lose oder gerissen.

449 ●●●
Die Ölkontrollleuchte Ihrer Antriebsmaschine leuchtet nach dem Starten weiter. Was könnte die mögliche Ursache sein?
Seite 52
Zu wenig Motoröl, Druckschalter defekt, Öldruckpumpe defekt.

450 ●
Der Motor ist gestartet worden. Er läuft normal, wird aber beim Einkuppeln der Antriebswelle »abgewürgt«. Was kann die Ursache sein?
Seite 52
Blockierter Propeller (z. B. Tampen, Netze oder Plastikteile im Propeller [Schraube]).

451 ●● Seite 52

Ein kleiner Außenborder mit eingebautem Tank bleibt während der Fahrt immer wieder stehen. Was könnten die Ursachen sein?

Belüftungsschraube im Tankdeckel nicht geöffnet oder unsaubere Benzinleitung.

452 ●● Seite 50

Worauf ist unbedingt zu achten, bevor ein Außenborder mit Handstart angeworfen wird, und warum?

Vor dem Starten Propeller (Schraube) auskuppeln, da sonst das Boot ruckartig anfährt.

453 ●● Seite 50

Was sollte stets getan werden, bevor nach Ende einer Fahrt der Außenborder hochgekippt oder abgenommen wird, und warum?

Vor dem im Leerlauf drehenden Motor den Tankschlauch abnehmen bzw. Benzinhahn und Entlüftung schließen und Vergaser leer fahren, damit beim Hochkippen kein Benzin ausläuft.

454 ●● Seite 47

Warum sollte niemals aus voller Fahrt voraus in volle Fahrt achteraus geschaltet werden?

Das Getriebe und die Kupplung können beschädigt werden. An Bord befindliche Personen können verletzt werden bzw. über Bord fallen.

455 ● Seite 52

Wie können der technisch einwandfreie Zustand und die Funktionsfähigkeit der Maschinenanlage weitgehend sichergestellt werden?

Durch regelmäßige Wartung der gesamten Maschinenanlage (Angaben hierüber enthält die Betriebsanleitung).

456 ●● Seite 46

Wie kann die Schadstoffentwicklung von Bootsmotoren verringert werden?

Durch die richtige Luft-Kraftstoff-Gemisch-Einstellung und durch das richtige Mischungsverhältnis bei Zweitaktmotoren.

457 ● Seite 52

Weshalb sollte die Betriebsanleitung für den Motor immer an Bord sein?

Sie gibt Hinweise über die Wartung des Motors und enthält tabellarische Zusammenstellungen möglicher Störungen.

8. Wasserski und Wassermotorrad

458 ● Seite 151

Wo darf auf den Binnenschifffahrtsstraßen Wasserski gelaufen werden?

Nur in den Bereichen, die durch entsprechende Tafeln hierzu freigegeben sind.

459 ●● Seite 151

Zu welcher Tageszeit und unter welchen Umständen darf auf den erlaubten Gewässerabschnitten Wasserski gelaufen werden?

Von Sonnenaufgang bis Sonnenuntergang, sofern keine weiteren Beschränkungen, z. B. durch Zusatztafeln oder Sondervorschriften, bestehen und die Sicht mehr als 1000 m beträgt.

460 ●● Seite 151

Zu welcher Tageszeit und unter welchen Umständen darf auf den erlaubten Gewässerabschnitten Wassermotorrad gefahren werden?

Von 7.00 Uhr bis 20.00 Uhr und nicht vor Sonnenaufgang und nicht nach Sonnenuntergang, sofern keine weiteren Beschränkungen, z. B. durch Zusatztafeln oder Sondervorschriften, bestehen und die Sicht mehr als 1000 m beträgt.

461 ●● Seite 151

Wodurch ist beim Wasserskilaufen sicherzustellen, dass der Schiffsführer sofort über etwaige Schwierigkeiten des Wasserskiläufers unterrichtet wird?

Im Boot muss eine zweite, geeignete Person mitfahren, die den Skiläufer ständig beobachtet und den Schiffsführer unterrichtet.

462 ●● Seite 151

Mit welchen Personen muss das Zugboot beim Wasserskilaufen mindestens besetzt sein?

Mit dem Schiffsführer und einer geeigneten Person, die den Wasserskiläufer beobachtet.

463 ● Seite 151

Wie muss sich der Wasserskiläufer bei der Vorbeifahrt an Fahrzeugen, Schwimmkörpern oder Badenden verhalten?

Er muss sich im Kielwasser des ziehenden Fahrzeugs halten.

464 ●●● Seite 151

Was müssen Wasserskiläufer und der Schiffsführer des ziehenden Fahrzeuges gegenüber Verkehrsteilnehmern und Anlagen besonders beachten?

Durch Wellenschlag oder Sogwirkung dürfen andere Verkehrsteilnehmer sowie Badende nicht gefährdet oder mehr als nach den Umständen unvermeidbar behindert oder belästigt werden. Ufer, Regelungsbauwerke, schwimmende oder feste Anlagen oder Schifffahrtszeichen dürfen nicht beschädigt werden. Der Schiffsführer muss erforderlichenfalls die Geschwindigkeit vermindern und bei der Vorbeifahrt einen Abstand von mindestens 10 m einhalten.

465 ● Seite 151

Wo darf auf den Binnenschifffahrtsstraßen uneingeschränkt Wassermotorrad gefahren werden?

Nur in den Bereichen, die durch entsprechende Tafeln hierzu freigegeben sind.

466 ●●● Seite 151

Unter welchen Voraussetzungen darf außerhalb der ausgewiesenen Strecken/Wasserflächen Wassermotorrad gefahren werden?

Für Touren- oder Wanderfahrten oder zum Erreichen der nächstgelegenen Strecke/Wasserfläche unter Beibehaltung eines klar erkennbaren Geradeauskurses.

467 ● Seite 151

Wie hat sich der Führer eines Wassermotorrades außerhalb der ausgewiesenen Strecken/Wasserflächen zu verhalten?

Er muss einen klar erkennbaren Geradeauskurs beibehalten.

C Sonderteil »Segeln«

1. Rumpfformen

500 ●●   Seite 16
Was ist unter »Rumpfgeschwindig-keit« zu verstehen und wovon ist diese abhängig?
Die Höchstgeschwindigkeit in Verdrängerfahrt. Sie wird von der Wasserlinienlänge bestimmt.

501 ●●●   Seiten 12, 14
Wie heißen die unten stehend abgebildeten Spantformen?
1. S-Spant,
2. Rundspant,
3. Knickspant.

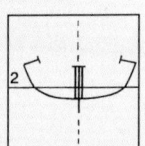

2. Bootsbau

502 ●●●   Seite 14
Wo liegt in der Skizze
1. **das Maß LüA (zeichnerische Darstellung)?**
2. **das Maß LWL (zeichnerische Darstellung)?**
3. **alles, was zum Lateralplan des Bootes gehört (zeichnerische Darstellung, Schraffur)?**

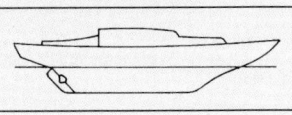

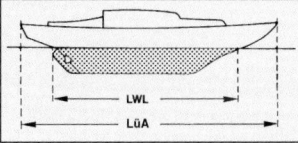

503 ●●   Seite 14
Was wird unter einem »Kimmkieler« (»Doppelkieler«) verstanden, wo wird er vorwiegend gesegelt und worin besteht sein Vorteil gegenüber anderen Kielbooten?
Eine Yacht mit zwei Seitenkielen. Sie wird vorwiegend in flachen Gewässern gesegelt, da ihr Tiefgang geringer ist.

504 ●   Seite 9
Was wird unter einer »Kiel-schwertyacht« verstanden?
Eine Yacht mit flach gehendem Ballastkiel und zusätzlichem Schwert.

505 ●   Seite 23
Wodurch wirken die Bodenlenz-ventile einer Jolle, die unterhalb der Wasserlinie liegen?
Durch den Sog, der bei Fahrt durchs Wasser entsteht.

3. Stabilität

506 ●   Seite 10
Was ist unter dem Begriff Stabilität zu verstehen?
Das Vermögen des Bootes, sich aus gekrängter Lage wieder in die normale Schwimmlage aufzurichten.

507 ●   Seite 10
Was wird unter »Formstabilität« verstanden?
Die Fähigkeit eines Schiffes, durch seine breite Rumpfform (Auftrieb) der Krängung entgegenzuwirken.

508 ●   Seite 11
Was wird unter »Gewichtsstabilität« verstanden?
Die Fähigkeit eines Schiffes, durch seinen tief liegenden Ballast der Krängung entgegenzuwirken.

509 ●●   Seite 10
Welche Boote sind vorwiegend »gewichtsstabil«, welche sind vorwiegend »formstabil«?
Kielyachten sind vorwiegend »gewichtsstabil«, Jollen sind vorwiegend »formstabil«.

510 ●●   Seite 10
1. **Welche Boote sind vorwiegend »formstabil«?**
2. **Wodurch kann auf diesen Booten bei viel Wind die Stabilität erhöht werden?**
1. Jollen.
2. Durch Ausreiten bzw. durch Benutzung der Trapezeinrichtung.

511 ●●   Seite 10
Wie verändert sich das aufrichtende Kraftmoment einer Jolle bei ständiger Krängung?
Es nimmt anfangs zu bis zum Erreichen eines kritischen Winkels, von da an immer schneller ab bis zur Kenterung.

512 ●   Seite 11
Wie verändert sich das aufrichtende Kraftmoment einer Kielyacht bei stetig zunehmender Krängung?
Es nimmt bis 90° Krängung zu.

4. Ruderanlage

513 ●●   Seiten 13, 37
Wie wird ein Boot gesteuert?
Durch Betätigen des Ruders mittels Pinne oder durch eine Radsteuerung.

514 ●●   Seite 37
Wie kann die Kraftübertragung bei einer Radsteuerung erfolgen?
Mechanisch durch Ketten- oder Seilzug, hydraulisch über Öldruck.

515 ●●
Welche Boots-Ruderanlagen gibt es?
Seiten 16, 37
Radsteuerung und Pinnensteuerung.

516 ●●
Aus welchen Teilen besteht eine Radsteuerung?
Seite 37
Ruderrad, Rudersäule, Seil-, Ketten- oder Bowdenzügen, Umlenkung, Ruderquadrant, Ruderschaft, Ruderblatt.

517 ●●●
Was ist bei Ruderbruch zu veranlassen?
Seite 108
Notruder oder Paddel als Ersatz nehmen, Fahrwasser verlassen, sich als »manövrierunfähig« zu erkennen geben.

518 ●
Wodurch kann eine Pinnensteuerung auch bei Krängung des Bootes sicher erreicht und bedient werden?
Seite 13
Durch einen Pinnenausleger.

5. Takelung/Rigg

519 ●
Wie wird die Takelungsart eines Bootes mit einem Mast und einem Vorsegel bezeichnet?
Seite 21
Slup.

520 ●
Was wird unter »Sluptakelung« verstanden?
Seite 21
Einmaster mit einem Vorsegel.

521 ●●●
Wie lauten die Takelungsarten von Yachten?
Seite 21
Kat, Slup, Kutter; Yawl, Ketsch, Schoner.

522 ●●
Warum sollte Tauwerk an Bord stets ordentlich aufgeschossen werden?
Seite 28
Damit es im Gebrauchsfall klar liegt sowie zur sicheren Handhabung. Nicht aufgeschossenes Tauwerk kann zu Verletzungen an Bord führen.

523 ●
Warum sollten Fallen stets ordentlich aufgeschossen werden?
Seite 28
Damit sie im Gebrauchsfall und in Notsituationen schnell und sicher gefiert werden können.

524 ●
Welche Eigenschaft hat vorgerecktes Tauwerk und wofür wird es vorwiegend verwendet?
Seite 28
Vorgerecktes Tauwerk ist wenig dehnbar und wird deshalb vorwiegend für Fallen verwendet.

525 ●
Weshalb eignet sich geflochtenes Tauwerk besonders gut für Schoten?
Seite 28
Weil es sehr geschmeidig ist.

526 ●●
Welche Art von Tauwerk wird vorwiegend für Schoten verwendet und weshalb?
Seite 28
Geflochtenes Tauwerk, weil es geschmeidig ist.

527 ●●
Welche Art von Tauwerk wird vorwiegend für Fallen verwendet und weshalb?
Seite 28
Vorgerecktes Tauwerk oder Drahttauwerk, weil es sich wenig dehnt.

528 ●●
Welche Anforderungen werden an Tauwerk gestellt, das für Fallen dient?
Seite 28
Hohe Bruchlast, geringes Reck.

6. Segel/Trimm/Manöver

529 ●●
Wie heißen die Ecken und Kanten des Großsegels (Hochsegels)?
Seite 24
Ecken: Kopf, Hals, Schothorn. Kanten: Vorliek, Unterliek, Achterliek.

530 ●●
Wie heißen die Ecken und Kanten des Vorsegels?
Seite 24
Ecken: Kopf, Hals, Schothorn. Kanten: Vorliek, Unterliek, Achterliek.

531 ●●
Wozu dienen Segellatten, für welche Segel werden sie benötigt und wie werden sie im Segel gehalten?
Seite 25
Der Formgebung und Aussteifung des Segels, besonders für Segel mit rund geschnittenem Achterliek, gehalten durch Lattentaschen.

532 ●
Weshalb dürfen Segel nicht über einen längeren Zeitraum killen?
Seite 42
Killen schädigt das Tuch und lässt Nähte aufgehen.

533 ●
Warum müssen auch kleine Schäden an den Segeln sofort repariert werden?
Seite 42
Weil unter Belastung (Winddruck) daraus schnell große Schäden werden.

534 ●●
Was versteht man unter »Auftuchen« eines angeschlagenen Großsegels und wie wird dies gemacht?
Seite 66
Auftuchen bedeutet z. B. das Zusammenlegen des Großsegels auf dem Großbaum. Das Großsegel wird in Buchten auf den Baum gelegt und festgezurrt.

535 ●●
Welche Reffeinrichtungen gibt es?
Seite 96
Patentreff (= Rollreff), Bindereff.

536 ●●●
Wie wird ein Binderreff bedient?
Seite 96
Die Reffkausch am Vorliek wird niedergeholt, die am Achterliek niedergeholt und gestreckt. Der aufgetuchte Teil des Segels kann mit den Reffbändseln festgezurrt werden.

537 ●● Seite 21

Was ist eine Dirk und wozu dient sie?

Ein zusätzliches Fall, das vom Masttopp zur Baumnock läuft und den Baum ohne Segel bzw. beim Segelbergen und Reffen in seiner Lage hält.

---

538 ●●● Seite 56

Wo befindet sich in dieser Skizze, vom Anstellwinkel des Segels ausgehend,
der wahre Wind = W,
Fahrtwind = F,
scheinbare Wind = S?

---

539 ●●● Seite 56

Wie ist in der Skizze das Wind-Parallelogramm durch Eintragen des scheinbaren Winds mit S und des Fahrtwinds mit F zu ergänzen?

---

540 ●● Seite 56

Woran kann die Richtung des wahren Windes erkannt werden?

An Flaggen oder anderen Anzeichen an Land; am Verklicker, wenn das Boot keine Fahrt macht oder auf Vorwindkurs segelt; an der Kräuselung des Wassers.

---

541 ● Seite 56

Welcher Wind wird in Fahrt von Standern bzw. Verklickern angezeigt?

Der scheinbare Wind.

---

542 ●● Seite 56

Was wird unter dem Begriff scheinbarer Wind verstanden?
Woran kann seine Richtung erkannt werden?

Die Resultierende aus wahrem Wind und Fahrtwind.
Am Verklicker des Bootes in Fahrt.

---

543 ● Seite 56

Wann kommen wahrer Wind und scheinbarer Wind auf einem segelnden Boot aus der gleichen Richtung?

Auf Vorwindkurs.

---

544 ● Seite 56

Warum ist der scheinbare Wind auf einem Vorwindkurs schwächer als der wahre Wind?

Der wahre Wind vermindert sich um den entgegenstehenden Fahrtwind.

---

545 ● Seite 56

Warum ist der scheinbare Wind auf einem Kurs hoch am Wind stärker als der wahre Wind?

Da sich im Kräfte-Parallelogramm aus wahrem Wind und Fahrtwind ein größerer scheinbarer Wind ergibt.

---

546 ● Seite 56

Auf einem Amwindkurs wurde gerefft. Ein entgegenkommendes Boot gleichen Typs segelt ungerefft. Wie lässt sich das erklären?

Der scheinbare Wind ist auf Amwindkursen stärker, auf Raumschot- und Vorwindkursen schwächer als der wahre Wind.

---

547 ●● Seite 76

Beim Einfallen einer Bö auf Amwindkurs raumt der Wind häufig.
1. Warum ist das so?
2. Welchen Nutzen kann auf der Kreuz daraus gezogen werden?

1. Da der Fahrtwind zunächst gleich bleibt, der wahre Wind zunimmt, kommt der scheinbare Wind achterlicher ein.
2. Anluven, um keine Höhe zu verlieren.

---

548 ●● Seite 74

Wie sollte das Schwert einer Jolle auf Vorwindkurs gefahren werden und warum?

Es sollte aufgeholt werden. Dadurch vermindert sich der Reibungswiderstand, aber auch die Gefahr der Kenterung bei einer unfreiwilligen Halse.

---

549 ●● Seite 75

Wie verändern sich Versetzung (Abdrift) und Krängung, wenn das Schwert einer Jolle auf einem Amwindkurs etwas aufgeholt wird?

Die Versetzung (Abdrift) wird größer, die Krängung nimmt ab.

---

550 ●● Seite 73

Wie soll eine Jolle bezüglich der Krängung gesegelt werden und weshalb?

Möglichst aufrecht, da sonst Versetzung (Abdrift) und Luvgierigkeit zunehmen.

---

551 ●● Seiten 59, 75

Den Winkel zwischen der Richtung des scheinbaren Windes und der Stellung des Segels (Großbaum) wird »Anstellwinkel« genannt. Wie wird in der Praxis der optimale Anstellwinkel gefunden, wenn am Wind gesegelt wird?

Auffieren, bis das Großsegel im vorderen Teil durch den Abwind der Fock leicht einfällt und dann wieder etwas dichter holen.

552 ●●   Seite 73
Wie wirkt sich z. B. auf einem Halbwindkurs ein zu dicht geholtes Großsegel auf die Geschwindigkeit des Bootes aus und warum?

Das Boot wird langsamer. Die Krängung nimmt zu, dadurch wächst die Luvgierigkeit, die durch Ruderlegen ausgeglichen werden muss.

553 ●●   Seite 62
Wie wirkt sich ein Holepunkt, der zu weit vorne liegt, auf Stand und Beanspruchung des Vorsegels aus?

Das Unterliek killt, das Achterliek wird übermäßig gereckt.

554 ●●   Seite 62
Wie wirkt sich ein Holepunkt, der zu weit achtern liegt, auf Stand und Beanspruchung des Vorsegels aus?

Das Achterliek killt, das Unterliek wird übermäßig gereckt.

555 ●   Seiten 25, 62
Wie muss ein Segel bei leichtem Wind getrimmt werden?

Es soll bauchig stehen.

556 ●   Seiten 25, 62
Wie muss ein Segel bei starkem Wind getrimmt werden?

Es soll flach getrimmt werden.

557 ●●   Seiten 25, 62
Wie beeinflusst ein Unterliekstrecker den Trimm des Großsegels?

Er reguliert die Spannung des Unterlieks parallel zum Baum. Je nach Zugkraft wird der untere Teil des Großsegels bauchiger oder flacher.

558 ●●   Seite 60
Um auf Amwindkursen eine Jolle auf Kurs zu halten, muss die Pinne stets stark von der Seite der Segel weggezogen werden. Welcher Trimmfehler liegt vor und wie kann er behoben werden?

Das Boot ist luvgierig. Abhilfe: Großsegel reffen, flacher trimmen; Vorsegel dichter holen; Schwert etwas aufholen; Gewichtsverlagerung nach achtern.

559 ●●   Seite 60
Um auf Amwindkursen eine Jolle auf Kurs zu halten, muss die Pinne stets stark zur Seite der Segel hingedrückt werden. Welcher Trimmfehler liegt vor und wie kann er behoben werden?

Das Boot ist leegierig. Abhilfe: Großsegel bauchiger trimmen oder dichter holen; Vorsegel fieren, Gewichtsverlagerung nach vorn.

560 ●●   Seite 60
Warum soll ein gut getrimmtes Segelboot leicht luvgierig sein?

Weil es sich leichter steuern lässt und im Notfall (Bruch der Pinne, Mensch über Bord) von selbst in den Wind schießt.

561 ●   Seite 60
Wodurch kann erreicht werden, dass das Boot von selbst in den Wind dreht, wenn die Pinne losgelassen wird oder eine Person über Bord fällt?

Das Boot so trimmen, dass es leicht luvgierig wird.

562 ●   Seite 60
Welchen Einfluss hat zunehmende Krängung auf den Trimm des Bootes?

Die Luvgierigkeit nimmt zu, weil der Segeldruckpunkt nach Lee auswandert.

563 ●●●   Seiten 79, 84, 88
Welche Manöver hat das Boot auf dem eingezeichneten Kurs an den Punkten 1, 2 und 3 gefahren?

1. Wende,
2. Halse,
3. Q-Wende.

564 ●●●   Seiten 73, 75, 79, 84
Welche Manöver sind bei den Punkten 1, 2 und 3 zu fahren und welche Kurse zum Wind liegen auf den Strecken a, b und c an?

1. An den Wind gehen,
2. Halse,
3. Wende,
a. Raumwind,
b. Halbwind,
c. Am Wind.

565 ●●●   Seite 90
Von welchen Faktoren ist die Zeit bzw. Wegstrecke für einen Aufschießer abhängig?

Geschwindigkeit, Form und Gewicht des Bootes; Wind, Seegang, Strömung und Drehgeschwindigkeit des Bootes.

566 ●●   Seite 116
Warum soll der Rudergänger auch auf der Jolle bei allen Manövern, besonders aber bei Halsen, klare Kommandos geben und Rückmeldungen verlangen?

Aus Sicherheitsgründen, um Verletzungen und Kenterungen zu vermeiden und den sauberen Ablauf des Manövers sicherzustellen.

7. Ausweichregeln für Segelboote untereinander

567 ●●

Zwei Kleinfahrzeuge A und B unter Segel liegen auf Kollisionskurs (Skizze). Wer ist ausweichpflichtig und warum?

Seite 149

A ist ausweichpflichtig. Segelfahrzeuge mit Wind von Backbord müssen Segelfahrzeugen mit Wind von Steuerbord ausweichen.

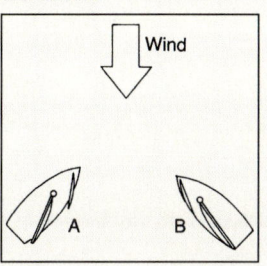

568 ●●

Zwei Kleinfahrzeuge unter Segel liegen auf Kollisionskurs (Skizze). Wer ist ausweichpflichtig und warum?

Seite 149

B ist ausweichpflichtig. Das luvseitige (luvwärtige) Boot muss dem leeseitigen (leewärtigen) ausweichen.

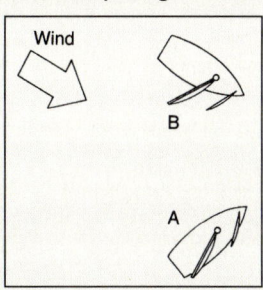

569 ●●

Ein Kleinfahrzeug A segelt mit Wind von Backbord auf einer Binnenschifffahrtsstraße. Steuerbord querab segelt eine Jolle B, ebenfalls mit Wind von Backbord. Es besteht Kollisionsgefahr. Wer ist ausweichpflichtig und warum?

Seite 149

Das Kleinfahrzeug A ist ausweichpflichtig. Das luvseitige (luvwärtige) Boot muss dem leeseitigen (leewärtigen) ausweichen.

570 ●●

Boot A und B liegen auf Kollisionskurs (Skizze).
1. Wer ist ausweichpflichtig und warum?
2. Wie muss der Ausweichpflichtige manövrieren, um seinen alten Kurs beibehalten zu können?

Seite 149

1. Boot A ist ausweichpflichtig. Das luvseitige (luvwärtige) Boot muss dem leeseitigen (leewärtigen) ausweichen.
2. Eine Wende segeln oder in den Wind drehen und nach dem Passieren von B auf alten Kurs abfallen.

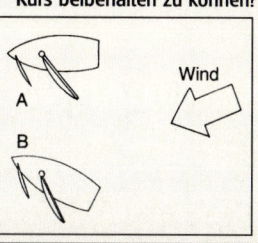

571 ●●

Ein Kleinfahrzeug A segelt nachts auf Vorwindkurs stromab, Großsegel an Steuerbord. Backbord querab kommt ein grünes Seitenlicht eines Bootes B immer näher, das kein Topplicht führt. Wer ist ausweichpflichtig und warum?

Seite 149

Das Kleinfahrzeug A ist ausweichpflichtig. Ein Boot mit Wind von Backbord muss ausweichen, wenn es nicht klar ausmachen kann, ob das luvseitige (luvwärtige) Boot den Wind von Steuerbord hat.

572 ●●

Der seitliche Abstand zwischen den Booten A, B und C (Skizze) verringert sich ständig. Welches Boot kann seinen Kurs beibehalten und warum?

Seite 149

Boot A, weil leeseitig (leewärtig).

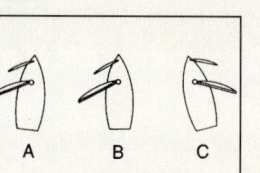

573 ●●

Wer ist wem gegenüber kurshaltepflichtig und warum?

Seite 149

1. A gegenüber B und C, weil Fahrzeuge mit Wind von Steuerbord vor den Fahrzeugen mit Wind von Backbord Kurshaltepflicht haben.
2. B gegenüber C, weil beide Fahrzeuge den Wind von der gleichen Seite haben und das leeseitige (leewärtige) Fahrzeug Kurshaltepflicht hat.

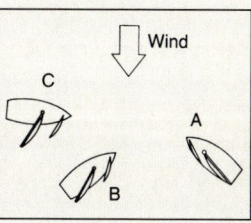

574 ●   Seite 149

Auf welcher Seite überholt auf Binnenschifffahrtsstraßen ein segelndes Kleinfahrzeug ein anderes segelndes Kleinfahrzeug?

Auf dessen Luvseite.

575 ●●●   Seite 149

Die Jolle A will auf einer Binnenschifffahrtsstraße das Segelboot B überholen (Skizze).
1. Zeichnerische Darstellung des Kurses von A in der Skizze!
2. Beschreibung des Manövers!
3. Worauf muss dabei geachtet werden?

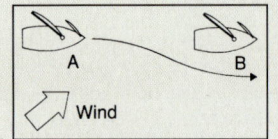

1.
2. Die Jolle A muss auf der Luvseite von B überholen.
3. Die Jolle A muss sich freihalten und darf den übrigen Verkehr nicht gefährden.

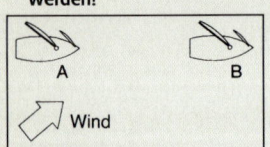

8. Kentern

576 ●●●   Seite 110

Wie kann man die Gefahr einer Kenterung minimieren?

Durch umsichtiges Führen eines Sportbootes, Vermeidung kritischer Situationen, insbesondere bei Vorwindkursen, Halsen und Wenden, Beachtung der Wettersituation, rechtzeitiges Reffen bei starken und böigen Winden.

577 ●   Seite 110

Warum muss eine nach Kenterung wieder aufgerichtete Jolle als Erstes gelenzt werden?

Weil sie sonst instabil ist und leicht wieder kentern kann.

578 ●●●   Seite 110

Was ist zu beachten, wenn eine Jolle gekentert ist und sie nicht wieder aufgerichtet werden kann? Was sollte auf keinen Fall getan werden?

Vollständigkeit der Mannschaft überprüfen, ggf. Hilfe leisten. Am Boot festhalten oder ggf. aufs Boot legen, Hilfe abwarten. Nie versuchen, schwimmend das Ufer zu erreichen!

579 ●●   Seite 110

Warum darf von einer Jolle nicht weggeschwommen werden, wenn sie gekentert ist und sich nicht wieder aufrichten lässt?

Weil Entfernungen auf dem Wasser meist unter-, eigene Kräfte überschätzt werden. Außerdem finden Retter ein Boot leichter als einen Schwimmer.

580 ●●   Seite 103

An welcher Stelle des Bootes wird ein Überbordgefallener wieder an Bord genommen und warum?

Je nach Bootstyp an der Luvseite oder über das Heck. In Lee besteht Kentergefahr und Behinderung durch die Großschot.

9. Funktionsprüfung und Wartung

581 ●●   Seite 42

Was ist vor Fahrtantritt allgemein zu veranlassen?

Überprüfung des Allgemeinzustandes des Bootes, der Funktionsfähigkeit, der Sicherheitsausrüstung, der Navigationseinrichtungen des stehenden und laufenden Guts und ggf. der Maschinenanlage.

582 ●●●   Seite 42

Welche allgemeinen Wartungsarbeiten sind während der laufenden Saison zu erledigen? (Nennung von mindestens 6 Maßnahmen)

Allgemeinzustand des Bootes kontrollieren, Bilge kontrollieren, Überprüfung des stehenden und laufenden Gutes sowie des Mastes, Überprüfung der Segel, ggf. Überprüfung der Funktionsfähigkeit von Maschine, Getriebe und Ruderanlage.

583 ●●●   Seite 42

Was ist beim Einwintern eines Bootes zu veranlassen? (Nennung von mindestens 6 Maßnahmen)

Zum Einwintern des Bootes gehört die Reinigung des Bootes, sichere Lagerung auf einer festen Stellage, Demontage von Mast mit stehendem und laufendem Gut, Ausräumen des Fahrzeuges, ggf. Motorentwässerung und Überprüfung des Frostschutzes, Ausbau der Batterie, Sicherung der demontierbaren elektronischen Ausrüstung, Abdeckung gegen Umweltbeeinflussung, Konservierung korrosionsanfälliger Bauteile.

584 ●●●   Seite 42

Ein Boot kommt aus dem Winterlager, was ist zu veranlassen? (Nennung von mindestens 6 Maßnahmen)

Unterwasserschiff überprüfen, Antifouling streichen, Ruder- und Schraubenanlage überprüfen, Seeventile und Wasseranschlüsse überprüfen, Maschinenanlage betriebsklar machen, Mast mit stehendem und laufendem Gut überprüfen, schadhafte Teile auswechseln, das Boot zum Slippen vorbereiten, Boot seeklar machen, mit Sicherheitsausrüstung und Elektronik bestücken.

585 ●●●   Seite 42

Was ist bei der Konservierung des Unterwasserschiffes mit Antifouling besonders zu beachten?

Durch Antifouling kann die Umwelt erheblich belastet werden. Daher ist bei der Verwendung auf Umweltverträglichkeit und sparsamen Gebrauch zu achten. Verwendungshinweise und Richtlinien über die Verwendung sind zu beachten.

586 ●●●   Seite 42

Was ist beim Neuanstrich des Unterwasserschiffs mit Antifouling und bei der Entfernung des alten Anstrichs zu beachten?

Das Abschleifen, Abbeizen oder sonstige Entfernen darf die Umwelt nicht belasten und Schleifreste sowie das Antifouling dürfen weder ins Wasser noch ins Erdreich gelangen. Der Arbeitsbereich ist großzügig abzudecken und der anfallende Abfall ist als Sondermüll zu behandeln und entsprechend zu entsorgen.

10. Verhalten in besonderen Situationen

587 ●●●   Seite 156

Ein Sportboot befindet sich im Fahrwasser. Der Wind flaut völlig ab, der Motor lässt sich nicht starten. Was ist zu unternehmen?

Mit Paddeln oder Schlepphilfe das Fahrwasser freimachen, Anker klarmachen. Signale für Schifffahrt: rote Flagge (nachts rotes Licht) im unteren Halbkreis schwenken, Schallsignal (4 x kurz) geben.

588 ●   Seite 130

Ein Segelboot gerät in das Feld einer Segelregatta, ohne selbst Teilnehmer zu sein. Welche Ausweichregeln sind zu beachten?

Die der Binnenschifffahrtsstraßen-Ordnung.

589 ●●   Seite 94

Was ist mit Schwert und Ruder einer Jolle zu tun, wenn das Boot an einer Boje liegen gelassen wird?

Schwert und Ruderblatt aufholen, damit das Boot frei schwojen kann.

590 ●●   Seite 74

Welche Gefahren entstehen bei einer unfreiwilligen Halse (»Patenthalse«)?

Kentergefahr, Verletzungsgefahr, Überbordgehen, Riggschäden, Mastbruch.

591 ●●   Seite 108

Ein Segelboot segelt am Wind, plötzlich bricht das Luvwant.
1. Was ist sofort zu unternehmen?
2. Womit kann das gebrochene Want provisorisch ersetzt werden?

1. Wenden, um die unverstagte Seite des Mastes zu entlasten.
2. Durch ein Fall oder ggf. die Dirk.

592 ●●   Seite 108

Ein Segelboot segelt bei starkem Wind nur unter Großsegel auf Amwindkurs. Plötzlich bricht das Vorstag.
1. Was ist sofort zu unternehmen?
2. Womit kann das gebrochene Vorstag provisorisch ersetzt werden?

1. Abfallen auf Vorwindkurs.
2. Durch die Fock oder ein Fall.

593 ●   Seite 121

Der Wetterbericht sagt Windstärken um 5 (»frische Brise«, »frischen Wind«) voraus. Was bedeutet das für Jollen und Jollenkreuzer?

Segel ggf. reffen.

Kleines Segellexikon

Abdrift (auch Abtrift) Durch Wind verursachte seitliche Versetzung eines Bootes nach Lee.

abfallen Kursänderung nach Lee. Gegenteil: anluven.

ablandig Ablandiger Wind weht vom Land auf das Wasser hinaus. Gegenteil: auflandig.

abschlagen Abnehmen eines Segels vom Baum oder Stag. Gegenteil: anschlagen.

abtakeln Abnehmen des gesamten Riggs fürs Winterlager oder zum Transport. Gegenteil: auftakeln.

abwettern Schweres Wetter durch richtige Maßnahmen überstehen.

achteraus Alles, was hinter einem Boot liegt. Gegenteil: voraus.

Achterleine Festmacheleine vom Heck nach achtern. Gegenteil: Vorleine.

Achterliek Hintere Kante eines Segels.

achtern Hinten. Gegenteil: vorn.

Achterschiff Hinterer Teil des Schiffes. Gegenteil: Vorschiff.

Achterstag Vom Masttopp zum Heck verlaufendes Stag.

anliegen Ein Ziel ansteuern können, ohne kreuzen zu müssen.

anluven Kursänderung nach Luv. Gegenteil: abfallen.

anschlagen Befestigen eines Segels am Baum oder Stag. Gegenteil: abschlagen.

anstecken Eine Leine mit einer anderen oder mit einem Gegenstand verbinden.

aufbrisen Zunehmen des Windes.

auffieren Einer Leine etwas Lose geben. Gegenteil: dichtholen oder anholen.

auffrischen Zunehmen des Windes.

auflandig Auflandiger Wind weht vom Wasser auf das Land zu. Gegenteil: ablandig.

aufriggen Auftakeln.

aufschießen 1. Anluven und das Boot mit dem Bug in den Wind drehen. 2. Eine Leine in Buchten zusammenlegen.

auftakeln Anbringen des gesamten Riggs nach dem Winterlager oder Transport. Gegenteil: abtakeln.

auftuchen Ordentliches Zusammenlegen eines Segels.

Auge Ring, Loch, Öse oder einfache Tauwerkschlinge.

back Entgegengesetzt, z. B. die Fock back halten, das heißt gegen den Wind halten.

Backbord (Bb) Links an Bord in Fahrtrichtung gesehen. Gegenteil: Steuerbord (Stb).

Backdecker Yacht, deren Aufbau über die gesamte Breite geht und kein Laufdeck an den Seiten hat. B. bieten eine weiträumige Kajüte, meist mit Stehhöhe.

Backskiste Von oben zugänglicher Staukasten in einer Sitzbank der Plicht oder der Kajüte.

Backstag Bewegliches Stag, das vom Masttopp nach achtern aufs Seitendeck führt. Es wird in Luv durchgesetzt und in Lee lose gefahren, um Großbaum und Segel nicht zu behindern.

Backstagsbrise Schräg von achtern, aus der Richtung der Backstagen einfallender Wind.

Balkenbucht Konvexe Wölbung des Decks.

Balkweger Vom Heck zum Bug laufender Balken des Rumpfes, auf dem die Decksbalken befestigt sind.

Ballast Gewicht im oder unter dem Kiel einer Yacht. Vergrößert die Gewichtsstabilität.

Bändsel Dünnes und kurzes Ende zum Festmachen, z. B. Reffbändsel.

Baum Spiere aus Holz oder Aluminium, an der das Unterliek eines Segels befestigt wird.

beidrehen Manöver, das zum Beiliegen führt.

beiliegen Mit backgesetzter Fock so am Wind liegen, dass man kaum noch Fahrt voraus macht und langsam nach Lee abtreibt. Auf Jollen ist das Großsegel meist gefiert. Auf Kielyachten ist b. meist ein Schwerwettermanöver.

bekneifen Festklemmen eines Endes.

belegen Eine Leine an einem Poller oder einer Klampe richtig festmachen.

bergen 1. Herunternehmen der Segel. 2. An-Bord-Nehmen eines im Wasser treibenden Gegenstandes oder Menschen (Mann über Bord!). 3. Ein in Seenot geratenes Fahrzeug einschleppen.

Besan Hinterer Mast eines Eineinhalbmasters oder auch das Segel des Besanmastes.

Beschlag Sammelbezeichnung aller fest mit dem Bootsrumpf und dem Rigg verbundenen Teile, wie Klampen, Ösen, Schienen etc.

Bilge Raum zwischen Bodenbrettern und Kiel.

Bindereff Reffeinrichtung, bei der die Segelfläche über dem Unterliek zusammengerefft und mit Bändseln eingebunden wird.

Block Gehäuse aus Holz, Metall oder Kunststoff mit einer oder mehreren Rollen zur Führung von Tauwerk.

Bö Plötzlicher Windstoß.

Boje Im Grund verankerter Schwimmkörper zum Festmachen.

Bord Eigentlich Bootsrand. In zahlreichen Wortverbindungen: Steuerbord, Backbord, binnenbords, außenbords, an Bord, über Bord.

brechen 1. Reißen von Tauwerk oder Ketten, aber nicht von Segeln. 2. Überschlagen der Wellenkämme im Seegang durch den Winddruck (Brecher).

Brise Gleichmäßig wehender, schwacher bis mittlerer Wind.

Bucht 1. Zurückspringendes Küsten- oder Uferstück. 2. Schleife im Tauwerk, z. B. einer in Buchten aufgeschossenen Leine.

Bug Das vordere Ende eines Bootes. Gegensatz: Heck. Ein Schiff läuft auf Backbordbug (Steuerbordbug), wenn das Großsegel auf Backbord (Steuerbord) gefahren wird.

Bullenstander Eine von der Nock des Großbaums zum Vorschiff geführte Leine, die auf Vorwindkursen eine Patenthalse verhindern soll.

Cockpit Nicht eingedeckter Raum eines Bootes. Auch Plicht genannt.

Cunningham-Kausch Vorliekstrecker im Großsegel zum Flachtrimmen des Segelbauches.

Curryklemme Zwei federnd gelagerte Backen, die ein Ende unter Zug halten, es aber beim Hochreißen sofort freigeben. Die C. wird zum Festsetzen von Schoten und Streckern verwendet.

CWL Abkürzung für Konstruktionswasserlinie.

Dalben Mehrere zueinander geneigte Pfähle, zum Anlegen und Festmachen.

Deck Obere Abschlussfläche des Bootsrumpfes.

dichtholen Anholen einer Leine. Gegenteil: auffieren.

Dingi Kleines Beiboot.

Dirk Vom Masttopp zur Baumnock führende Leine, die den Baum hält, wenn das Segel abgeschlagen ist.

Dolle Metallklaue, in der die Riemen beim Pullen liegen.

Draggen Kleiner vierarmiger Anker.

Ducht Sitzbank in einem offenen Boot.

Dünung Wellen, die nicht dem herrschenden Wind entsprechen. Nachwirkung oder Vorläufer stärkeren Windes.

dwars Querab, rechtwinklig zur Kielrichtung.

Eineinhalbmaster Eine als Ketsch oder Yawl getakelte Yacht.

Einhandsegler Alleinsegler ohne Mannschaft.

Ende Leine. Das Ende eines Endes heißt Tampen. Ein dickes Ende heißt Trosse.

Fahrt Bootsgeschwindigkeit in Seemeilen pro Stunde gemessen. Man unterscheidet: Fahrt durchs Wasser = die auf das Wasser bezogene Bootsgeschwindigkeit; sie wird mit dem Log gemessen. Fahrt über Grund = die auf den Grund bezogene Bootsgeschwindigkeit.

Fahrtwind Durch die Fahrt entstehender Gegenwind.

Fall 1. Das F., Mehrzahl: die Fallen, Ende zum Durchsetzen oder Fieren z. B. der Segel, des Schwerts, des Ruderblatts. 2. Der F., Mastneigung nach vorn oder achtern.

Fender Schutzpolster aus elastischem Material, das die Bordwand vor Beschädigungen beim Anlegen und am Liegeplatz schützen soll.

Festmacher Starke Leinen oder Trossen zum Festmachen eines Bootes.

fieren Einer belasteten Leine etwas Lose geben. Gegenteil: holen.

Fifty-Fifty Bezeichnung für einen Motorsegler (50 % Motoryacht, 50 % Segelyacht).

Flaute Windstille oder nur leiser Zug.

Fock Auf einer Slup das einzige Vorsegel; auf einem Kutter das achtere von 2 Vorsegeln.

Fockroller Vorrichtung, mit der die Fock vom Cockpit aus um das Vorstag eingerollt wird, um die Segelfläche zu verkleinern oder ganz wegzunehmen.

Formstabilität Stabilität eines Bootes, die im Gegensatz zur Gewichtsstabilität vor allem vom Spantenriss abhängt. Jollen sind vorwiegend formstabil.

Freibord Höhe der Bordwand über der Wasserlinie.

Gaffel Bewegliche, am oberen Mastteil angreifende Spiere, an der das Oberliek des Gaffelsegels befestigt ist.

Gaffelsegel Viereckiges Schratsegel, das an einer Gaffel gesetzt wird.

Gatchen Kleines, mit einer Kausch eingefasstes Loch in einem Segel oder einer Plane, z. B. Reffgatchen.

geigen Bootsbewegung um die Schiffslängsachse vor allem beim Schmetterlingssegeln vor dem Wind.

Genua Weit nach achtern gezogenes Vorsegel für leichtes bis mittleres Wetter.

GFK Abkürzung für **g**las**f**aserverstärkte **K**unststoffe.

gieren Ungewolltes, seitliches Ausscheren eines Bootes aus seinem Kurs, meist vor dem Wind oder bei achterlicher See.

Gräting Gitterartiger Rost zum Abdecken von Cockpitböden oder Sitzbänken.

Großsegel Am Großmast gefahrenes Segel.

Grundsee Kurze, steile und brechende, bis auf den Grund reichende Welle. Eine G. entsteht über Untiefen, sie kann sehr gefährlich werden.

Gut Bezeichnung für das gesamte Tauwerk der Takelage. **Laufendes Gut** ist das über Blöcke, Scheiben oder Rollen laufende Gut, wie Fallen, Schoten, Dirk. **Stehendes Gut** bleibt im Gegensatz zum laufenden Gut bei allen Manövern stehen, wie Wanten und Stagen.

Hals Vordere untere Ecke eines Segels.

halsen Mit dem Heck durch den Wind drehen.

Havarie An einer Yacht durch Kollision, Grundberührung oder Sturm entstandener Schaden.

Heck Das hinterste Ende eines Bootes. Gegensatz: Bug.

heißen Hochziehen eines Segels oder einer Flagge. Auch: hissen.

Höhe laufen Raum nach Luv gewinnen, meist durch Kreuzen.

Holebug Liegt das Ziel beim Kreuzen nicht genau in Luv, gewinnt man auf dem H. Höhe, ohne sich dem Ziel zu nähern. Anders auf dem Streckbug.

holen Eine Leine anziehen. Gegenteil: fieren.

Holepunkt Punkt an Deck, über den die Fockschot meist durch eine Leitöse geführt wird. Um den optimalen H. einstellen zu können, wird eine Leitschiene verwendet.

Hubkiel Mit einer Winde aufholbarer Ballastkiel.

Jolle Kenterbares Schwertboot, sollte unsinkbar sein.

Jollenkreuzer Kenterbares Schwertboot mit Kajüte.

kappen Gewaltsames Durchschneiden einer Leine oder eines Wants oder Abschlagen des Mastes.

Kardeel Aus Garnen bestehendes Element einer Leine.

Karweel Holzbauweise, bei der die Planken unmittelbar aneinander stoßen und eine im Gegensatz zur Klinkerbauweise glatte Außenhaut bilden.

Kat 1. Kat-Takelung: einmastiges Boot ohne Vorsegel. 2. Abkürzung für Katamaran.

Katamaran Doppelrumpfboot.

Kausch Ring- oder herzförmige Metallverstärkung für ein Auge in einem Tampen (Augspleiß) oder im Segel.

Keep Rille, Kerbe, Nut. Im Baum zum Einziehen des Segels, in einer Leine Rille zwischen 2 Kardeelen.

kentern Seitliches Umkippen eines Bootes.

Ketsch Eineinhalbmaster, dessen Besan innerhalb der Konstruktionswasserlinie steht.

Kiel Unterster Längsverband des Bootsrumpfes.

Kielschwein Innen auf dem Kiel befestigte Verstärkung, vor allem im Bereich des Mastfußes.

Kielschwerter Kielyacht mit flachgehendem Ballastkiel und zusätzlichem Schwert.

killen Flattern des Segels.

Kimm 1. Horizont. 2. Die am stärksten gekrümmte Stelle des Bootsrumpfes.

Kinken Ein im geschlagenen Tauwerk entstandener Törn, der sich nicht mehr von selbst löst.

Klampe Beschlag zum Belegen von Tauwerk.

Klinker Holzbauweise, bei der die Planken im Gegensatz zur Karweelbauweise dachziegelartig überlappen.

Klüse Öffnung in der Bordwand zum Durchführen von Leinen oder der Ankerkette.

Klüver Vor der Fock gefahrenes Vorsegel eines Kutters.

Knickspanter Boot, dessen Spantenriss eine eckige Form hat. Gegenteil: Rundspanter.

Knoten (kn) Geschwindigkeitseinheit = Seemeile pro Stunde. 1 Seemeile (sm) = 1852 m.

Koje Schlafplatz an Bord.

Kopf Obere Ecke eines Segels.

Kopfschlag Letzter, sich bekneifender Schlag beim Belegen eines Endes auf einer Klampe.

Krängung Seitliche Neigung eines Schiffes.

kreuzen Auf Zickzackkurs gegen die Windrichtung segeln, um ein in Luv liegendes Ziel zu erreichen.

Kreuzer Für das Fahrtensegeln gebaute Kajütyacht.

kurzstag Die Ankerkette so weit hieven, bis das Boot nahezu senkrecht über dem Anker steht, aber vom Anker noch gehalten wird.

Kuttertakelung Einmaster mit mindestens 2 Vorsegeln (Klüver und Fock).

Laminat Mit Polyesterharz durchtränkte Glasseidenmatten.

längsseits An der Schiffsseite.

Lateralplan Projektionsfläche des Unterwasserschiffs von der Seite gesehen.

Lee Die dem Wind abgekehrte Seite. Gegenteil: Luv.

leegierig Tendenz eines Bootes, mit dem Bug nach Lee zu drehen.

Leeküste Die von einem Boot aus in Lee liegende Küste; dort herrscht auflandiger Wind.

Leeseite Die in Lee liegende Seite.

Legerwall Eine Yacht liegt vor einer Küste auf L., wenn sie sich nicht mehr selbstständig freikreuzen kann und so die Gefahr einer Strandung besteht.

Leitöse An Deck montierter Beschlag, durch den eine Leine läuft, zur Richtungsänderung der angreifenden Kraft (Fockschotleitöse).

lenzen Ein Boot leerpumpen oder ausschöpfen.

Liek Meist mit einem Liektau verstärkte Kante eines Segels. Vorliek, Unterliek, Achterliek.

Lippklampe Klauenartiger Beschlag, durch den ein Festmacher läuft.

Log (Logge) Messinstrument für die Schiffsgeschwindigkeit.

Lot Messinstrument für die Wassertiefe. Man unterscheidet das Handlot und das Echolot.

Luv Die dem Wind zugekehrte Seite. Gegenteil: Lee.

luvgierig Tendenz eines Bootes, mit dem Boot nach Luv zu drehen.

Luvküste Die von einem Boot aus in Luv liegende Küste; dort herrscht ablandiger Wind.

Luvseite Die in Luv liegende Seite.

Marlspieker Dornartiges Handwerkszeug zum Spleißen, meist Teil eines Takelmessers.

Mastspur Beschlag auf dem Kiel oder Deck, der ein Verschieben des Mastfußes in Schiffslängsrichtung erlaubt.

mittschiffs Die Schiffsmitte in Längs- und Querrichtung gesehen.

Muringboje Im Wasser fest verankerte Festmacheboje.

Niedergang Eingang und Treppe zur Kajüte.

Nock Ende des Baumes = Baumnock.

ösen Lenzen mit einem schaufelartigen Gerät, dem Ösfass.

Pallen Hölzer zum Aufbocken einer Yacht an Land. Den Vorgang nennt man aufpallen bzw. abpallen.

Pantry Schiffsküche auf Yachten.

Part Bei einer Talje das vor, zwischen oder hinter den Blöcken befindliche Leinenstück: die stehende, laufende und holende Part des Endes.

Patenthalse Ungewollte Halse.

Patentreff Reffeinrichtung, bei der die Segelfläche durch Drehen des Großbaums von unten her aufgerollt und verkleinert wird. Auch Dreh- oder Rollreff.

Persenning Abdeckplane für die aufgetuchten Segel, das Cockpit, das Deck oder das gesamte Boot.

Piek Ecke, Spitze. Am oberen Ende einer Gaffel greift das Piekfall an. Die in den äußersten Schiffsenden liegenden Räume heißen Vorpiek und Achterpiek.

Pinne Hebel zur Ruderbedienung (Ruderpinne).

Plicht Cockpit.

Poller Große Klampe zum Belegen von Enden und Trossen. Es gibt Rund- und Kreuzpoller.

Preventer Backstag.

pullen Rudern.

Pütting Beschlag zum Befestigen von Wanten am Bootsrumpf.

Pütz Eimer.

querab Waagerechte Richtung senkrecht zur Längsschiffsrichtung, auch dwars.

Rahsegel Querschiffs an einer Rah gefahrenes Segel.

Ramming Zusammenstoß, Kollision.

raumer Wind Zwischen querab und achterlich einfallender Wind.

recht Genau, recht voraus = genau voraus.

reffen Verkleinern der Segelfläche, auch einreffen. Gegenteil: ausreffen.

Reitbalken Quer übers Cockpit laufende Strebe, auf der die Schotschiene mit dem Traveller befestigt ist.

Reling Auf Kielyachten gebräuchliches, von Relingstützen gehaltenes Geländer an der Deckskante als Schutz gegen das Überbordfallen.

Riemen Ruder, mit dem man nicht »rudert«, sondern pullt.

Rigg Masten, Bäume, stehendes und laufendes Gut.

rollen Seitliche Bewegung um die Längsachse des Bootes.

Roring Ring am Ankerschaft.

Ruder Ausdruck für Steuer. Man steuert mit dem Ruder. Jollen haben einen Steuermann, Kielyachten einen Rudergänger.

Rundtörn Vollständige Drehung einer Leine um einen Poller, einen Pfahl, einen Ring oder eine Klampe.

Rundspanter Boot, dessen Spantenriss eine runde Form hat. Gegenteil: Knickspanter.

Saling Im oberen Bereich des Mastes quer angebrachte Spiere zum Spreizen der Wanten. So wird ihr Angriffswinkel am Masttopp vergrößert.

Sandwich-Bauweise Bootsbauweise, bei der zwischen 2 GFK-Schichten ein Kern aus Balsaholz oder Schaumstoff einlaminiert ist. Man erhält so bei geringem Gewicht eine hohe Steifigkeit des Bootskörpers.

Schäkel Metallbügel, der durch einen Schraub- oder Steckbolzen verschlossen werden kann. Gebräuchlichstes Verbindungselement zwischen Blöcken, Leinen, Kauschen etc. an Bord.

schamfilen Scheuern, reiben.

Schandeckel Äußerste obere Decksplanke.

scheinbarer Wind Der an Bord eines fahrenden Bootes wahrnehmbare Wind. Er ergibt sich aus Fahrtwind und wahrem Wind.

schiften Den Großbaum vor dem Wind von der einen auf die andere Seite nehmen.

Schlag Die beim Kreuzen zwischen zwei Wenden zurückgelegte Strecke.

schlingern Drehbewegung eines Bootes um seine Längsachse.

Schoner Schratgetakelter Zwei- oder Mehrmaster, dessen vorderer Mast meist kleiner als der achtere Mast ist.

Schot Leine zum Regulieren der Segelstellung.

Schothorn Hintere, untere Ecke eines Segels.

Schotring Offener Ring am Großbaum, an dem die Schot angreift.

schralen Ungünstige Winddrehung. Bei unverändertem Kurs fällt der Wind vorlicher ein und zwingt unter Umständen zum Abfallen. Gegenteil: raumen.

Schratsegel Längsschiffs stehendes Segel.

schricken Fieren einer Leine um ein kleines Stück, z. B. »einen Schrick in die Schot geben«.

Schwell In einen Hafen hineinstehende schwache Dünung oder von vorbeifahrenden Schiffen verursachter Wellenschlag.

Schwert Absenkbare Platte in einem Schwertkasten zur Verminderung der Abdrift eines Schwertbootes. Man unterscheidet Senk- und Steckschwerter sowie Seitenschwerter.

schwojen Hin- und Herpendeln eines Bootes vor Anker, hervorgerufen durch Wind oder Strom.

Seegang Wellenbewegung der See.

Seemeile (sm) Nautisches Längenmaß = 1852 m.

Skipper Schiffsführer.

Slip Anlage, um Boote an Land zu ziehen (aufslippen) oder zu Wasser zu lassen (abslippen).

Slipstek Eine bei einem Knoten in die letzte Part so eingelegte Bucht, dass der Knoten mit einem Zug gelöst werden kann.

Slup Yacht mit einem Groß- und einem Vorsegel.

Spant Querrippe eines Schiffes. Längsrippen heißen Stringer.

Spiegel Abschlussplatte des Hecks. Ein einwärts geneigter Spiegel heißt einfallender S., ein auswärts geneigter Spiegel heißt ausfallender S.

Spiere Jedes Rundholz an Bord außer dem Mast.

Spinnaker Leichtes ballonähnliches Beisegel, das vor allem mit raumem und achterlichem Wind gefahren wird.

spleißen Verflechten von Tauwerk.

Spring Festmacheleine, die eine Schiffsbewegung in Längsrichtung verhindert. Die Vorspring verläuft vom Vorschiff schräg nach achtern, die Achterspring vom Achterschiff schräg nach vorn.

Sprung Verlauf der Deckslinie im Seitenriss. Beim positiven Sprung ist der Freibord an Bug und Heck größer als mittschiffs, beim negativen Sprung kleiner.

Stabilität Fähigkeit eines Bootes, sich aus einer geneigten Lage wieder aufzurichten. Die S. hängt von der Spantform (Formstabilität) und der Gewichtsverteilung (Gewichtsstabilität) ab.

Stag Zum stehenden Gut gehörendes Drahttauwerk, das den Mast nach vorn (Vorstag) und nach achtern (Achterstag) abstützt.

Stander Dreieckige Flagge.

stecken Fieren, vor allem der Ankerkette.

Stek Seemännischer Knoten.

Steuerbord (Stb) Rechts an Bord in Fahrtrichtung gesehen. Gegenteil: Backbord.

Steven Vorderer und hinterer Abschnitt des Bootskörpers, Vorsteven und Achtersteven. Der Achtersteven verbindet den Kiel mit dem Spiegel.

Streckbug Liegt das Ziel beim Kreuzen nicht genau in Luv, so nähert man sich auf dem längeren S. dem Ziel. Anders auf dem Holebug.

Stringer Längsrippe des Bootsrumpfes.

surfen Ein Boot surft, wenn es auf dem Kamm einer Welle mit Wellengeschwindigkeit läuft. Sobald die Welle unter dem Boot durchgelaufen ist, fällt das Boot auf seine normale Geschwindigkeit zurück.

Takelage Masten, Bäume, stehendes und laufendes Gut. Andere Bezeichnung für Rigg.

Takelgarn Dünnes Segelgarn zum Takeln.

takeln 1. Auftakeln, also Masten setzen sowie stehendes und laufendes Gut anbringen. 2. Einem Tampen einen Takling aufsetzen.

Takelung Prinzip der Takelage eines Schiffes, z. B. Slup-, Kutter- oder Yawl-Takelung.

Takling Mit einem T. wird ein Tampen mit Segelgarn gegen Aufdrehen (Auftörnen) gesichert.

Talje Verbindung von Tauwerk und Blöcken, die einen Flaschenzug bilden.

Tampen Das Ende einer Leine (eines Endes).

Terminal Endbeschlag von Drahttauwerk, meist Gewindeterminal oder Pressterminal.

Topp Mastspitze.

Toppzeichen Zur leichteren Identifizierung eines Schifffahrtszeichens an dessen Spitze angebrachte Körper, wie z. B. Kegel, Zylinder usw.

Törn 1. Rundtörn. 2. Segelfahrt im Küstengebiet.

Trailer Bootsanhänger.

Trapez Auf Gleitjollen verwendete Einrichtung, mit deren Hilfe sich der Vorschoter weit nach Luv außenbords hängt, um die Stabilität zu vergrößern. Die Jolle kann so länger auf-

recht segeln und den Wind besser ausnutzen.

Traveller Auf der Travellerschiene laufender Gleitschuh, an dem der Großschot-Fußblock befestigt ist.

Trimaran Dreirumpfboot.

trimmen Maßnahmen, um ein Boot schneller zu machen. Segeltrimm, Gewichtstrimm usw.

Trosse Besonders starke Leine zum Festmachen oder Schleppen.

Überhang Teile des Rumpfes, die längsschiffs über die Wasserlinie hinaus nach vorn oder achtern überstehen.

überlappen Beim Überholen in der Regatta der Zustand, wenn keines der beteiligten Boote klar achteraus liegt, wenn also irgendwelche Rumpf- oder Ausrüstungsteile des einen Bootes vor dem achterlichsten Punkt des voraus segelnden Bootes liegen.

über Stag gehen Anderer Ausdruck für wenden.

Unterliek Untere Kante eines Segels.

verholen Ein Boot mit Leinenhilfe an einen anderen Liegeplatz bringen.

Verklicker Drehvorrichtung mit dem Stander oder der Rennflagge im Masttopp zur Windrichtungsanzeige.

Verstagung Sammelbegriff für Wanten und Stagen.

vertörnt Verdreht.

Vorliek Vordere Kante eines Segels.

Vorschiff Vorderer Teil eines Schiffes. Gegenteil: Achterschiff.

Vorsegel Segel vor dem Mast, also Fock, Genua, Klüver, Spinnaker usw.

Vorstag Vom Masttopp zum Bug verlaufendes Stag.

wahrer Wind Der an einem unbewegten Punkt wahrnehmbare Wind.

Want Zum stehenden Gut gehörendes Drahttauwerk, das den Mast seitlich abstützt.

Wantenspanner Spannschraube zwischen Want und Pütting zum Durchsetzen der Wanten.

Waschbord Erhöhter Cockpitrand.

wenden Mit dem Bug durch den Wind gehen.

Winsch Meist mit einer Kurbel zu bedienende Winde.

Wuling Wildes Durcheinander, z. B. im Tauwerk.

Yacht Sportboot.

Yawl Eineinhalbmaster, dessen Besan außerhalb der Konstruktionswasserlinie steht.

Zeising Kurzes Bändsel oder Segeltuchstreifen zum Auftuchen des Segels (= zeisen).

zurren Seefest zusammenschnüren, festbinden.

Stichwortverzeichnis